国家社科基金规划项目　项目编号 12BZZ033

江苏高校品牌专业建设工程资助项目（TAPP）

江苏高校优势学科建设工程资助项目

陆道平 / 著

城乡公共服务均等化
与基层政府职能建设

THE EQUALIZATION OF URBAN AND
RURAL PUBLIC SERVICES AND
THE BUILDING OF
LOCAL GOVERNMENT FUNCTIONS

社会科学文献出版社
SOCIAL SCIENCES ACADEMIC PRESS (CHINA)

序言

党的十八大提出了全面建成小康社会的战略目标，习近平总书记强调要在中国共产党成立 100 周年之际实现这一目标。"全面"的含义不仅仅是指在内容上的全面性，也就是说不仅涉及政治、经济、文化、社会等各个方面的全面协调发展，而且也是指覆盖人群和地域的全面性，让所有的人，不论民族、区域、阶层都能够共享改革发展的成果，使全体人民在共建共享发展中有更多获得感，增强发展动力，增进人民团结，朝着共同富裕的方向稳步前进。就内容上来说，目前实现民生服务的全面提升，特别是与民众切身利益密切相关的教育、医疗、就业、社保等现实问题是实现"五位一体"协调发展的重中之重。从人群的全覆盖意义上来说，推动城乡居民共享式的发展在很大程度上决定着全面建成小康社会战略目标的实现。因此，全面推进城乡公共服务的一体化、均等化就显得意义重大。当前我们正处于国家十三五规划这一关键的转型期，在这一转型期内推进城乡公共服务均等化进程中依然面对着诸多的挑战，包括经济结构的转型升级、城市化的广度和深度的扩展、公众民生意识的强化等。地方政府，尤其是基层政府一方面是中央政府和上级政府公共服务的落实者；另一方面也直面基层民众，对公共服务的诉求有更加直观的了解，真正实现城乡公共服务的均等化需要地方政府，尤其是基层政府理念和职能的有效转型。

苏州科技大学陆道平教授长期以来一直专注基层治理研究，对城乡一体化、公共服务均等化等问题有系统深入的分析，《城乡公共服务均等化与基层政府职能建设》一书是陆教授多年以来研究成果的集中呈现。该书对城乡一体化、公共服务均等化与基层政府职能转型的内在逻辑关系做了非常细致而又深入的理论分析，阐释了基层政府均等化服务怎样实施，怎样推行，为何在同一体制空间会出现不同均等化服务模式等问题，同时探索了制约城乡公共服务供给的核心变量。书中结合了强调社会公平的伦理学、突出市场效率的经济学和侧重公民权利的管理学的相关研究成果，并且与中国地方政府实践相联系，提出价值导向、供给能力和需求主体是影响基层政府均等化服务模型建构的三大因素。根据基层政府这三大因素建构模型的不同，将基层政府公共服务的供给模式创新性地分为三种类型，即"双向应对型"、"后发赶超型"和"内生综合型"供给模式，由此建构起城乡一体化中基层政府均等化服务的三维模型框架。这些理论模型的建构，都是基于扎实的经验研究之上，书中提供了实证案例和大量的数据分析：基于经济和社会发展状况和城乡一体化水平，分别考察了苏中 N 市 S 镇、苏北 L 市 P 镇和苏南 S 市 3 镇（街道）的政府均等化服务状况，对相关基层领导干部和相关人员进行了实地访谈调查，也对相关地区政府均等化服务的公众满意度、认知度和均等化水平进行了 2000 多样本的问卷调查。基于大量实地调研获得的文献资料、访谈记录和问卷统计数据，对三种模型进行了检验和优化。此外，还对西方国家基本经验进行总结和梳理，由此对我国基层政府更好地实现城乡公共服务均等化的目标，提出了有针对性的建议和对策。

从成果上来说，该书将研究视角投放到城乡一体化化的宏观背景之中，指出政府改革、市场发育和社会成长，三者协同是实现基层政府均等化服务的"三驾马车"。一直以来，公共服务均等化领域，相关研究方兴未艾，实践界也有诸多探索，但理论界和实务界对基层政府均等化服务模式的关注度相对较低。该书较为系统和全面地研究了城乡一体化建设过程中的基层政府公共服务均等化模式构建问题，推动了我国公共服务均等化问题研究的进一步深入。作者不限于以往公共服务均等化一般性问题的讨论束缚，建构了基层政府公共服务均等化的理论模型，与江苏苏南、苏中、苏北地区经济社会发展水平形成一定极差的若干基层政府均等化服务的实践相结合，在综合考察相关地区基层政府服务均等化模式现实形态的基础上，认为要着力推动城乡一体化中基层政府均等化服务，其动力基础要从外部压力型向内部需求型转变，观念体系要从补助导向型向权利导向型转变，制度平台则要从粗疏应对向精细管理转变，运行机制从"一元"向"多元"转变，从而逐步实现书中建构的理想模型，即"内生综合型"模式的形成和推广。这样，该书的研究不仅在一定程度上弥补了现有相关领域研究的不足，推动了相关研究的深化，而且对城乡一体化中基层政府的公共服务均等化实践也有一定的参考价值，书中提出城乡一体化建设过程中基层政府服务均等化的理论模型，经过实证部分的数据检验，被证明对当下中国城乡一体化中基层政府服务均等化实践及其困境具有较强的解释力，也可为全国各地正在如火如荼展开的新型城镇化进程的深入推进和良性发展提供借鉴和参考，为我国新型城镇化实践问题的解决提供因应之道。

相信书中新颖的解释框架和翔实丰富的内容，对于从事该领域的学者和相关部门的实践者有重要的参考价值。

是为序。

金太军

2016 年岁末书于金陵

（本序作者是教育部长江学者、特聘教授、博士生导师，江苏省新型城镇化与社会治理协调创新中心主任，南京审计大学国家治理与国家审计研究院院长）

目　录

导　论

　　有效协调城乡关系是国家走向现代化过程中必须面对和处理的重要问题，城乡关系的变化是社会发展变迁中的一个重要缩影，正如马克思所言，城乡关系一变，整个社会的面貌也为之改变①。中国是一个传统的农业大国，农村、农业和农民一直以来都是我国经济社会发展中的一个非常重要的问题。可以说"三农"问题伴随着中国社会经济发展的整个过程。世界经济社会发展的经验表明，"三农"问题与城市发展始终是一对孪生兄弟，"三农"问题的有效解决必须放在城市化和城镇化的整体思维框架之中。从理论上来说，城市与乡村是一对互为因果、相互促进的协同主体。乡村与农业农民连在一起，城市与工业化、现代化连在一起。城市的出现是乡村发展到一定阶段的自然结果，反过来，城市的不断发展又会在很大程度上激活乡村经济，促进乡村发展和农民生活方式及交往行为的改变。不断增长的城市经济为农产品创造出不断增长的市场，并吸纳乡村未充分就业的劳动力，推动农业科学技术的不断进步；城市的发展也能够让更多的投资进入乡村，现代大规模农业的方式改变着传统农村的生产方式，大大提升了农业生产效率；也能够有效地改善农村的交通、通信等基础设施，从而提高农民的收入水平。然而，在中国，问题似乎并没有这么简单，这种理论上的和谐关系并没有真正出现，乡村和城市在一般人的头脑中依然是一个相互对立、相互排斥的概念，二者之间似乎总有一道难以逾越的鸿沟。城乡二元格局、城乡发展不平衡成为中国经济社会发展中必

---

① 《马克思恩格斯选集》第 1 卷，人民出版社，1972，第 123 页。

须面对的重要问题，如果不能有效地解决这一问题，就很难全面实现建成小康社会与和谐社会的目标。

一 问题的提出

与其他任何国家不同，中国的城乡问题具有独特的内在原因。城乡问题的产生不仅仅是一个经济社会发展过程中产生的问题，而且与我国特殊的城乡二元制度体系紧密相连。为了在较短的时间内摆脱小农经济的落后状况、加快追赶西方国家的现代化步伐，在特殊的环境中，新中国成立后采取了一种以农业资源换取工业化的特殊方式来实现国家强大的目标。在中国共产党人的意识中，农业以及小农经济是国家落后以及革命不彻底的表现，从农业国家走向现代化的工业国家不仅仅是国家发展的标志，也是革命取得彻底胜利的标志。毛泽东早在1949年3月举行的中国共产党第七届中央委员会第二次全体会议的报告中就指出："中国的工业和农业在国民经济中的比重，就全国范围来说，大约是现代性的工业占百分之十左右，农业和手工业占百分之九十左右。这是帝国主义制度和封建制度压迫中国的结果，这是旧中国半殖民地和半封建社会性质在经济上的表现，……中国还有大约百分之九十左右的分散的个体的农业经济和手工业经济，这是落后的，这是和古代没有多大区别的，我们还有百分之九十左右的经济生活停留在古代。"[1] 因此，抛开共产主义的意识形态因素不讲，工业化是共产党人在长期的革命中总结出来的富国强兵的必然选择。但是，摆在中国共产党面前的问题是"一个资源禀赋较差的发展中的农民国家"，如何才能"通过内向型自我积累追求被西方主导的工业化"[2]。工业化需要巨额资金和资源，强化国家的汲取能力、筹集资金和资源成为保证实现工业化的关键因素。旧中国工业基础薄弱，现代化工业只占10%左右，大部分工业多是作坊式的手工业。这就说明仅靠有限的现代企业内部积累是远远不够的，工业化资金积累在很大程度上只能依赖于占国民经济很大比重的农业。农村和农业都将不可避免地承载起国家工业化的经济重

---

① 《毛泽东选集》第4卷，人民出版社，1991，第1430页。
② 温铁军：《中国农村基本经济制度研究》，中国经济出版社，2000，第141页。

负，农业剩余成为工业化初始资本的重要来源。对此，党和国家领导人也做出大量的论述。毛泽东说："为了完成国家工业化和农业技术改造所需要的大量资金，其中有一个相当大的部分是要从农业方面积累起来的。这除了直接的农业税以外，就是发展为农民所需要的大量生活资料的轻工业的生产，拿这些东西去同农民的商品粮食和轻工业原料相交换，既满足了农民和国家两方面的物资需要，又为国家积累了资金。"① 周恩来也指出："因此在国家集中力量发展重工业的期间，虽然轻工业和农业也将有相应的发展，人民还是不能不暂时忍受生活上的某些困难和不便。"② 出于国家工业化的需求，中国政府在农村建立了这种能够相对成功地直接获取农业剩余的制度以及相应的组织载体。其主要方式是：在国家高度集中的垄断经济体制下，占有城乡各种资源；支配工业、农业和其他各产业的生产、交换、分配、消费等经济过程，从而占有城乡劳动者的全部劳动剩余；然后通过国家财政的再分配，转化为城市工业资本的原始积累。国家在农村通过"统购统销"的流通体制和"人民公社"的组织体制这两个相辅相成、互为依存的制度体系，直接获取除农民基本生存消费之外的全部农业剩余，以保证处于起步阶段的城市工业稳定获得低价原材料供应和保证工业劳动力简单再生产的食品供给。③

　　为了更好地实现这种特殊的工业化模式，国家还建立了一种非常特殊的城乡分隔的制度体系，也就是户籍制度。从 20 世纪 50 年代中期开始，中国开始在全国普遍推行户籍管理制度。1951 年 7 月 16 日，公安部公布了新中国成立后户籍登记和管理方面的第一个法规《城市户口管理暂行条例》，目的在于统一此前各地不一致的户籍管理办法，以利于公民身份的证明和治安的维持，适用范围限于城市。1955 年 6 月，国务院发出了《关于建立经常的户口登记制度的指示》，要求把经常性的户口登记工作推向全国，以把握人口变动的状况，并对人口的出生、死亡、迁出、迁入等变动登记做了明确规定。1958 年 1 月 9 日，全国人民代表大会常务委员会第 91 次会议通过并公布了《中华人民共和国户口登记条例》，该条例明确规

① 《毛泽东文集》第 6 卷，人民出版社，1999，第 432 页。
② 《周恩来选集》下卷，人民出版社，1984，第 133 页。
③ 温铁军：《中国农村基本经济制度研究》，中国经济出版社，2000，第 147 页。

定："公民由农村迁往城市，必须持有城市劳动部门的录用证明、学校的录取证明，或者城市户口登记机关准予迁入的证明，向常住地户口登记机关申请办理迁出手续。"至此，中国的户籍制度最终引入了严格限制农村人口向城市流动的功能，形成了城市和农村的二元户籍管理方式。一开始，户口管理制度在很大程度上只是为了更好地监督和控制"可疑人群"，随后，出于解决当时经济发展和国家建设过程中所遇到的各种问题，[①] 特别是为了更好地适应当时的计划经济的体制特征以及整个国家的工业优先发展战略，户籍管理制度逐渐得到完善，到最后户籍管理制度演变成为约束普通大众迁徙的制度。

一般来说，户籍制度应该是人口登记的简单制度，但是在我国计划经济时代，户籍管理制度却承载了很多其他的功能，包括控制迁徙、货物和其他必需品的分配、授予获取各种国家资源的权利以及监督和控制破坏分子和犯罪分子等，这种功能是与整个计划经济体制紧密地联系在一起的。[②]确实，户籍制度对当时环境下的我国政治经济做出了很大的贡献，例如户籍制度的普遍建立为政府对基本必需品的统购统销提供了最可靠的保障手段，[③] 然而，户口管理制度带来的一个后果就是严重地束缚了农村人口向城市的流动，在计划经济时期，普通人的流动往往必须得到居住地的党和国家组织的许可才能进行，不同户籍性质的身份（主要是农业人口和非农人口）是不允许随便变更的，除非在两种情况下——被授予新的正式的工

[①] 主要是指 20 世纪 50 年代中期农民流动和"城市问题"，由于当时中国大部分城市的基础设施本来就薄弱，城市人口的急剧增加自然引发和加重了一系列的"城市问题"。这突出表现在就业、食品供应和居住条件这三个方面。参见张玉林《迁徙的自由是如何失去的——关于 1950 年代中期的农民流动与户籍制度》，载于王思明主编《20 世纪中国农业与农村变迁研究》，中国农业出版社，2003。而有的人认为，建立户籍管理制度的根本原因是国家出于计划经济时代的需要而对劳动力进行统筹安排的一种理性选择。参见 Lei Guang (2001)，"Reconstituting the Rural-Urban Divide: Peasant Migration and the Rise of 'Orderly Migration' in Contemporary China", *Journal of Contemporary China*, 10 (28), pp. 471 – 493。

[②] Fei-ling Wang (2005)，*Organizing Through Division and Exclusion: China's Hukou System*, Palo Alto: Stanford University Press, p. 176.

[③] 何家栋、喻希来：《城乡二元社会是怎样形成的?》，《书屋》2003 年第 5 期。

作或响应党和国家的号召（如工厂招工）——才能够被许可。① 户籍制度以户籍管理为中心，附着了住宅制度、粮食供给制度、副食品和燃料供给制度、生产资料供给制度、就业制度、医疗制度、养老保险制度、劳动保护制度、婚姻生育制度等十几项公共服务，构成了维护中国特有的城乡二元结构的制度壁垒。

今天，中国经济社会发展取得了巨大的成就，中国的现代化也基本实现，这与这种特殊的城乡二元体制有着重要的关系。尽管今天这种二元制度在逐渐地消解、淡化，城乡之间的融合日益明显，但是，这种二元体制的影响依然在一定程度上存在，有时候甚至还表现得比较明显。在今天，我们讨论城乡融合、城乡一体化的时候，前提和基础是如何更加彻底地打破这种制度性的城乡壁垒。然而，如何才能真正打破这种分隔的城乡二元制度呢？仅仅取消相关的制度就可以做到吗？事情远远没有这么简单，事实上，城乡之间的资源和人员流动在今天已经非常自由。我们真正要做的是，如何有效地转变职能，依照现代社会主义市场体制环境中一体化公共服务的要求，在教育、医疗、养老等关键的公共服务方面实现城乡的均等化。而要做到这点，需要政府从理念、权能、行为以及相关的机制制度体系方面进行整体的深化改革。尤其对于地方政府来说，在特殊的中央与地方关系、政府与市场关系、政府与社会关系以及政府与民众关系的结构体系中，又应该如何在治理模式和机制方面实现转型呢？

二　研究思路

随着我国经济社会的不断发展，原有的二元城乡关系已经成为制约我国城市化、现代化和国际化的重要因素，实现城乡和谐、城乡统筹、城乡一体化不仅仅关系到社会整体的和谐幸福，也是社会主义公平正义的重要体现。把公共服务惠及广大农村地区，为农民提供一体化的服务体系是实现城乡统筹和一体化的重中之重。党在十六届五中全会通过的《中共中央关于制定十一五规划的建议》中提出了社会主义新农村建设的目标要求，

---

① Mackenzie, Peter W., "Strangers in the City: The Hukou and Urban Citizenship in China", *Journal of International Affairs*, 0022197X, Fall 2002, 56 (1), pp. 305 – 320.

涉及包括公共服务在内的多个领域。中共十七届二中全会通过的《关于深化行政管理体制改革的意见》中提出:"深化行政管理体制改革的总体目标是,到 2020 年建立起比较完善的中国特色社会主义行政管理体制。通过改革,实现政府职能向创造良好发展环境、提供优质公共服务、维护社会公平正义的根本转变……建立人民满意的政府。"① 党的十八大报告指出,城乡发展一体化是解决"三农"问题的根本途径,提出加快完善城乡发展一体化体制机制,形成城乡一体的新型工农城乡关系。习近平总书记在 2015 年 1 月中共中央政治局第二十二次集体学习时指出,要把工业和农业、城市和乡村作为一个整体统筹谋划,要继续推进新农村建设,使之与新型城镇化协调发展、互惠一体,形成双轮驱动。建立科学合理的城乡一体化公共服务体系。从整体上看,一是有助于社会主义新农村建设在更广阔的领域开展,使农村建设在当前不均衡发展的前提下能够以最大效率地运行;二是目前我国农村公共服务的发展模式和供给水平不可能完全一致,但是建设人人平等的均等化服务模型有利于让更多的人获享平等的公民权利,平等享受基本公共服务,这是赋予人们有尊严的生活及人类社会正义与和平的基础。

但是当前农民收入总体水平较低,城乡差距及地区之间的差距明显,有的甚至仍在扩大。三十多年来,我国的经济发展了,人民富裕了,经济社会发展不均衡等一些深层次的问题也逐渐显现出来,社会公共需求全面快速增长同公共物品短缺、公共服务不均等的矛盾日益突出。② 这些年来随着行政管理体制的改革,我国政府公共服务的状况、公共服务的水平和质量都有了长足的进步,但是与人们日益增长的社会公共需求相比,政府公共服务不到位的情况还是很突出。由于历史和现实的原因,我国的公共服务在质量和数量上,存在着东部地区与西部地区发展不平衡、城市和农村不平衡,不同职业之间也存在着不平衡,尤其在城乡公共服务上差距悬殊,事实上,农村居民处于公共服务的边缘地带,虽然近年来,农村公共服务已经引起基层政府的重视,基层政府在公共服务上已经做了一些投入,但是投入的数量还远未达到农村居民的需求,投入的质量也显得粗糙。具体表现在以下几点。

---

① 《关于深化行政管理体制改革的意见》,《人民日报》2008 年 3 月 5 日。
② 汝信、陆学艺、李培林:《年中国社会形势分析和预测》,社会科学文献出版社,2011。

　　第一，城乡教育发展严重失衡。长期以来，农村的教育经费严重不足，农村教育资源分配差距悬殊，教育不公平的问题长期得不到妥善解决，直接导致教育的不平等、机会的不平等，未来发展际遇的不平等。一二十年前，城市的教育投入也比较缺乏，城乡差距不至于太大，农村孩子通过努力还可以鲤鱼跳龙门，跻身全国名校，勤奋学习后最终能在城市里谋得一份体面的工作和稳定的生活。但是随着城市教育的几何级发展，农村教育越来越落后，加上推行高校自主招生和推广素质教育，如今农村的孩子要想考入名校是越来越艰难。城乡间教育资源投入的差距，直接导致城乡孩子发展起点的不公平，使上升通道堵塞，阶层流动越来越不可能，社会阶层固化，矛盾积累。

　　第二，城乡医疗卫生资源分布不均衡。随着城市化的进程，城市人口已经超过农村人口，但是到2013年，农村人口依旧占全国人口约46%。农村的医疗服务，无论是硬件上的医院设置，还是软件上的医疗人才配备都不能满足需要，所以农村居民看病，甚至生孩子都要到县级或者县级以上的医院去。这不但给农村居民生活造成不便，还增加了城市公共服务的压力。

　　第三，农村社会保障体系建设滞后。在城市，已经建立起比较完善的城镇居民养老保险、社会救助、生活保障制度和医疗保险制度，但是农村的新型合作医疗制度开始较晚，从2003年才开始，农民的最低生活保障也从2007年才开始，而农村的养老保险制度和社会救助制度还在探索完善之中。在东南沿海一带，养老保险制度正在逐步推广和完善，但是在中西部地区的农村，养老仍是个大问题，老年贫困户的增长是个趋势，老人自杀问题严重。目前，我国养老模式基本上还是以居家养老为主，政府提供的养老保险制度保障水平低、覆盖面小、质量较差。

　　本书的基本思路是从理论上对城乡一体化的基本内涵进行系统的梳理和阐释，对城乡一体化与政府公共服务均等化之间的内在逻辑关系进行剖析，在城乡服务均等化的背景和要求下，分析当前地方政府职能转变的基本路径和方向。本书将城乡一体化建设过程中地方政府的均等化服务模型作为研究的切入点，以地方政府的职能特点以及复杂的政府间关系作为创新点，考察具有明显地区发展差异性特征的江苏省苏南、苏中、苏北地区地方政府，依靠实地访谈、问卷调查等实证研究方法，对现有的三种公共服务模型，即双向服务型、后发赶超型、内生综合型进行分析，指出其中存在的问题；围绕公共服务的生产、分配、反馈三个基本要素，探索如何在推进城乡一体化进程中，充分转变政府职能，建构基于公共服务均等化取向的"政府－市场－社会"互动模型。加强地方政府在实现公共服务均等化过程中的基础性作用，需要转变地方政府现有的权力模式，从农村和农民内在公共服务的需求出发，建立更为有效的"供给－生产－分配"机制，从而实现适应不同地区经济社会发展要求的公共服务均等化，最终实现真正的城乡融合。据此，本研究努力尝试把基层政府均等化服务的动力、产生、分配作为一个系统的主体进行分析，这样的分析方法有利于我们从整体上提出可行的对策建议，解决系统性的问题。本书研究思路见图1。

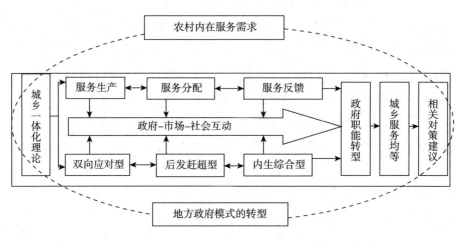

图1　本书研究思路

三　研究综述

目前学界相关的研究成果非常丰富，主要体现在以下两个大的方面。

（一）城乡一体化

城乡一体化是我国实现现代化的必然选择，它对于我国的经济发展和社会变革具有十分重要的意义。自提出城乡一体化以来，该理论引起了学术界的广泛重视。众多的学者对城乡一体化的概念、目标、动力机制、实施步骤、实施障碍及解决的路径等做了不同程度上的分析。目前，学术界对城乡一体化理论的研究主要包括理论的产生与发展、城乡一体化的发展模式及对比、发展过程中的问题和阻碍以及对发展前景的思考和路径选择等。

在关于城乡关系方面，自 19 世纪以来的相关国外研究文献中，欧文（Robert Owen）提出要建立"新协和村"（New Harmony）的社会组织模式；傅立叶提出建立"法朗吉"（Phalanges）理想社会单元。但无论讨论哪一种城乡发展模式，其本质都在于强调城乡之间能公平合理地享用社会所共有的资源。然而社会发展却未能按照理想的轨道前进，利普顿（Lipton）指出，在城乡发展过程中，容易形成"城市偏向"（Urban bias）的城乡关系，而"城市偏向"政策使社会资源不合理地流入城市利益所在地区，资源的这种流向极其不利于乡村的发展，其结果不仅使穷人更穷，而且引起农村地区内部的不平等。

城乡一体化理论在我国的提出与发展大致经历了三个时期：一是改革开放后到 20 世纪 80 年代中后期，这是城乡一体化概念的提出与探索阶段；二是 20世纪 80 年代末 90 年代初开始对城乡边缘区进行研究；三是 90 年代中期至今，这是城乡一体化理论框架与理论体系开始建立，研究内容日臻扩大和完善，并不断得到修正的阶段。许多学者将城乡一体化纳入其研究视野，逐步开展研究，并取得了一定的成绩，尤其是近几年来，这方面的学术成果突出。

1. 城乡一体化的概念和特征

对于城乡一体化的概念和内涵，不同的学者从不同的视角和领域得出差异性的认识。有学者从社会资源及生产要素的角度来理解，指出所谓城乡一体化，是指城乡之间通过资源和生产要素的自由流动、相互协作、优势互补、以城带乡、以乡促城来实现城乡经济、社会、文化持续协调发展的过程。城乡一体化就是要在资源有限的情况下，实现城市与乡村在不牺牲彼此利益的情况下和谐发展。有些学者从发展模式上加以理解，认为城乡一体化发展的方向应该是城市与乡村互相吸引先进和健康的长处、摒弃落后和病态的弊端的一种双向演进。[①]城乡一体化并不意味着城市和乡村在社会功能上完

① 杨荣南、张雪莲：《城乡一体化若干问题初探》，《热带地理》1998 年第 3 期。

全统一，其主旨在于打破城乡二元结构，改革城乡之间的制度隔离，创建城乡之间在政治、经济、社会运行方面融合的体制机制。① 学术界对城乡一体化运行主体也存在不同理解，这也要求市场和政府共同作用，即在注重城乡之间比较优势、发挥政府宏观调控作用的同时，注重市场在资源配置上的作用，从而促进城乡之间各方面的协同发展。当然，还有一部分学者反对在我国现阶段提倡城乡一体化。他们以马克思主义提出的城乡关系三阶段论，即城乡对立（资本主义社会），城乡结合（社会主义社会），城乡一体（未来的共产主义社会）为基础，城乡一体化的提法超越了现阶段的城乡关系准则，认为城乡一体化是人类社会发展的最终目标，是城市化的最高阶段，现阶段不加限制地提出城乡一体化设想是不切实际的。② 当然，城乡一体化趋势是否能够适应当今的社会发展模式还有待实践去检验，关于这个问题的研究在学术界也将会有更多的理论涌现。

我国经济社会发展进入新阶段以来，在国家一系列强农惠农政策推动下，城乡关系出现了积极变化。但是，制约城乡协调发展的深层次因素依然存在，城乡发展不平衡的矛盾仍很突出。有学者认为，我国城乡关系具有以下特征：农村资源要素流失问题突出，农业基础薄弱，农业仍是国民经济的弱质产业；城乡居民收入差距仍在扩大，工业化与城镇化与农民工市民化相脱节；公共资源配置不利于农村等问题突出。③ 这是从农村发展的角度入手，总结出我国城乡一体化进程中"三农"存在的具体问题。

长期的改革实践证明，传统的以城市和政府为主题的城市化道路并不能完全实现城乡一体化的伟大目标。于是，有学者将中心镇作为实现城乡融合发展的节点与载体，以此加速推进城乡一体化进程，真正破除城乡二元结构。他们认为：在推进城乡一体化的过程中，中心镇经历了初始、成长和成熟三个发展阶段。处于初始阶段的中心镇发展水平较低，推动城乡一体化进程主要靠政府带动。政府对中心镇进行总体规划，这是一种自上而下的城乡一体化模式。对于成长期的中心镇，工业化和城镇化是带动其

① 甄峰：《城乡一体化理论及其规划探讨》，《城市规划汇刊》1998 年第 6 期。
② 周加来：《城市化·城镇化·农村城市化·城乡一体化》，《中国农村经济》2001 年第 5 期。
③ 居占杰：《我国城乡关系阶段性特征及统筹城乡发展路径选择》，《江西财经大学学报》2011 年第 1 期。

发展的双轮，中心镇快速增长。而在成熟阶段，政府的力量已经开始弱化，中心镇的发展完全依赖内生增长机制。中心镇经历快速成长阶段后，对农村经济的带动力量强大，对城市的经济也有一定的带动作用，此时政府对中心镇的规划调控已经基本完成，政府调控力量的退出基本不会影响中心镇自身的发展。这时中心镇发展带来的规模效益和集聚效应将对城乡一体化进程起到关键性作用，其对农村腹地的辐射效应将有效地缩小城乡差距，从而极大地推进城乡一体化发展。[①]

2. 城乡一体化的发展

自提出城乡一体化以来，经历了多个阶段的发展。不同的学者从不同的考察角度将城乡一体化的发展进程分为不同发展阶段。有学者从废除城乡二元体制机制、追求城乡社会公平、缩小城乡多方面差距这条主线出发加以考察，将中国解决城乡差距问题的进程分为：其一，从 1978 年中共十一届三中全会做出改革开放的决定开始，到 2002 年党的十六大提出"统筹城乡经济社会发展"的方针，这是探索突破城乡发展的阶段；其二，以 2003 年落实中共十六大提出的"统筹城乡经济社会发展"的方针为起点，由上而下地从多方面突破城乡二元制度，这是设计城乡一体化制度的阶段；其三，可以预期，到本世纪中叶中国将进入城乡一体化的第三个阶段，即全面实现城乡一体化的阶段。[②] 又有学者根据城乡关系的发展演变将我国的城乡一体化进程分为以下几个阶段：其一，从新中国成立到改革开放前（1949~1978 年），这个阶段城乡关系特征是农业支持工业和城乡分离；其二，改革开放后到党的十六大前（1978~2002 年），城乡关系进入工农业互动、共同推动工业化的阶段；其三，党的十六大以来至今（2003 年至今），城乡关系进入工业反哺农业和城市支持农村的新阶段。这也从另一个方面反映了我国城乡一体化进程的实效。还有学者将城乡关系的发展简洁地总结为："以效率为中心阶段""效率与公平兼顾阶段""以公平为中心阶段"。[③]

---

① 郑文哲、郑小碧：《中心镇推进城乡一体化的时空演进模式研究：理论与实证》，《经济地理》2013 年第 6 期。

② 张强：《中国城乡一体化发展的研究与探索》，《中国农村经济》2013 年第 1 期。

③ 姜晔、吴殿廷等：《我国统筹城乡关系协调发展的研究》，《城乡统筹》2011 年第 2 期。

3. 城乡一体化的发展模式的比较

由于经济、政治、历史、文化、自然条件等各种因素的影响，我国不同地区、不同类型的区域在统筹城乡发展方面，形成许多各具特色的发展模式。学者在考虑经济发展、地区文化等地域差异的基础上，从地区、城乡一体化发展主题及城乡一体化发展特色等方面对城乡一体化发展模式进行了分类对比研究。

有学者以发展模式的特色总结出我国典型地区统筹城乡协调发展的模式：东部沿海地区——"大马拉小车"模式（以北京为例）；老工业基地振兴地区——"病马拉好车"模式（以黑龙江为例）；中部崛起地区——"弱马拉重车"模式（以安徽为例）；西部内陆地区——"小马拉大车"模式（以西藏为例）；统筹城乡协调发展试点地区——成渝国家综合配套改革试验区模式。将城市比作马，农村喻为车，形象地将我国几种典型的城乡一体化发展模式呈现出来，并指出我国区域发展的不平衡，各地区处于城乡一体化发展的不同阶段。统筹城乡协调发展，仅靠简单地实施以城带乡、以工补农来实现是有局限性的，必须因地制宜，根据不同的区域特征、不同的发展阶段选择不同的发展模式。[①] 有学者根据城乡一体化发展进程中的主体对象和路径对我国城乡一体化发展模式进行了分析："城市为主导，以城带乡的城乡统筹发展模式"、"乡村为主导，乡镇企业拉动城乡经济发展的城乡统筹发展模式"和"以城乡为整体、统筹规划的城乡统筹发展模式"，认为城乡统筹不仅仅是统筹经济发展，还要统筹社会发展。因此，在对城乡进行规划时，不能仅偏重于农村经济的发展，同时也要重视农村社会事业的发展，从而使农村的环境优美、社会和谐、生活富裕。[②] 汪宇明等人对城乡一体化发展的省区差异进行了动态化定量分析，从科学定量角度揭示了在这一方面我国省区差异普遍存在，分析了差异的影响因素，为更进一步的学术研究做好了科学铺垫。

在我国现代化和城市化高速发展的当代，我们有必要保持一种开放的态度对国外发达国家的城乡一体化成功经验进行探讨和学习。根据可查找的国外文献，自19世纪来便一直存在着不同类型不同发展模式的城乡一体

---

① 姜晔、吴殿廷等：《我国统筹城乡关系协调发展的研究》，《城乡统筹》2011年第2期。
② 欧阳敏、周维崧：《我国城乡统筹发展模式比较及其启示》，《商业时代》2011年第3期。

化理论：马克思和恩格斯提出要"消灭城乡差别""达到城乡融合"的社会主义；1898 年，著名社会活动家霍华德提出著名的"田园城市"理论，意图通过新型的城乡一体的城市结构取代城乡分化的社会形态；麦克·道格拉斯曾提出通过建立发达的城乡网络系统来消除泰国东北部城乡分化现象的理论，认为足够畅通的网络系统能够促进城乡经济社会结构的统一发展；毕雪·纳南达·巴拉查亚提出以小城镇为城乡一体化建设重点，发展小城镇与乡村之间的经济社会关系，过渡性地缓解农村向城市转移的难题，为城乡一体化的最终结果提供基础；为重建城乡发展平衡，著名美国学者芒福德、赖特、斯坦因等人提出"区域统一体""区域城市"等设想，希望解决城乡发展日益加大的差距问题；加拿大、日本等学者也相继提出"城乡融合区""城乡一体化设计"等新概念，试图超越城乡界限找到新的城乡一体化发展路径。①

目前，国家学术界将城乡一体化理论分为几种主要理论。其一，社会主义乌托邦式的理想社会论。这种理论大多建立在空想社会主义的基础上，虽有过短暂的实践，却最终因为缺乏科学的实证而失败。其二，以城乡经济统筹发展为研究重点的二元经济论。二元经济论围绕城乡经济的主题寻找统一城乡发展的答案，但城乡一体化的发展不仅要从经济角度来研究，更要注重政治、文化、社会等其他方面的因素，因此该理论不能提供城乡一体化的正确路径。其三，以城市为城乡一体化发展主体的城市偏向论。城市偏向论强调城乡一体化的成功必须要以城市为主导，通过优先发展城市来带动乡村的发展和改善。该理论虽然有些过于武断，但仍是当前城乡一体化理论研究领域流行的趋势。其四，以乡村为主要发展对象的乡村偏向论。与城市偏向论相对，该理论认为城乡一体化务必注重乡村社会的发展，满足乡村的经济社会发展需求，应在政策、法律等制度体系上向乡村倾斜，通过乡村的发展推动城乡一体化的发展。该理论从乡村的角度出发，在一定程度上注重缓解城乡差距，但忽视了城市的发展对乡村的带动作用。其五，寻找崭新发展道路的城乡一体化理论。最初由加拿大学者麦基提出的"Desakota 模式"②，后被

---

① 欧阳敏、周维崧：《我国城乡统筹发展模式比较及其启示》，《商业时代》2011 年第 3 期。

② 在印尼语中，desa 是村庄，kota 是城市。

发展为城乡一体化理论。这是建立在理想社会论、二元经济论、城市偏向论、乡村偏向论基础上的新型城乡一体化发展理论，是对之前各种理论的整合和发展，是在该研究领域的学者共同努力下探究出的崭新城乡发展道路。但该模式注重亚洲国家的城乡发展关系研究，缺乏对西方国家具体实证的探究，因此其适用性还有待进一步观察。

有学者将国外城乡经济社会一体化模式归结为美英模式、东亚模式、苏联模式、欧盟模式和拉美模式五种。并认为，各模式在发展进程中的不同特性在于：其一，各模式政策选择的起点和禀赋基础不同，发达国家的整体要素水平较高；其二，各自模式政策选择的具体内容不同，欧盟主要是地区政策，主要工具是援助和贷款，日韩主要是依靠中央政府的财政投入；其三，一体化主体构成不同，欧盟主要是在成员国政府和欧盟层面，而韩国、日本除了政府积极参与外，还有为数众多的民间组织参与，如金融机构、公团、企业等社会力量都积极参加了农村建设。①

4. 城乡一体化进发展程中的问题和阻碍

自新中国成立之初使用户籍制度对全国人口进行管理时起，城乡二元结构的问题便开始存在。然而，在国民经济处于恢复阶段时，城乡二元结构对城市工业的发展和国民经济的快速复苏起到了重要的作用。随着改革开放的深入，城乡二元结构带来的城市先进生产力与相对落后的农村生产力之间的不平衡现象导致社会问题逐渐显现，表现为城乡收入差距大、农村居民综合素质低、城乡社会事业发展及基础设施建设的差距逐步扩大。② 有学者将城乡差距分为三个层面的问题：一是制度层面的问题，即城乡有别的制度规定；二是政策措施层面的问题，即以政策形式确定的城乡差别；三是发展水平层面的差距，即受城乡有别的制度和政策影响而形成的城乡之间居民各类待遇水平方面的差距。③ 这些问题恰恰是导致城乡二元结构局面的直接原因，同时也是城乡二元结构带来的结果。城乡一体化的实质，就是要消除城乡二元结构带来的城乡差距，尤其要减少由制度和政

---

① 马晓强、梁肖羽：《国内外城乡经济社会一体化模式评价和借鉴》，《福建论坛》（人文社会科学版）2012 年第 2 期。

② 吴武英：《城乡差距研究综述》，《湖南省社会主义学院学报》2006 年第 2 期。

③ 张强：《中国城乡一体化发展的研究与探索》，《中国农村经济》2013 年第 1 期。

策带来的城乡发展机会不均等。

　　根据数据显示，我国城市 GDP 所占全国 GDP 的比例已约达 95%，而城市与农村发展的产业结构、劳动力结构和人地矛盾相当突出，一定程度上造成城市发展受阻。从我国城乡人口就业人数的数据来看，近几年来，城镇就业人数增长速度逐年降低，乡村就业人数增长率较为稳定，城镇乡村就业人数差距逐年降低。这一城乡就业人口的变化态势，意味着一方面在城市发展急需的劳动力供给不足的同时，低水平的农村剩余劳动力无法满足城市产业结构调整对劳动力的需求，这构成了城市发展的主要阻力。① 另一方面，按照国际化的经验，大城市的发展是由第三产业发展以及科技进步所推动的。高水平人才的不断引入，以生产服务业为主的第三产业所占比重的增加是大城市发展的主动力，② 而城乡一体化过程中城乡产业结构导致的第三产业增长速度减缓、技术人员下降等问题表明城市劳动力素质的水平也在降低。这些变化与经济产业结构转型完全相反，构成了城市发展的直接阻力。

　　农业人口基数庞大，农业人口素质较低、生活方式较为落后，这些都是我国城乡一体化过程中一直存在的问题。我国农村人口的基数大，虽然其占总人口的比重不断下降，但绝对数量仍然很大，与此同时，作为农业生产最基本生产要素的耕地在我国快速工业化和城市化的过程中不断减少。与我国农村人口数量问题如影相随的是农村中人与自然资源之间的矛盾，我国的城市化与工业化又不可能及时吸收那么多从农村中转移出来的人口，这将对我国的可持续发展构成莫大的威胁。③ 而在经济发展方面，我国农业还处于半自给自足的阶段，其所能提供的市场狭小而零碎。农村人口居住分散，相互距离远，所以农村的交易效率低，而城市人口居住集中，相互之间距离近，因而交易效率高。这种交易效率的差异，使城市劳动分工程度、生产力和商业化水平高，而农村则正好相反。④ 这种差异以及城乡不均等的发展机会使

①　陆学艺：《破除城乡二元结构实现城乡经济社会一体化》，《社会科学研究》2009 年第 4 期。
②　郑夏明、汪玲清：《大城市发展的问题与对策研究》，《科技创业》2005 年第 2 期。
③　张永岳：《我国城乡一体面临的问题与发展思路》，《华东师范大学学报》（社会科学版）2011 年第 1 期。
④　陈世伟、陈金圣：《城乡融合中的农民市民化：困境与出路》，《北京工业大学学报》（社会科学版）2008 年第 3 期。

得城乡矛盾加大，不利于城乡一体化进程的发展。

5. 我国城乡一体化发展的思路及路径选择

对于城乡一体化中出现的各种问题和发展困境，不同学者从不同的研究视角和研究立场提出了各自的发展思路及路径选择。其中，主要包括以下几个方面的理论选择。

有学者认为，要做好城乡一体化，政府应该从总体上来考虑，"城市偏向"或"农村偏向"的政策都可能造成城乡不均衡发展的问题。而城乡均衡发展，并不是要使城市农村一致化、一样化，而是要协调发展、互补发展。① 市场经济单一的逐利行为不仅容易使城乡差距在一定时期内恶性扩张，而且还可能使这个阶段持续很长时间。所以政府应发挥主导作用，充分运用政策干预的手段将市场调节和政策干预结合起来，制定和实施有利于城乡协调发展的倾斜政策，切实有效地加快农村经济社会的发展。② 通过政府干预的统一规划协调，城乡一体化发展将会进行得更加顺利。

我国大多数学者认为，服务产业所占的比重不仅直接影响着产业结构的关系，而且也成为衡量产业结构合理化程度以及高度化程度的直观尺度。因此，我国现代服务业尤其是生产性服务业仍有很大的成长空间，需要进一步大力发展。关于产业结构调整方向，有学者强调了服务业的关键作用。他们认为，生产服务业的发展是城市产业结构升级的方向，大力发展生产服务业将有助于城乡一体化的加快发展。③ 另有学者将农业和农村产业的发展作为产业结构升级的重点，认为不同地区在统筹城乡发展时，应该将农业的升级和农村的经济发展结合起来，用产业结构的优化升级来带动农村经济发展能力的提高，用农村自身经济发展能力的提高，来促进产业结构的优化升级。协调城乡产业结构，促进农业生产现代化，规范农村商品和劳动力市场，提高农村自主发展能力，最终达到城乡统筹发展的目标。④ 在城乡一体化的进程中，城市的经济和社会发展均优于农村，因此在产业结构的调整上，必须考虑到农村经济发展的特点，有针对性地进行结

---

① 姜晔、吴殿廷等：《我国统筹城乡关系协调发展的研究》，《城乡统筹》2011 年第 2 期。
② 欧阳敏、周维崧：《我国城乡统筹发展模式比较及其启示》，《商业时代》2011 年第 3 期。
③ 吴武英：《城乡差距研究综述》，《湖南省社会主义学院学报》2006 年第 2 期。
④ 姜晔、吴殿廷等：《我国统筹城乡关系协调发展的研究》，《城乡统筹》2011 年第 2 期。

构调整和转型，采取有利于实现城乡经济社会共同发展的产业结构模式。产业结构本身就是一个多样性并存的系统，因此在进行产业结构的调整时，必须考虑到不同的理论研究及实践基础，进行合理科学的结构转型。

在涉及城乡一体化发展的具体措施时，学者们均强调相关法律法规体系建设的重要性。学者们认为，发展城乡一体化需要建立完善、系统的城乡法律法规体系，以此作为保障城乡一体化发展的基础，支持农村快速发展。如果仅仅靠规划建设，而没有相关的法律、法规作保障，所有的蓝图到最后只能是一张空头支票，在实践中难以得到有效执行。① 因此，国家的区域政策和促进城乡协调发展的措施必须有法律作为保障。每项政策的实施都必须依靠法律体系的强制执行力来保证，完善的法律体系是建设是城乡一体化道路上不可或缺的重要环节，党和政府必须加以重视。

多数学者在探究城乡一体化路径选择时认为，体制创新是城乡一体化建设的必经之路。他们认为，城乡一体化的发展趋势要求我国政府务必进行相应的体制改革。要充分发挥统筹城乡发展的整体效应和长远效应，同时大力推进中央宏观层面和地方政府中观层面改革。全国性改革为地方政府改革提供方向指导，并优化其外部环境，地方政府改革则将中国统筹城乡发展的成效落到实处。② 还有学者认为，不管是中央政府还是地方政府，都必须为城乡一体化制度的改革做好准备，用开放的精神去迎接体制改革，大胆创新，形成城乡一体化新格局的战略内涵。从农村经济体制、行政管理体制、财政体制等几个方面进行创新，完成城乡区域权利和资源的重新配置。要推进城乡经济社会发展一体化新格局的形成，体制改革是一项基础工程。有学者提出，我国各级政府用好行政区划这个政策性工具，围绕我国现代化发展进程中的权益过于集中所导致的城乡与区域不平衡、不协调、不可持续发展的问题，探索地方制度的创新，仍是一个亟待深入研究的理论和实践命题。③

根据以上评述，可以看出，我国在城乡一体化理论领域的研究内容日

---

① 张沛、张中华等：《城乡一体化研究的国际进展及典型国家发展经验》，《国际城市规划》2014 年第 1 期。
② 叶裕民：《中国统筹城乡发展的系统架构与实施路径》，《城市规划学刊》2013 年第 1 期。
③ 汪宇明等：《城乡一体化条件的体制创新—现实响应及其下一步》，《区域经济》2011 年第 2 期。

益丰富、研究方法不断创新，对城乡一体化的发展、特点、问题和阻碍以及路径选择等方面的研究已经逐渐形成有一定研究规模的体系。然而，时代的发展瞬息万变，城乡一体化理论的研究也需要根据时势的变化而不断完善和发展。因此，城乡一体化理论研究领域仍然存在一些值得进一步深入研究分析的问题。

一是缺乏对城乡统筹发展问题的政策关切与学理性探索。在对城乡一体化发展进程的众多研究当中，较多的学者提出应发展相应政策，统筹城乡发展，并对政策的应然性提出了模糊的要求，但并没有实证性的研究或具体的理论模型来说明政策体系应该做出怎样的调整或重建来适应其发展理论，缺乏能够对现有政策改革提供指导性方针的实然性理论模式，导致众多城乡一体化理论无法深入推行，更无法检验其真理性，城乡一体化发展理论思维仍有较大空间。同时，也缺乏对城乡统筹发展问题具体应用的学理性探索，使理论模型的构建存在一定学理上的隐性弊端。二是城乡一体化发展主体不明确。在如今城乡一体化研究领域中，最为适合城乡共同发展的主体定位仍不甚清晰。从"城市偏向论""乡村偏向论"到新发展出来的"中心城镇偏向论"都有其一定的理论合理性，同时也都存在各自的不足之处。城乡一体化的发展主体决定了统筹城乡发展工作的主要开展领域，也决定了具体政策的制定和机制改革，决定了城市和乡村能否在一定的发展节点互相有机的促进，进入积极良性的发展循环。因此，城乡一体化发展主体的确定或整合急需一个明确的路径，从而更好地实现现代城市化。三是缺乏对国外发展模式的实证探讨。首先，跨国的城市化路径研究相对薄弱，虽有部分学者对国外城市化研究做出一定探索，但仅限于表面的研究，还缺乏大量的实证考察。其次，缺乏我国与其他发达国家城乡一体化模式的实证对比分析，因此为我国带来的适用性启示也很有限。四是缺乏对统一评价体系的建设。目前，我国已有理论研究中尚未能建立起一个具有普遍性的、适用于各种类型城市的城乡一体化评价体系。仅有的少数评价体系也只适用于一些不具备普遍性特点的较不发达的城市。同时，这些评价体系的建设也不尽完善，适用范围更是狭窄，因而不能直观地反映区域间的城乡统筹差距，无法进行深入的横向研究，为推进城乡一体化的发展带来一定困难。

（二）公共服务均等化

西方关于公共服务均等化的研究起步较早，在公共服务均等化研究过程中，有学者提出均等化最重要在于公民的机会选择均等，其判断标准既包括高效的机会回报也包含便利的机会实现途径。也有人提出均等化服务体系的核心是政府与社会的联动，其责任在于政府，而主要的生产在于社会。关于公共服务，普遍按照萨缪尔森关于对公共产品的经典理论被表述为：每个人对这种产品的消费并不能减少任何他人消费该产品，其实质是指具有共同消费性质的服务，而不是产品本身。但是国家必然会参与社会的资源分配过程，斯考切波（Theda Skocpol）认为，任何国家都要首先并主要从社会中抽取资源，并利用这些资源来创设和支持强制组织和行政组织，一旦农村的资源被抽调，差距就会不断扩大。尤其伴随着社会电子化信息时代的开启，发达地区与欠发达地区、城市与一些农村地区之间的差距正在以几何倍数的速度迅速拉开，这些无时无刻不在要求我们要建立一个公平的社会。尤其是在城乡之间更要注重倡导社会公平，无论是在农村还是在城市，都应扩大政治权利以及经济福利，让服务更加普遍化（universality）、简便化（portability），并使其更多地惠及缺乏政治、经济资源支持，处于困境中的群体。在关于社会服务均等化的模式上，一些学者认为应该大力推行"公共企业民营化"（privatization of public enterprise），公共企业与私营企业的差别更多与管制环境有关，而不是所有制问题，竞争性行业的公共企业可与私企一样高效。但也有一些学者认为，公共企业应该是政府经营，如果不采取强有力的行动，人力资本等要素会产生巨大差距，可能会给公共企业和私企造成永久性的分歧，并且是难以扭转的差距。

基本公共服务均等化作为党和政府提出的政策目标，它不仅关乎于一国居民享有公共服务的权利，也维系着社会的发展与稳定，既是现代政府的重要职责，也是实现良治善政的应有之义。基本公共服务均等化是中国特色词语，是源于现实实践，基于公平正义的价值追求，为解决我国目前地区间、群体间、区域间公共服务不均等状况而提出的。通过文献梳理本研究将从基本公共服务均等化的相关概念、我国基本公共服务均等化现状、实现基本公共服务均等化的路径、现有研究的不足四个方面展开讨论。

1. 基本公共服务均等化的概念和内涵

政府作为公共权力机关，向国民提供均等的公共产品与服务是其基本职责。对于公共服务概念的理解可以从两个角度出发。一是从产品属性的角度划分，即满足人们的公共需求、具有公共品性质的产品和服务就是公共产品和公共服务。经济学家以竞争性与排他性为标准将人们需求的产品分为：公共产品、私人产品与混合物品。政府主要负责提供市场和社会不愿提供的"无利可图"的公共产品；私人产品具有较强的个人需求色彩，主要由个人通过市场机制自主选择来满足；而介于两者之间的混合物品既具有社会性也具有私人性，由政府、社会和市场共同提供。但是如果严格按照此标准界定公共服务范围，面对个人因病或因灾害无力生存时，政府袖手旁观、一概不管便会产生行政的伦理问题。因而另一个角度即根据需求和供给状况来确定公共服务的范畴被提出，即凡是人们迫切需要而社会和市场又做不了或做不好或不愿意提供的产品应由政府以公共服务的形式提供。相较于前者以产品属性来确定公共产品的消极政府责任观，后者依据需求供给状况来确定公共服务的概念更为现代政府所接受。但是在现实生活中，人们的需求具有多样性，并且随着时代的发展会不断出现更高层次的需求，而政府的能力是有限的，面对众多的需求政府无力完全满足。所以基本公共服务应当是指那些人们需求的公益性程度较高且其需求的满足对政府的依赖程度强、必须由政府承担和满足的公共产品和服务。①

目前关于政府公共服务的界定主要有静态和动态两种定位。刘尚希从居民消费风险角度提出，所谓的公共服务是指政府利用公共权力或公共资源，为促进居民基本消费的平等化，通过分担居民消费风险而进行的一系列公共行为，这是一个静态概念。朱光磊、孙涛则从政府职能转变的角度主张建设"规制—服务型"政府，并提出服务乃是一种独木难支的概念，政府应该将规制、服务相统摄，以公共服务为导向、以规划治理为手段，因此服务就成为一个动态系统的概念，即将公共服务作为一个基本的系

---

① 项继权：《基本公共服务均等化：政策目标与制度保障》，《华中师范大学学报》（人文社会科学版）2008 年第 1 期。

统，而并非只从实际的服务形态出发。

对于基本公共服务可以从公民权利、政府职能两个角度去理解。持权利论的学者认为，公民不论其种族、收入和地位差距，普遍公平地享有公共服务是基本人权。基本公共服务是对公民生存权、健康权、居住权、受教育权、工作权和资产形成权的保障。[①] 从政府管理维度来谈的学者认为，基本公共服务职能是政府实行经济调节、市场监管、社会管理之外的第四大职能，基本公共服务的提供是政府的责任，而混合产品、私人产品等非基本公共服务则应借助市场、社会公众参与等第三类机构来提供，此时政府更多的是规划者和管理者。应当强调的是即使在目前公共服务提供方式多元的趋势下，政府仍然要对全体公民的基本人权和生存发展状态负有终极责任，政府是基本公共服务的最终供应者。

对于基本公共服务的具体范畴不同学者有着不同的划分。从《中共中央关于构建社会主义和谐社会若干重大问题的决定》来看，基本公共服务应该包括教育、文化、就业、再就业、社会保障、生态环境、公共基础设施、社会治安等领域，但是外延如何界定，争议较为激烈。有学者以人的生存与发展的基本条件来界定基本公共服务的范围，将基本公共服务分为底线生存服务、公众发展服务、基本环境服务和基本安全服务四个领域。[②]有学者将其划分为基本民生性服务、公共事业性服务、公益基础性服务和公共安全性服务四个方面。[③]

基本公共服务均等化内涵的界定突出对"均等化"一词的理解，绝大部分学者认为，均等化不是完全的平均，既要保证公民享受大致相同的基本公共服务，也要考虑地区的客观差异性以及公民选择符合自己偏好的权利。公共服务的均等化是分层次、分阶段的动态过程，成熟的公共服务均等状态，表现为不同区域之间、城乡之间、居民个人之间享受的基本公共服务水平一致，然而从起始到成熟，公共服务均等化要经历不同的阶段，"均等化"是要将公共服务差距控制在可以接受的范围内，然后逐步缩小

① 唐钧：《"公共服务均等化"保障 6 种基本权利》，《时事报告》2006 年第 6 期。
② 常修泽：《中国现阶段基本公共服务均等化研究》，《中共天津市委党校学报》2007 年第 2 期。
③ 陈昌盛、蔡跃洲：《中国政府公共服务：基本价值取向与综合绩效评估》，《财政研究》2007 年第 6 期。

差距，而不是一步达到绝对意义上的平均化。① 有学者依据罗尔斯的正义理论，强调在自由、平等和幸福之间统筹协调的原则有两条，即第一正义原则（平等自由原则）和第二正义原则（机会均等原则）。社会公正的功能性结构由分配的结果公正、起点公正和过程公正三个要素构成，结合正义原则得出基本公共服务的三大原则，即受益均等原则、主体广泛原则和优惠合理原则。② 基本公共服务均等化概念的提出，其初衷是为了解决公众收益严重不均、部分居民无法得到最基本的服务保障问题，因而均等化首先应该是底线的完全平等。根据罗尔斯第二正义原则（机会均等原则），全体社会成员作为契约的签订方在接受政府提供的公共服务上应具有大致均等的机会，也即所有成员在基本公共服务的分配上具备起点公正，社会上大多数的成员能享受到政府提供的基本公共服务。基本公共服务的均等化在历史形成的服务差距以及制度和体制遗留障碍的困境下，应该实现服务对象的广覆盖。③ 马国贤通过横向比较各国均等化模式认为，加拿大实行的人均财力均等化模式在大体人均支出公平的基础上，赋予地方政府较大的理财权，将财政拨款与人口挂钩有利于促进财政拨款方式的改革。但是此模式依托于政府预算的强约束力，而我国地方行政力量过大，预算法制环境不健全，行为主体不具备承担公共信托责任的行为能力。美国实行的公共服务标准化模式采用选择公共服务项目、逐项建立标准的方式，逐步扩大公共服务均等化的范围。在中国区域间差距较大，居民对公共服务的偏好差异明显，"一刀切"的全国标准易造成与居民的需求脱节。相较前两者，我国政府采用了基本公共服务的最低水平模式，即国家有选择地将最为重要的公共服务列为基本公共服务，并以国家的名义保证最低供给水平，同时允许有财政能力的地方政府自主提供更多质量更高的公共服务。这种服务项目式的均等化思路既保证了欠发达地区居民获得必要的公共服务，又不妨碍发达地区政府提高更高层次的公共服务，解决了标准化公共服务下公共资源"既不足，又冗余"的难题。④

---

① 贾康：《公共服务的均等化应积极推进，但不能急于求成》，《审计与理财》2007年第8期。

② 陈海威、田侃：《我国基本公共服务均等化问题探讨》，《中州学刊》2007年第3期。

③ 项继权：《我国基本公共服务均等化的战略选择》，《社会主义研究》2009年第1期。

④ 马国贤：《基本公共服务均等化的公共财政政策研究》，《财政研究》2007年第10期。

2. 我国基本公共服务均等化现状

计划经济时代，我国公共服务体系是在公有制基础上建立起城乡分治的公共服务体系。在单位制度和户籍制度固化的城乡二元格局下，城市实施单位福利制度，各种事业单位不仅负责经营生产，同时也承担公共服务提供的职能，向所有职工免费提供诸如退休工资、公费医疗、基础教育、福利服务、住房分配等公共服务。而农村则依赖于村集体经济供给，国家提供的资金和资源很少。各种资源在城乡之间分配极为不均，社会学家陆学艺将其称为"城乡分治，一国两策"。改革开放后，经济体制改革的优先性使政府较为忽略公共服务供给，相比这一时期经济建设支出，公共服务支出占总支出的比例严重偏低，同时旧的公共服务体系开始瓦解。经济快速发展，但是社会矛盾不断加剧，党的十六届六中全会通过了《中共中央关于构建社会主义和谐社会若干重大问题的决定》，将"逐步实现基本公共服务的均等化"提上议事日程。政府试图建立一个更具有普遍性和全面性的公共服务体系。① 政府行为功能从重经济建设到重公共服务的转变，体现的是政府行为理念从重效率到重公平的转变。

基本公共服务均等化的程度取决于两个变量：一是经济发展能力（决定财政收入水平）；二是公共服务供给水平。② 充裕的财政投入固然是实现均等化的重要手段，但是仅仅强调公共服务财政经费的划拨与转移远远不够，对于公共服务绩效来说，效率、效益和公平是三个相互联系而不可或缺的评判标准。基本公共服务均等化的实现，不仅要依靠财政投入力度的加大，还需要公共服务有效供给的水平不断提高。学者郭小聪认为，我国目前的供给模式是供给导向型模式，主要指政府依据其财政能力的大小，量力而出地提供基本公共服务，基本公共服务的结构由政府安排。③ 这种模式忽略群众偏好导致供给失衡。总之，目前我国面对的问题不能单一地归咎于政府提供公共服务的经济能力薄弱，更应该认识到，缺乏合理的公

---

① 郁建兴：《中国的公共服务体系：发展历程、社会政策与体制机制》，《学术月刊》2011年第3期。
② 陈振明、李德国：《基本公共服务的均等化与有效供给——基于福建省的思考》，《中国行政管理》2011年第1期。
③ 郭小聪、代凯：《供需结构失衡：基本公共服务均等化进程中的突出问题》，《中山大学学报》（社会科学版）2012年第4期。

共服务制度安排导致公共服务供给的粗放状态。推进公共服务的均等化需要调整和优化政府职能，合理构建中央与地方政府的财政与事权匹配结构，借助竞争的市场机制、社会组织的有效参与以及新型的供给技术来改善公共服务自身体系，使得用于公共服务的社会资源得到充分利用，实现公共服务的有效供给。

地区之间基本公共服务的非均等化主要表现在区域之间、各省之间、同一省份不同地区之间、城乡之间存在的差距。区域间的不平等主要表现为基本公共服务地区间发展不平衡，东部与西部差距明显。有学者构建出基本公共服务均等化水平的指标体系，并基于统计年鉴数据，采用熵权法对全国 31 个省（市）基本公共服务均等化水平进行评估和比较，将均等化水平划分为三个区域等级。[①] 有学者认为中国的经济发展水平和中国的公共服务水平都与中国的地形一样，呈现一种明显的阶梯状，东、中、西部公共服务水平落差很大。虽然不同区域已经实施了不同的振兴计划，但是区域差距仍保持着扩大的势头。[②] 在比较区域均等状况时，有学者具体到某一公共服务领域，如以社会保障为例，指出东、中、西部三个区域之间及城乡之间公共服务在这一领域存在明显的非均等化现状与问题。[③]

城乡资源在不同的阶段具有不同的标准，但是最终农民所享受的公共服务在质量和数量上，应当是与城市均等的。也有学者指出，目前除国防、外交等公共服务具有城乡均等化外，其他众多的公共服务在农村和城市之间明显失衡，农村公共服务供给总体不足、结构失衡、效率低下的问题极为严重。在对这些现状的分析上，张军、蒋维田认为，家庭承包制的引入虽然有利于农业经济的快速发展，但没有为农业基础设施和农村公益事业的发展提供同样有效的制度安排。城乡之间在资源配置机会上的不平等，导致巨大的收入和公共服务差距。盛荣认为，农村公共品供给不足的原因在于供给主体和供给责任划分不明确，运行效率低下。董立人认为，

---

① 南锐、王新民、李会欣：《区域基本公共服务均等化水平的评价》，《财经科学》2010 年第 12 期。
② 胡仙芝：《中国基本公共服务均等化现状与改革方向》，《北京联合大学学报》（人文社会科学版）2010 年第 3 期。
③ 李雪萍、刘志昌：《基本公共服务均等化的区域对比与城乡比较——以社会保障为例》，《华中师范大学学报》（人文社会科学版）2008 年第 3 期。

提供公共服务是政府的主要责任，但主体并非只是政府，而是应发展多元的供给主体模式。

群体间的不均等凸显在城乡居民之间、体制内与体制外就业群体之间，体制外群体主要以农民工为代表。有学者认为，体制内外收入差距过大，资源型企业和垄断企业职工、部分机关单位领导的收入远高于社会平均收入，引发享受基本公共服务的程度不均等。① 改革开放后，随着家庭联产责任承包制的实行，农民拥有一定程度的生产和生活自由，城市工业的复苏增加了对劳动力的需求，农村剩余劳动力自发向城市转移，并由此出现了举世无二的农民工群体。他们为城市的发展做出了贡献，但是由于制度性障碍，他们很难改变"农村人口"这一社会身份，因而基本上享受不到城市政府提供的公共服务。有学者认为，基本公共服务均等化的提出为解决农民工问题提供了基本原则、普遍标准和行动框架，实现农民工群体平等享有基本的公共服务，需要进一步改革户籍登记和管理制度，消除地方保护主义，并增强农民工维权能力。② 由此可见，不均等状况普遍存在，实现基本公共服务均等化战略刻不容缓。

3. 实现基本公共服务均等化的路径研究

大部分学者通过实地调研、数据分析得出结论认为，尽管我国基本公共服务供给水平在提高，但农村的基本公共服务供给仍落后于城市。崔波认为要在统筹城乡发展中建设新农村，不断打破城乡二元体制，建立统一的服务机制。学者们广泛认可城乡二元结构严重阻碍均等化的进程。新中国成立后，由于重工业优先发展的战略选择，在高度集权的中央计划经济体制的影响下，为了减轻城市人口压力，不得不确定了限制流动迁徙的户籍制度，③ 并且这种户籍制度与社会福利制度绑定在一起，确立了城乡完全不同的医疗、教育等保障制度，为城市居民提供优先权。户籍制度确立的城乡社会二元结构保证了国家集中财力建设社会主义工业化，但是也留下了严重的后患，农民被强制留在农村，城市化过程严重滞后于工业化过

---

① 陈海威、田侃：《我国建立基本公共服务体系问题探讨》，《理论导刊》2007 年第 6 期。

② 于建嵘：《基本公共服务均等化与农民工问题》，《中国农村观察》2008 年第 2 期。

③ 于建嵘：《保险制度缺陷导致农民工养老保险遭冷遇》，《新京报》2005 年 4 月 19 日。

程。深化户籍制度的改革，打破附加在户籍制度之上的相关社会经济政策以及由此形成的错综复杂的社会利益分配格局，就是要让进城务工人员能够平等享有政府为城市居民提供的全部公共服务。大力建设小城镇，聚集农村人口，提高公共服务的共享率，也是为了以较低的成本提供均等的公共服务。① 因此必须坚持大中小城市与小城镇的协调发展，提高中小城市对周边农村地区的辐射能力，加大对农村的反哺力度，为农民创造更多的就业机会。此外，应逐步消除农民进城的限制规定，统一城乡劳动力市场，形成城乡劳动者平等就业的制度。政府也要扩大教育、卫生、文化等资源的供给能力，使包括迁移人口在内的所有城市居民都能够享有大体相当的基本公共服务。

政府提供公共服务主要依靠财政。政府间财政关系的不合理是造成我国公共服务均等化问题较为严峻的重要原因。② 当前财政制度下，税收收入过于集中而财政支出较为分散，一些基层政府心有余而力不足，缺乏足够的能力来提供基本公共服务。因此需要健全财力与事权相匹配的财政体制，进一步明确中央政府与地方政府之间在提供义务教育、公共卫生、社会保障等基本公共服务方面的事权，对于涉及面广和外部性强的公共服务应主要由中央政府与省级政府提供。而义务教育、医疗保障等惠及本地区居民的公共服务则依据地方政府经济实力来确定其承担的责任。同时建立规范、公开、透明的转移支付制度，选择科学的指标合理分配资金，在以纵向转移模式为主的同时，试行东部发达省份对口支援西部的横向转移模式。而对于专项转移支付应科学论证并列入专项转移的项目，控制准入的条件与规模，并且加强对专项转移支付项目的监督与绩效评估，以改变当前资金被截留、挪用的混乱状况，改善资金的使用效果。只有解决贫困地区财力困难的窘境，增强贫困地方政府的公共服务能力，才能尽快实现基本公共服务均等化。推进公共服务的改革应该结合政府转型的现状，在加强社会组织管理的同时，可以培育社会组织参与公共服务的供给，把社区

---

① 陈继宁：《论小城镇建设与城乡公共服务均等化》，《中共四川省委省级机关党校学报》2007 年第 3 期。

② 安体富：《完善公共财政制度逐步实现公共服务均等化》，《东北师大学报》（哲学社会科学版）2007 年第 3 期。

服务、养老、就业培训等通过政府购买社会组织服务的形式，转让给社会组织去做。① 同时，应该完善社会组织的管理法规，鼓励和引导社会组织特别是民间组织参与公共服务的投资、管理与监督。在公共服务的采购中，引入社会组织的参与有利于构建政府与社会的合作伙伴关系，政府可以在审慎权衡自身供给与外包采购的成本收益基础上向社会组织让渡部分公共服务，这在一定程度上不仅能够改变政府垄断基本公共服务供给的局面，而且也能促进社会组织的壮大并减少政府部分项目的财政投入，实现双赢。

基本公共服务均等化不是单纯的财政投入问题，其内在的本质和关键之处是要进行行政管理体制的改革。学者胡永保认为，政治体制改革的目标应当是建立公共服务型政府，从以经济建设为主的全能政府向以提供公共服务为主的有限政府转变；树立"新型公共服务政绩观"，打破传统的"GDP中心主义"，强化政府的公共服务职能，以提供公共服务数量和质量以及人民群众的满意度来考核政府标准；同时以政社分开为重点，建立公共服务合作治理格局。现代社会政府既没有能力也不应该垄断公共服务的提供而将其他主体排除在外，没有社会和市场对政府功能的参与和分担，政府的改革就不能取得突破。郁建兴认为，中国的公共服务体系改革应该借鉴发达国家的经验，坚持市场化与社会化改革的思路，即在确立政府主导地位的同时充分发挥市场机制与社会机制的作用，同时大力培育社会组织，形成"社会协同、公众参与"的复合式供给格局。② 学者陈振明认为，政府必须从那些"不该管、管不了、管不好"的领域中退出，转移出可由社会公共组织来承担和由市场自行调节的职能，建立公共服务的合作治理格局。

基本公共服务的提供不仅受地方经济发展水平、地方政府财政收入状况③以及财政转移支付制度安排和财力均等化④的影响，而且与地方政府在推进基本公共服务均等化进程中的职能定位、行为选择以及财政投入流向

① 丁元竹：《促进我国基本公共服务均等化的对策》，《宏观经济管理》2008年第3期。
② 郁建兴：《中国的公共服务体系：发展历程、社会政策与体制机制》，《学术月刊》2011年第3期。
③ 赵怡虹、李峰：《基本公共服务地区间均等化：基于政府主导的多元政策协调》，《经济学家》2009年第5期。
④ 岳军：《公共服务均等化、财政分权与地方政府行为》，《财政研究》2009年第5期。

紧密相关。① 迟林指出要以改善中央与地方政府间关系作为根本方式，增强地方的自主性。我国目前的供给导向型模式存在许多问题，从基本公共服务的决策机制来看，政府偏好和判断对基本公共服务供给结构具有主导性作用，在决策缺乏有效制约和监督的条件下，政府的决策表现出高度的随意性，此外决策者受政绩观的影响，热衷于投资一些易出政绩的短平快项目，使那些公众需求高、难出政绩的基本公共服务得不到充分供给。② 这种忽视公众需求偏好的评价体系容易造成基本公共服务供需结构的失衡，降低公众对基本公共服务的满意度，在这种情况下，基本公共服务的客观结果与公众的主观评价常常存在明显差异。政府必须首先弄清楚"公众需要什么"，明确公众的需求偏好后，政府必须"愿意或能够提供这些基本公共服务"。主要借助于科学的方法对公众的需求结构偏好进行严格的调查与测算；另外设计相关制度，调整与规制政府的基本公共服务供给结构，使之满足公众需求。③ 了解公众的偏好后对症下药可以有效提高政府财政支出的使用效率，提升基本公共服务供给的效用。在一个地区短时间内财政能力不能大幅提升的情况下，调整基本公共服务的供给结构对于推进公共服务均等化具有重要意义。④ 学者丁元竹对过去一个多世纪中主要国家的基本公共服务供给方式进行了总结，界定了政府在基本公共服务供给中扮演的主要角色，政府与企业、社会组织的合作方式，社会组织在基本公共服务体系中的作用等，提出社会经营和数字政府的模式，即通过网站提高居民的个人服务和自我服务能力，以提高效率、降低投入。⑤ 借助网络改善政府公共服务的提供在现代社会具有重要的意义。

目前已有的研究对于基本公共服务均等化的基础性研究、非均等化的现状、解决路径都有了广泛和深入的研究，这既为推进我国基本公共服务

---

① 王敬尧、宋哲：《地方政府财政投入与基本公共服务均等化》，《华中师范大学学报》（人文社会科学版）2008 年第 1 期。

② 郭小聪、刘述良：《中国基本公共服务均等化：困境与出路》，《中山大学学报》（社会科学版）2010 年第 5 期。

③ 郭小聪、代凯：《供需结构失衡：基本公共服务均等化进程中的突出问题》，《中山大学学报》（社会科学版）2012 年第 4 期。

④ 郭小聪、刘述良：《中国基本公共服务均等化：困境与出路》，《中山大学学报》（社会科学版）2010 年第 5 期。

⑤ 丁元竹、丁潇潇：《基本公共服务供给方式的国际视角》，《开放导报》2013 年第 1 期。

均等化相关政策的制定提供了有益的指导和借鉴，也为理论界的进一步研究提供了基础和方向。总的来说，已有研究尚存在以下不足。

一是侧重应然研究，实然研究薄弱。当前学术界多是对基本公共服务均等化的概念、范围、供给主体、实现机制方面的研究，抑或是对目前我国基本公共服务均等化现状与问题的描述，缺乏将基本公共服务的客观评价与主观评价相结合的缜密分析，绝大多数文献采取的都是"提问—回答"式结构，缺少依据数据的量化研究，导致不论是在对问题的分析上还是所提出的对策上大同小异，相关研究没有突破和创新，处于逐渐停滞的状态。二是研究视角单一。目前大多数研究是从政府供给角度出发，如研究增强政府的财力保障、政府管理体制的改革、实现多元的公共服务供给方式等，相对忽略公众需求。公共服务均等化这一概念涉及两个层面的行为主体，服务的供给者政府与服务的消费者公民。忽视对公众需求的考察，容易导致公共服务供给结构与公众偏好的偏离。三是缺乏科学的约束机制。研究基本公共服务均等化对于政府来说更多表现为财力的均等，而对于公众来说则更多表现为消费的均等，即全国不同地区的公众享受到的基本公共服务的效用是相等的。即使在各地财政支出均等的条件下，由于使用效率、供给技术的不同，也会产生完全不同的基本公共服务水平。因此建立系统严密的约束监督机制，保证财政支出的使用效率，对基本公共服务均等化的实现具有重要意义。但是这方面的研究尚有较大空间。未来的研究还需要我们对基本公共服务理论深度挖掘，多角度审视我国均等化进程，结合我国国情提出中国基本公共服务均等化的路线图。

四　研究内容

基于以上研究思路，本研究的主要内容安排如下。

导论部分，主要介绍了公共服务的研究背景，城乡一体化建设中基层政府均等化服务研究的现实意义，详细论述了本研究的基本思路和研究方法，提出开展基层政府均等化服务研究的基本立场和主要观点。

第一章主要讨论城乡一体化中的基层政府职能再定位及公共服务均等化。本章首先从历史维度详尽梳理了新中国成立至今城乡关系发展的概况和趋势，总结出城乡关系的五阶段论，归纳了城乡一体化与政府职能转变的发展历程。自从城乡一体化战略提出以来，伴随基层政府职能转变的发展历程，党和政府对城乡一体化的认知也在不断调整和深化。构建新型城乡关系必须坚持"以人为本"，因此，促进基本公共服务均等化是推动城乡一体化的客观要求。其次，根据对现阶段基本服务供给、生产和分配三方面模式的归纳总结，提出基层政府未来发展的向度；同时指出政府改革、市场发育和社会成长是促进城乡一体化中基层政府均等化服务的动力机制。

第二章关注城乡一体化中基层政府均等化模型的理论建构。本章首先以三个主流学科为研究视角，分别从强调社会公平的伦理学、突出市场效率的经济学和侧重公民权利的管理学对公共服务均等化研究的理论研究成果进行总结。在此基础上指出相关研究的不足和缺陷，综合运用伦理学、经济学和管理学的理论成果，结合中国具体实践，提出价值倾向、供给能力和需求主体是影响基层政府均等化服务的三大因素。由此，构建了基于供给—需求系统的理论分析框架，并由此演绎出三种具有不同特点的服务模式。

第三章论述城乡一体化中基层政府均等化服务模型Ⅰ，即"双向应对型"模式。本章以苏中 N 市 S 镇作为分析案例，详细介绍了近年来 S 镇均等化服务的基本概况、体制环境、主要特点和存在问题，并指出公共服务供给能力缺失、激活结构失衡、政策定位模糊是造成 S 镇公共服务政策内涵替换性和执行选择性的主要原因。进一步利用对当地居民满意度和他们对公共服务基本认知的问卷调查数据，说明以 S 镇为典型的"双向应对型"均等化服务模式基本上属于一种外生型服务模式，即完全通过自上而下的方式由中央敦促基层政府进行职能转变。同时结合案例指出，在基层社会环境资源有限的情况下，"双向应对型"服务模式将承受巨大压力和挑战。

第四章分析城乡一体化中基层政府均等化服务模型Ⅱ，即"后发赶超型"模式。本章以苏北 L 市 P 镇作为分析案例，具体概述了近年来 P 镇均等化服务的历史和现实。在推动经济发展的目标指引下，地方政府上下共谋，通过书记挂帅、规划先行、土地整合、招商引资等措施，取得了一定治理绩效。但同时在强烈的"后发赶超"逻辑指引下，形成了"父母官"式的全能型治理，造成基层民众需求的被动输入和集体失语。根据调研材料，结合问卷数据，本章指出以 P 镇为代表的"后发赶超型"服务模式，在全面深化改革的历史新时期，已暴露其脱离实际、滋生腐败、人亡政息等潜在弊端，难以具有可持续性。

第五章阐释城乡一体化中基层政府均等化服务模型Ⅲ，即"内生综合型"模式。本章以苏南 S 市 3 镇作为"内生综合型"的典型案例进行分析。首先结合 X 镇、S 镇和 J 街道的发展历程，详细归纳了"内生综合型"服务模式是如何在政府与市场的双轮驱动下逐步形成内生良性的建构力量。通过对 X 镇的拆迁安置、S 镇的社区服务和 J 街道的草根能人的分析，结合相关问卷数据，本章总结指出以 S 市 3 镇为代表的"内生综合型"服务模式，尽管这一模式依旧存在许多问题，城乡差距依旧存在，但从长远看，这一模式在城乡一体化进程中具有更加纵深的发展空间，可持续性强，同时具有一定推广价值和现实意义。

第六章探讨发达国家政府公共服务模式的借鉴与启示。本章以比较分析的视角，对北欧、北美和东亚重点型国家和地区以及典型案例进行研究分析，归纳总结出不同类型的基层政府公共服务均等化模式的基本特点、形成原因和存在问题，并在此基础上提出对我国完善基层公共服务均等化的借鉴意义。

第七章在城乡公共服务均等化视野下，对基层政府职能建设的路径进行探析。在基于个案分析和比较分析的实证检验基础上，结合国外发达国家公共服务均等化实践的经验和启示，本章着力从动力基础、观念体系、制度平台和运行机制四个方面对优化城乡一体化中基层政府均等化服务的路径进行了讨论。本研究认为，在厘清城乡一体化中基层政府均等化服务模型的理论及其实践形态的基础上，要着力推动均等化服务的动力从外部压力向内部需求转变，观念体系从补助导向朝权利导向转变，制度平台从粗疏应对向精细管理转变，运行机制从"一元"向"多元"转变，从而逐步实现本研究理想的模型——"内生综合型"模式的推广和复制。

最后结论部分，对整体研究进行了归纳总结、理论提升和未来展望，指出建构良性的基层政府公共服务供给均等化模式是一项非常复杂的系统性工程，关系到城乡一体化建设能否深入持续，同时也是检验政府行政体制改革成效的试金石。

五　研究方法

本书主要运用政治学、公共管理学和社会学的理论知识来分析这一问题。通过对基层政府与市场、基层政府与农民、政府间关系等要素进行考察和分析，采用定性和定量的方式为城乡一体化过程中基本公共服务非均等化问题提出合理化的建议。

一是文献研究。主要通过各类数据库和图书馆检索有关研究文献和著作，尤其是对城乡一体化、基层政府职能转变、公共服务均等化等相关议题的文献收集、分析与整理。二是实证研究。本研究采用定性分析和定量分析相结合的方法，注重实地调研和对策分析，而不是仅仅停留在理论研究方面和对个体案例的剖析，研究过程中注重客观的理论模型建构和数据资料，力图保证研究结果客观准确。本书的不少研究结论都是建立在较为扎实的实证分析基础上的，研究过程中作者对江苏省地方政府公共服务模式进行了许多调查问卷和访谈，获取了大量一手资料，对相关的问题有了较为深入具体的把握了解。三是比较研究。本研究在对我国城乡一体化中基层政府均等化服务的理论梳理和实证调研的基础上，还基于相关理论模型的假设，对发达国家中分属于政府主导、市场主导和"政府－社会"协作模式的不同国家和地区，即包括北欧、美国和日本等相关领域的成功实践和启示进行了比较研究和分析，以期深化对我国城乡一体化进程中基层政府均等化服务模式创新的认识。

第一章 城乡一体化与基层政府公共服务均等化

城市和乡村是两种不同的经济、社会和要素形态，但是随着经济社会的发展，二者之间存在着越来越密切的内在联系，二者互补性越来越强，逐渐形成一种相互促进的良性互动模式，呈现出一种城乡共生关系。城乡一体化是城乡关系的一种必然趋势，但是这种一体化并不是说要消灭城乡差异，而是指城乡之间应更好地相互促进、更好地协调发展、更好地资源流动和统筹，而这客观上需要实现公共服务的均等化。可以说，公共服务的均等化既是城乡一体化的必然结果，也是城乡真正实现一体化的重要标志。

第一节 城乡关系与城乡一体化

城乡一体化是城乡关系发展到一定阶段后的状态和趋势，城市和农村之间存在着相互制约、相互影响、相互作用的内在关系，而一体化就是使这种内在的和谐和相互促进、协同发展的效应达到一种更加理想的状态。

一 城乡关系

波特等人认为，城乡关系来源于两者之间的差异性和互补性[1]。城乡关系是在走向工业化和现代化过程中逐渐凸显的一个问题，而且相互之间

---

[1] Potter, R. B. et al., *Geographies of Development*, Harlow: Pearson/Prentice Hall, 2004.

的关系模式也是不断变迁的。在工业化之前，世界各国基本上都以农业为主，城乡关系的特征是城镇人口用工业产品换取农产品。这种关系受制于低下的生产力和有限的交通及通信能力。在工业革命之后，欧洲国家的人口主要居住在城市，在这个时期，原有的城乡平衡关系被打破，取而代之的是农村地区对城市经济与日俱增的依赖关系，农村越来越依赖于城镇的市场、基础设施和公共服务。① 一般来说，在工业化前期，城乡关系主要表现为农业部门对工业部门的贡献，城市的发展需要不断地从农村地区汲取大量的资源，可以说，城市的发展离不来自农村的最初的资本原始积累。农村不仅为城市的发展提供必需的粮食，还为城市工业的发展提供各种原材料。更重要的是，城市中的大量劳动力都是从农村地区转移过来的，在不少地方，城市发展的资金也来自于农村。但是，随着工业化的不断发展，城乡之间的这种关系不断发生改变。在工业化过程的中后期，城乡关系开始发生逆转。城市作为现代工业象征的代表，不仅代表着技术、效率，也代表着先进的文化和价值理念。城市工业的迅速发展为农业部门提供了先进的技术和新的观念，从而促进传统农业的改造，推动了农业现代化的历史进程；因为城市的不断发展，一方面是越来越多的人进入城市生活、工作，另一方面也为农村的规模化农业生产奠定了基础，一些资金和技术也逐渐进入农村。城市反哺农村、工业反哺农业成为新的趋势。

城乡关系涉及经济、社会、环境、生活以及空间等方方面面。总体上来说，可以把纷繁复杂的城乡关系大致划分为两种：一种是空间联系，一种是功能联系。空间联系具体表现为城乡城镇体系网络构成和基础设施建设两个方面；而功能联系表现为由城乡在社会发展中所扮演的不同角色而产生的彼此间的经济联系和社会联系。

城镇体系是城市与乡村交往的基础，中心城市与各类城镇有着十分密切的依存关系，构成关联的母子体系。不同规模、不同位置的城镇，除了有着共同的基础功能外，还有着各自特定的地位和作用，在这个结构中担当着不同的角色，形成了丰富的层次。城镇的数量和密度是影响要素交流

---

① 陈方：《城乡关系：一个国外文献综述》，《中国农村观察》2013 年第 6 期。

的重要因素。基础设施是城乡空间关联发生的物质载体,其负载的人、财、物及信息等各种要素流是空间关联的具体表现。基础设施网络可以说是联系整个城镇网络的一根钢绳,尤其是公路网络对联系一个地区内部各个结点起着重要作用,是城乡经济活动的命脉。经济交往的变化,可以通过运输联系的特征来认识。经济联系实质是指经济活动中各种经济行为及行为者之间相互联系、相互依赖、相互影响的关系总和。现实经济生活中,城乡之间客观存在各种联系——表现为企业的、生产的、流通的、交通的、金融的、信息的、文化的和科学教育等多方面,具有相互依存、相互制约和相互促进的特点。社会联系主要反映城乡社会服务体系的发展水平,评价城乡人口在接受社会服务时的公平程度,包括受教育程度、收入水平以及医疗、公共事业设施情况等。[①] 这种关系可以简单地通过图 1-1 表示出来。

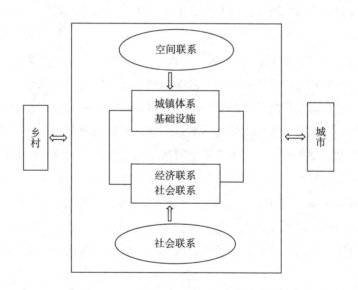

图 1-1 城乡关系

资料来源:陈方:《城乡关系:一个国外文献综述》,《中国农村观察》2013 年第 6 期。

---

① 宗世伟:《区域城乡一体化测度与评价研究——以河南省为例》,天津大学 2006 年博士论文,第 25 页。

二　城乡一体化

城乡一体化就是城市和农村相互依赖、相互促进、共同发展、共同繁荣。其实质在于城乡之间生产要素的自由流转，在互补性基础上，实现资源共享和合理配置。基于城乡关系，我们同样可以从两个角度来理解城乡一体化。从城乡社会联系的角度来看，城乡一体化是指，目前城市和乡村在经济社会发展过程中的发展状态失衡，各种要素流动处在阻梗、分割的状态下，要通过机制创新，打破实现协同发展的障碍，在教育、医疗、文化等各方面逐渐对接，逐步缩小城乡之间差距，形成相互协调和良性互动的过程，直至最终使二者的差别得以基本消灭。换言之，城乡一体化是指逐步促进各种生产要素在城乡之间流动，并得到合理的配置，城乡关系由各自分散孤立到密切关联与有机协调，城乡经济和社会生活紧密结合与协调发展，逐步缩小直至消灭城乡之间的基本差别，使城市和乡村融为一体。要求把城市和乡村当作一个有机整体，通过城乡人流、物流、信息流的自由合理流动，促进产业、人口在城乡间的有机耦合和布局的不断优化；要求把城市和乡村当作地位平等、有机联系的两个社会实体，通过建立健全城乡经济、社会、文化相互渗透、相互融合、相互依赖的体制，促进乡村居民的全面发展、资源的优化配置和城乡差别的逐步缩小。从空间联系的角度来看，城乡一体化是指对城乡发展做出统一规划，即对具有一定内在关联的城乡交融地区的各物质要素进行系统安排，促进城乡生态环境的有机结合，促进城乡健康、协调发展。总的来说，城乡一体化就是一种城乡依托、互利互惠、相互促进、协调发展、共同繁荣的新型关系。需要强调的是，城乡一体化是一个双向渐进的过程。

需要指出的是，城乡一体不是城乡一致，农村不是城市社会在农村地区的简单复制或模仿，而是农村社会基于自身特点形成与城市本质上相似、水平上接近的发展形态；不是城乡之间的界限完全消失，而是在劳动方式、生活方式和文明水平趋于一致基础上的新型城乡关系的建立。[①]

---

① 陈国灿：《江南社会农村城市化历史研究》，中国社会科学出版社，2004。

三 中国的城乡一体化

在中国，由于特殊的历史背景，城乡一体化有着自身较为独特的含义。与其他国家城乡一体化过程中的城乡关系问题不同，在中国，城乡关系的演进并不是伴随工业化过程自然产生的，而是在特殊环境下特殊工业化路径选择所造成的城乡二元行政壁垒带来的。城乡关系的二元性是我国城乡关系的显著特征，城乡二元结构的生成和固化是城乡关系困境的根源所在，也是城乡一体化过程中最大的阻碍。所谓"城乡二元结构"，就是指在城乡发展过程中，存在一种不对称的组织形式和社会存在形式，也就是说，在农村是相对落后的生产和生活方式，在城市则是不断发展的现代化的生产和生活方式。理论上来说，在任何国家，城市与农村的这种区隔是一种本质的存在，并随着工业化的进程而逐渐缩小。但是，在中国，这种区隔则是一种国家力量作用下的结果，随着工业化的进程，城乡的区隔不但没有逐渐缩小，反而不断固化。经过半个多世纪的发展，我国的城乡二元结构经历了从孕育到形成、到固化、再到松动，最后终将朝城乡一体化方向发展的演变历程。但从目前来看，我国城乡二元结构是比较突出的，城乡关系仍具有十分明显的二元结构特征，其中在户籍、就业、社会保障、财政、金融、教育等方面的二元性特征尤其突出。长期存在的城乡二元结构致使城乡之间的差距有逐渐扩大的趋势，严重制约了我国农业和农村的发展，延缓了我国工业化和城市化的过程，同时也损害了社会公平，不利于社会稳定。①

目前的城乡一体化主要是针对我国计划经济时代所形成的独特的城乡二元体制来说的，在新的经济社会环境下，必须真正有效地打破二元制度隔离，在城乡之间建立更加合理的劳动力流动、社会福利、教育医疗以及土地使用制度等，创建城乡之间更加有效的政治、经济、社会运行融合机制。因此，在我国，城乡一体化主要不是从空间地理的角度来谈的，尽管我国同样存在着空间地理的城乡关系问题。城乡一体化这一概念最早出现

---

① 马显军：《城乡关系：从二元分隔到一体化发展》，中共中央党校 2008 年博士论文，第 34 页。

在 20 世纪 80 年代初期，当时苏南地区乡镇企业的发展，使城乡联系得到加强，但健全市场的进一步形成和完善却受到城乡二元体系的约束。为了打破城乡二元格局，地方政府统筹安排城市与农村、工业与农业、经济与社会的发展，也就是力图实现城乡一体化。主要表现为：第一，克服城乡分割，促进城乡经济和社会统一协调发展；第二，推动城乡之间互为依存、优势互补、互相促进；第三，促进城乡经济、社会和文化的全方位融合；第四，努力推进城乡居民具有公平和平等的政治、经济地位，实现两者身份的一体化。① 今天在中国谈论城乡一体化并不是说要让城乡一样化，或是乡村城市化，而是要"让城市更像城市，让乡村更像乡村"，即城市不是钢筋混凝土堆砌的污染严重的城市；乡村也不是破落衰败的、经济落后的乡村，乡村不等同于经济落后，城市也不等同于污染严重。

第二节　从城乡分隔到城乡一体化

从理论上看，城乡一体化是中国由传统农业国向现代化国家迈进的必经之路。按照马克思主义的观点："物质劳动和精神劳动的最大的一次分工，就是城市和乡村的分离。城乡之间的对立是随着野蛮向文明的过渡、部落制度向国家的过渡、地域局限性向民族的过渡而开始的，它贯穿着文明的全部历史直至现在"②。根据对人类社会历史变迁中城乡关系的科学梳理，马克思在《共产党宣言》中强调，未来要"把农业同工业结合起来，促使城乡之间的对立逐步消灭"是社会主义社会的重要历史任务。同时马克思和恩格斯也指出，消灭城乡二元差别的基础是物质条件发展到一定程度。事实上，马克思和恩格斯已经从最宏观的经济学意义上阐明了造成城乡差异的根本性原因，也指出了解决城乡对立的根本途径。然而，对于处在不同历史阶段和具有不同社会传统的社会主义国家来说，如何具体处理城乡关系则应根据具体情况选择符合各国国情的发展道路。我国城乡一体化从实践到理论归纳，再到政策总结，经过实践再检验，再到最后实现是

---

① 冯雷：《中国城乡一体化的理论与实践》，《中国农村经济》1999 年第 1 期。
② 《马克思恩格斯选集》第 1 卷，人民出版社，1995，第 104 页。

一个漫长的历史过程。

一　城乡二元分隔的形成

古代中国以农立国，历朝历代的统治者都非常重视农民的生存和农村的稳定。近代之前，中国农村和城市并不存在依附或对立的关系。一方面城市发展十分缓慢，农村则与王朝更替一样呈现周期性发展态势；另一方面城市与农村处在大一统的郡县制治理之下。这种文明所保持的文化和行政同一平衡的关系随着现代工业文明的入侵被打破，外国资本和本土资本的发展，使城市成为经济和政治中心，逐渐酿成了对乡村的支配和剥夺。早在新中国成立前，中国共产党人就意识到"三农问题"的重要性。毛泽东根据中国革命现实，提出农村包围城市的革命道路，指出"农民问题乃国民革命的中心问题"①。在抗日战争和解放战争期间，中国共产党通过多次农村土地改革运动和经济建设，建立革命统一战线，改善农村百姓的生活，获得广大农民支持，赢得了最终的胜利。新中国成立初期，解放区农村相对稳定，经济获得较为持续的发展，相反，多数城市在国民党统治时期，因为战争动荡、政权腐败和通货膨胀而出现衰败现象，因此，那时的城乡差距并不明显。在国民经济恢复期，在处理工业与农业、城市与农村关系的问题上，重视工业，特别是重工业投入，同时实行工农业并举的思想在多次中央文件中被反复强调。1952 年，全国各地的土地改革，总体上也是在尊重农民基本意愿的前提下逐步推行的。总结这一时期的城乡关系，应该说这是在全国经济普遍落后的情况下调动农民生产积极性的"蜜月期"。正是在农业经济恢复和农村建设的支持下，连续两个五年计划都能顺利完成。

然而短暂的"蜜月期"之后，迫于国内外严峻局势的压力，再加上城乡二元的对立观念根深蒂固②，经济建设的经验相对匮乏，因此，开始向苏联学习，在计划经济体制下开展大规模工业化建设，成为迅速提升国家

---

① 《毛泽东文集》第 1 卷，人民出版社，1993，第 37 页。

② 张军：《中国共产党促进城乡一体化发展战略的历史演进及其启示》，《学习与探索》2013年第 6 期。

实力和国际地位的基本战略。由于先天的缺陷，小农经济无法为工业化的
发展提供必需的资金和资源支持。《我国农业的社会主义改造问题》一书
在谈到对农业改造必要性时的观点颇具代表性："土地改革后的农民经济
依然还是私有的、分散的、落后的个体小农经济，它不可能充分发挥现有
农业生产的潜力，也难于利用现代技术和农业科学成就，来迅速发展农业
生产。"[①] 认为由于小农经济的普遍存在，阻碍了现代工业的成长：一是小
农经济生产规模十分狭小，一家一户就是一个生产单位，无论农业副业，
还是粗工细工都无法分工，无法专责。土地被分割成细小的部分，耕作不
方便，这就难以生产出足够的农产品来满足社会的需要;[②] 二是小农经济
必然会促成人口不断膨胀，使人口对资源形成巨大的压力；三是小农经济
生产技术难以提高，长期处于停滞状态，致使小农的生活只能停留在勉强
维持生存的水平上，不可能为工业化和现代化的发展提供有效的资金和技
术上的支持。黄宗智的"内卷化"理论对这一问题似乎有很好的解释。他
认为，明清时期，江南人口压力导致资源紧张，人们只能依靠不断增加劳
动、资本、技术等生产要素（主要是劳动）的投入来提高产量，生产要素
过分投入的结果是劳动密集化、劳动边际报酬递减、劳动生产率下降。这
样，就全年家庭劳动而言，尽管可能有更多的"就业"和收入，但就平日
每天的劳动报酬来说却是减少了，出现"没有发展的增长"[③]。

　　土地改革之后的农村经济是建立在劳动农民生产资料私有制上的小农
经济，是分散的、孤立的，从而在技术上也是极其落后的。限于种种条
件，农民没法精耕细作，没法改善种子和土壤。牲口多年使用羸弱不堪，
人力的浪费更是惊人。小农经济的广泛存在，使中国的农村社会经济结构
缺乏产生工业化和现代化的基础。只有消灭小农经济，实行规模经营，社
会经济才有可能走向工业化和现代化。在 1953 年通过的《中国共产党中
央委员会关于发展农业生产合作社的决议》中明确指出："孤立的、分散
的、守旧的、落后的个体经济限制着农业生产力的发展，它与社会主义的

---

① 孙晓邨、萧鸿麟：《我国农业的社会主义改造问题》，湖北人民出版社，1955，第 10 页。
② 苏丹：《谈谈小农经济的改造问题》，湖北人民出版社，1955，第 13～14 页。
③ 〔美〕黄宗智：《长江三角洲小农家庭与乡村发展，1368～1988 年》，中华书局，1992，第 11 页。

工业化之间日益暴露出很大的矛盾"。① 为了更好地推动工业发展，把农民和土地有效地集中起来，1953 年，我国施行了农村粮食的"统购统销"，关闭粮食自由市场，禁止农民自由买卖劳动产品，使农民无法自由支配粮食，切断了农民与城市市场的联系。在计划经济下，工农产品不等价交换的"剪刀差"实现了"社会主义原始积累"，成为农业反哺工业的重要方式。除此之外，1958 年，为了遏制农民流入城市，将全体国民划分为农业户口和非农业户口，在农村建立公社化组织，在城市设立单位组织，并建立了两种与之对应的分配和福利制度，确立了"城乡分治、一国两策"的治国方略，以国家法律的形式限制了城乡居民的自由流动。可以说，虽然"统筹兼顾、适当安排"这类口号和提法依旧被用来指导和处理城乡关系，但是造成中国城乡二元格局的经济和制度因素主要就根源于这个时期。

二　市场化改革与城乡关系转型

以 1978 年中国共产党十一届三中全会为序幕，中国开始了以市场化为中心内容的改革进程，而正是这种市场化改革，开启了城乡关系的全新阶段，城乡原有的二元分隔的格局被逐渐打破。1979 年以后，中国开始在全国推行家庭联产承包责任制，打破了过去那种以生产队作为独立核算单位的农村生产模式，转而让家庭在整个农村生产生活中扮演关键角色。1982～1986 年，中央连续 5 年颁布了关于农村的"一号文件"，从废除人民公社、突破统购统销，到确立"包产到户、包干到户"的家庭联产承包责任制，调动了农民的生产积极性，农业大幅增产，劳动生产率得以极大提高。同时，统筹和分配也转向市场体制，农产品的买卖逐步通过市场交易的方式进行，收入的分配也更多体现了市场的因素。② 而在城市，改革主要体现在开放沿海城市、鼓励和扶持非公有经济成分的发展、对僵化的国有企业管理机制进行改革、在人事任免方面引入竞争机制，等等。在许

---

① 国家农业委员会办公厅：《农业集体化重要文献汇编》（上），中共中央党校出版社，1981，第 215 页。

② 〔美〕R. 麦克法夸尔、费正清主编《剑桥中华人民共和国史》（下），谢亮生等译，中国社会科学出版社，1998，第 552～558 页。

多领域大量缩小计划机制的范围并促进市场力量在引导再分配和生产领域的选择方面发挥主导性功能①。改革对于城乡关系的转型至关重要，它意味着城乡之间的壁垒开始松动。

市场化改革对于城乡关系带来的最大变化在于资源和人员在城乡间的流动日益活跃。在改革前，绝大部分资源都是由国家垄断的，个人很难从国家之外的其他途径获得这些资源。而市场改革的结果之一，就是国家权力对资源控制的减弱，这样就使一部分资源从国家的垄断中游离出来，成为"自由流动资源"，进入社会或市场。这个过程首先是从农村中开始的，农村中生产责任制的实行以及人民公社的解体，使农民获得了两个极其重要的权利：一是土地耕作和经营的相对自主权；二是对自身劳动力的支配权。这两个相对自主的权利成为改革后农民所拥有的最基本同时也是最重要的"自由流动资源"。它意味着，在国家资源垄断体制最薄弱的环节发生了裂变，从国家垄断几乎全部资源的体制中，游离出了最初的"自由流动资源"。而在城市中，这种"自由流动资源"首先是由于国家对生产资料和资金垄断的放松而出现的，特别是双轨制的实行，使相当一部分生产资料脱离国家的控制而进入市场。私营和个体企业成为银行贷款的对象，使国家对资金的垄断开始出现松动；而外资的大量流入，则成为"自由流动资源"的又一个来源；财政分灶吃饭和企业自留资金（包括外汇留成）的增加，更强化了资源拥有的多元化。其结果就是个体、私营、"三资"、小集体等各种非公有制工商企业的出现。而这些企业的出现，加上国营企业用工制度的改革，又形成了另外一种"自由流动资源"，即契约式的就业机会。而就"自由活动空间"而言，是指国家权力对大众的活动领域实行解禁或放宽，也就是在"政策允许范围内"可以自由活动。在农村，这种"活动自由"首先体现在可以选择种植何种农作物的生产"自由活动空间"；其次对农民经商的解禁，形成了以经商为主的副业"自由活动空间"；再次，由于国家政策的允许、支持和扶植，形成了乡镇企业（包括私营企业）的企业经营"自由活动空间"；最后就是允许农民进城务工，为农民营造了城乡流动的"自由活动空间"。而在城市，则表现在对个人

---

① Tony Saich（2001），*Governance and Politics of China*，New York：Palgrave Publisher LTD，p. 203.

经商以及发展第三产业等采取放宽和鼓励的政策。①

人员的城乡流动最引人注目。传统的自给自足的小农经济以及传统地方社会的文化网络使中国农民长期以来被地域和血缘关系限制在狭小的交往空间内，即使出现一些流动也往往是以血缘为基本纽带，以"老乡带老乡"的形式迁往同一处。② 虽然在传统中国，地方社会也存在着某种类型的市场体系，③ 但是这种市场体系的空间和作用是非常有限的，市场机制并没有形成一种普遍的和主导性的交往模式，因此，在传统社会，广大民众的活动范围是有限的。在计划经济时代，农民在组织化的权力体系之下，其活动范围与其户籍所在地被紧密地联系在了一起，形成了非流动性的、固定化的活动特征。20 世纪 70 年代末期以来的市场经济改革使农民的自由活动空间得以形成，农民的流动范围大大扩展。有学者认为，20 世纪 70 年代以来我国地方民众的流动过程可以简单地概括为以下几个方面：一是 1970～1980 年的地下小群体流动，这是国家行政控制出现危机、传统网络重新发挥功能、动员潜在的社会积累支持的流动；二是 1980～1982 年的公开的小群体流动，随着国家对非公有制经济的"正名"，传统集贸市场全面恢复，但对人口流动尚未做出正面的表态和规定，此时的流动依靠的依然是传统网络；三是 1982～1984 年完全进入市场的小群体流动，这一时期，国家控制市场，市场决定流动，传统网络依据市场需求开始具备经济功能；四是 1984～1986 年的连锁流动，随着市场的发展，国家开始放开有关对人口流动限制的政策法规；五是 1987～1995 年的集体流动，这段时期，市场重心持续内移并向全国扩张，传统网络发生重要变化，新的产业

---

① 孙立平：《改革前后中国国家、民间统治精英及民众间互动关系的演变》，《中国社会科学季刊》1993 年第 6 期。

② Mac Donald, John S. and MacDonald, Leatrice D. (1964), "Chain Migration, Ethnic Neighborhood Formation and Social Networks", *The Milbank Memorial Fund Quarterly*, 42 (1), pp. 82 – 97.

③ 例如在施坚雅（Skinner）看来，在中国传统社会后期，中国农村地区的市场层级可以分为三个层次，那就是基层市场、中间市场和中心市场体系；每一个层级的市场体系基本功能都不一样，普通农民主要在基层市场体系中活动，而在中间市场和中心市场体系中活动的主体是地方上层人士和代理商。他并不认同农民的活动边界为村庄，认为这歪曲了农村社会结构的实际。认为农民的实际社会区域的边界不是由他所住村庄的狭窄的范围决定，而是由他的基层市场区域的边界决定的。参见〔美〕施坚雅《中国农村的市场和社会结构》，史建云、徐秀丽译，中国社会科学出版社，1998，第 5～42 页。

和新的社会资源开始出现，同时内部交易规则再度创新，国家的角色也发生了变化。① 虽然，城乡二元分割的户籍制度没有发生根本变化，但是，市场经济创造出来大量的机会，地方大众获得的自由空间以及企业自主性的增强，使劳动力的流动以及人员流动成为一种必然，原有计划经济条件下以劳动力分配、资料配给以及户口限制三位一体的反流动（anti-migration）体制已经不可避免地走向衰落。②

为了推动城乡关系的转型，中央通过了一系列的相关政策。1984年的中共中央一号文件规定，允许务工、经商、办服装业的农民自带口粮在城镇落户。作为人口管理现代化基础的居民身份证制度也在同样的背景下由全国人大常委会于1985年9月宣布实施。1994年，取消户口按商品粮为标准划分为农业和非农业户口的"二元结构"，而以居住地和职业划分为农业和非农业人口，建立以常住户口、暂住户口、寄住户口三种管理形式为基础的户口登记制度，并逐步实现证件化管理。1997年6月，国务院批转了公安部《小城镇户籍管理制度改革试点方案和关于完善农村户籍管理制度的意见》，明确规定从农村到小城镇务工或者兴办第二、三产业的人员，小城镇的机关、团体、企业和事业单位聘用的管理人员和专业技术人员，在小城镇购买了商品房或者有合法自建房的居民，以及与其共同居住的直系亲属，可以办理城镇常住户口。1998年7月，国务院批转了公安部《关于解决当前户口管理工作中几个突出问题的意见》，解决了新生婴儿随父落户、夫妻分居、老人投靠子女等几个群众反映强烈的问题，并规定在城市投资、兴办实业、购买商品房的公民及随其共同居住的直系亲属，凡在城市有合法固定的住房、合法稳定的职业或者生活来源，已居住一定年限并符合当地政府有关规定的，可准予在该城市落户。2001年3月30日，国务院批转了公安部《关于推进小城镇户籍管理制度改革的意见》，指出小城镇户籍管理制度改革的实施范围是县级市市区、县人民政府驻地镇及

① 作者以北京城南的"浙江村"为个案，从国家、市场和社会网络来分析市场化过程中人口流动的基本过程，参见项飚《流动、传统网络市场化与"非国家空间"》，载于张静主编《国家与社会》，浙江人民出版社，1998，第130~140页。

② Lei Guang (2001), "Reconstituting the Rural-Urban Divide: Peasant Migration and the Rise of 'Orderly Migration' in Contemporary China", *Journal of Contemporary China*, 10 (28), pp. 471 – 493.

其他建制镇。凡在上述范围内有合法固定的住所、稳定的职业或生活来源的人员及与其共同居住生活的直系亲属，均可根据本人意愿办理城镇常住户口。已在小城镇办理蓝印户口、地方城镇居民户口、自理口粮户口的，符合上述条件也可统一登记为城镇常住户口。对办理小城镇常住户口的人员，不再实行计划指标管理。此后，许多小城市和中等城市，基本放开了户籍制度，不少大城市也放松了对外地人口落户的限制。

三　城乡差距与一体化发展

改革开放以来的30多年时间里，中国经济取得了令世人瞩目的成就，城乡关系也出现了巨大的变化，城乡居民生活水平都得到显著提升，毫无疑问，如今的中国已成为对世界有着重要影响的经济大国。但是，由于特殊的历史原因以及受经济社会发展阶段的制约，我国城乡关系中依然存在不少令人关注的问题。20世纪90年代，尤其是90年代后半期以来，工农发展、城乡发展、行业发展和区域发展出现了不相协调的现象，最显著的现象就是居民收入差距持续扩大。一味追求脱离实际地建设大型城市、超大型城市的目标，不仅使城不像城，村不是村，而且使城乡差距不断拉大。1978年城乡居民收入差距是2.37倍，1981年为2.05倍，1985年进一步缩小到1.72倍，但1990年又扩大到2.02倍，1995年进一步扩大到2.47倍，到了2004年则扩大到3.21倍。公共服务是社会公平公正的重要体现，也是社会和谐稳定的重要基础性条件。不少研究显示，目前我国城乡、地区、群体之间在享受公共服务水平方面的差距非常明显，特别是在教育、医疗、社会保障等领域尤为突出。[①] 尤其是农村和偏远地区的基本公共服务更为不足，不能充分满足地方民众的基本生存和发展需要，这是影响当前社会和谐稳定的一个重要原因。因此，对于地方政府来说，社会公共服务建设不仅仅意味着加大公共服务方面的支出，更重要的是通过制

---

① 这方面的研究非常多，如陈潭、罗新云《体制偏差、城乡失衡与教育资源公平配置》，《公共管理学报》2008年第2期；高彦彦、周勤、郑江淮《为什么中国农村公共品供给不足？》，《中国农村观察》2012年第6期；王春福《公民身份与城市外来人口公共服务的供给》，《浙江社会科学》2010年第11期。

度安排和资源配置有效地消除公共服务不均等问题，也就是使城乡及不同地区、不同群体的人们享有大致相等的公共服务水平，而这对于大多数地方政府来说是一个艰难的任务。若将城镇居民的一些隐性福利和优惠折算成收入，中国城乡居民的收入差距可能达到6∶1。

如果听任乡村资源和农民的劳动剩余源源不断地流向工业和城市，那么城乡居民收入差距扩大的趋势有可能在今后一个相当长的时期里继续下去。世界银行2003年在《中国经济报告：推动公平的经济增长》中指出，如果中国任由当前城乡差距和省际人均收入增长速度的差距继续不断扩大，到2020年其基尼系数将会上升到0.474。如果这样，就违背了我国一贯遵循的"共同富裕"的社会主义原则，也将使建立和谐社会和全面实现小康社会的设想落空。① 图1-2呈现了改革开放以来至2012年城乡居民人均收入的差距。从中可以看出，随着经济的发展，城乡差距有不断扩大的趋势。同时工农、城乡、行业和区域之间经济发展不协调，不仅使农村和农业发展遇到了前所未有的困难和矛盾，造成经济效率损失，而且使"三农"问题成为影响全体社会成员利益、制约国民经济发展全局的关键问题，更有可能成为社会和政治不稳定的潜在因素，并成为社会关注的热点、理论研究的重点和政治决策的难点。因此，在当前中央高度重视农村发展，致力于解决制约我国经济发展的深层次矛盾和问题、推进统筹城乡发展的现实背景下，深入剖析居民收入差距持续扩大的现状和影响因素，旨在为我国工业反哺农业、城市支持农村，实现工农与城乡良性互动、行业之间良性竞争和区域之间平衡发展提供必要的理论借鉴，更具有现实意义。

进入21世纪以来，城乡关系中的一些问题不断凸显，党中央和国务院日益认识到，有效地解决城乡问题对于中国经济社会的良性发展、对于实现全面和谐社会意义重大。2002年召开的党的十六大将城乡关系的认识推向了一个新的高度。大会提出："统筹城乡经济社会发展，建设现代化农业，发展农村经济，增加农民收入，是全面建设小康社会的重大任务。"统筹城乡经济社会发展，要跳出城市看城市，跳出农村看农村。经过改革开放以来经济的持续高速增长，国家已经有能力将过去长期实行的农业支

---

① 武力：《1949~2006年城乡关系演变的历史分析》，《中国经济史研究》2007年第1期。

图1-2　1978~2012年城乡居民人均收入对比

资料来源：作者根据相关资料整理。

持工业、乡村支持城市的城乡关系，转变为工业反哺农业、城市带动乡村的新型城乡关系。2004年9月，胡锦涛总书记在党的十六届四中全会上指出："纵观一些工业化国家发展的历程，在工业化初始阶段，农业支持工业、为工业提供积累是带有普遍性的趋向；但在工业化达到相当程度以后，工业反哺农业、城市支持农村，实现工业与农业、城市与农村协调发展，也是带有普遍性的趋向。"同年12月中央经济工作会议在北京召开，会议指出："我国现在总体上已到了以工促农、以城带乡的发展阶段。我们应当顺应这一趋势，更加自觉地调整国民收入分配格局，更加积极地支持'三农'发展。"2005年12月29日，十届全国人大常委会通过了关于废止农业税条例的决定，现行的农业税条例自2006年1月1日起废止，这标志着在中国存在了2600年历史的农业税将彻底成为历史。2007年10月，中国共产党召开第十七次全国代表大会，大会通过的报告指出："解决好农业、农村、农民问题，事关全面建设小康社会大局，必须始终作为全党工作的重中之重。要加强农业基础地位，走中国特色农业现代化道路，建立以工促农、以城带乡长效机制，形成城乡经济社会发展一体化新格局。"2008年10月，十七届三中全会通过了《中共中央关于推进农村改革发展若干重大问题的决定》，提出到2020年，城乡经济社会发展一体化体制机制基本建立。2010年10月，党的十七届五中全会通过了《中共中央关于制定国民经济和社会发展第十二个五年规划的建议》，提出推进农业现代化，加快社会主义新农村建设，指出在工业化、城镇化深入发展中同步推进农业现代化是"十二五"时期的一项重大任务，必须坚持把解决好农业、农村、农民问题作为全党工作的重中之重，统筹城乡发展，坚持工业反哺农业、城市支持农村和多予少取放活方针，加大强农惠农力度，夯实农业农村发展基础，提高农业现代化水平和农民生活水平，建设农民幸福生活的美好家园。

十八大报告指出，解决好农业农村农民问题是全党工作的重中之重，城乡发展一体化是解决"三农"问题的根本途径。要加大统筹城乡发展力度，促进城乡共同繁荣。可以说，自十六大以来逐步确立了统筹城乡发展，工业反哺农业、城市支持农村，建设社会主义新农村、城乡经济社会发展一体化等一系列重大举措，城乡一体化发展被放到了前所未有的高度，标志我国的城乡关系进入了一个新的历史阶段。

第三节　城乡一体化视野下的政府公共服务职能

城乡一体化发展是21世纪城乡关系的目标方向，也是现代化发展的历史趋势和规律，遵守、尊重这个规律，我们的社会发展将更加顺利。其中以人为核心的城乡一体化实践，应是未来实现城乡一体化的合理途径，根本目标聚焦在城乡居民福利水平的一体化，简而言之，就是生活在农村，同时又能享受城市的生活品质。居住在哪里应该出于居民自身内心的爱好，而不会因农村生活穷困、公共服务水平低，为了享受较高的公共服务和生活质量，获得更好的发展机会，被迫牺牲对农村的情感需求选择城市，特别是选择去大城市生活。农民能顺利转移到城市就业，不受户籍限制，在公共服务上不受歧视；留在农村的农民能够提高收入，享受和城市一样的公共服务，而这就要求政府公共服务职能必须依照城乡一体化发展的要求及时进行转变。

一　城乡一体化背景下的政府职能：公共服务均等化

党的十七届二中全会通过《关于深化行政管理体制改革的意见》，强调要正确履行政府职能，把政府职能划分为改善经济调节、严格市场监管、加强社会管理和公共服务四项基本职能。在城乡一体过程中，为了统筹城乡发展，使城市和农村在经济、社会上统一协调发展，改变历史上长期形成的城乡分割、工农分割结构，做到优势互补、互相促进、互相融合、居民身份地位平等，享受公平的政治经济地位，就需要政府转变计划经济时代的职能和理念，要求各级政府进一步扩大和强化公共服务职能，从传统全能管制型政府转变为有限的责任型、服务型、法治型政府。其中城乡一体化过程中政府职能转变的核心目标是政府服务均等化。

一些地方政府对城乡一体化的实施路径开展了积极的探索，但是这类探索一般都是由地方政府主导。"集中居住""土地换社保""土地扭转"等都是实现城乡一体化目标的具体举措。但是这些措施都只是增加了城市空间规模，关注的重点始终是物质实物层面，是工具理性的体现，无法达到真正意义上的城乡居民在政治权利、收入分配、社会福利等方面的平衡、公平和均等的共享改革发展成果的城乡一体化。

在中国现代化的进程中，政府没有既定的权力边界，其影响力延伸到社会经济发展的各个角落。上至军事外交，下至百姓的衣食住行，都能看见政府的身影。给政府一个合理的权力边界，一个明确的职能范围是非常困难的，在不同的国家、不同的历史阶段，政府所面临的主要目标和任务不同，其权力边界和职能范围也不一样。特别是我国正处于现代化的过程之中，许多矛盾纷繁复杂，什么是政府该管的，什么是政府不该管的，政府该管多少，力度如何，这些问题都需要去摸索和探讨。无论如何，在我国城乡一体化这个伟大历史进程的关键节点上，政府是主角之一。改革开放30多年，我国政府主导的经济发展取得了令人瞩目的成绩，一方面经济的发展和人们的生活水平都提到了一个新的高度，下一个阶段的发展需要转变经济发展方式，把社会建设以及保障和改善民生放在更加突出的位置，让经济发展的成果更广泛地惠及全体百姓，由突出效率的优先地位到凸显公平的价值；另一方面，人们的需求层次也在提高，从追求生活必需品到耐用消费品升级，从对私人产品的满足到对公共产品的要求，从追求物的发展到追求人的自身发展，具体到日常生活中就是由以解决生存、满足温饱的基本需求转变为解决就业、公共卫生、医疗保障、教育、住房、食品安全、环境健康等提高工作和生活质量的更高需求。政府无论是在主观层面还是在客观层面，都意识到职能转变迫在眉睫。城乡一体化是经济社会发展转型的一个重要环节。同时，城乡一体化要求政府转变职能。在政府的传统观念中，认为经济建设是政府工作的中心，要抓招商，抓项目，而公共服务投资大、见效慢，钱花在无形之处，不能体现政府绩效。认为只有先把经济发展搞好，蛋糕做得够大以后，再考虑教育投入、就业增加、社会保障覆盖等与公共服务相关的事情。加上顽固的"官本位"观念，政府要切实形成公共服务的观念还需要时间。

在政府的现实工作实践中，经济建设依旧是整个工作的中心，重经济建设、轻社会服务的执政理念引导了政府的行为逻辑，在 GDP 发展这个大的形势下，社会全面发展、环境保护、资源节约、公共服务这些理念很大程度上还只停留在理论的层面上。一方面，政府职能不清，由此造成矛盾突出，一些不该由政府管的经济事务没有交给市场，政府既当裁判又当队员，导致经济发展受到影响，另一方面，本来由政府负责的公共服务，却有没有做到位，忽视对社会公共事务资金、时间、精力的投入，对公共服务的重要性和现状不了解，对如何提供有效的公共服务没有思路，对如何提供城乡一体无差别的公共服务更是缺少研究。中国是一个大国，每个地区，每个群体都具有各自特点，提供人们满意的合适的公共服务，还有很多课题需要我们去研究，去探索。因为不重视，又不知道如何取提供公共服务，一些政府为了甩包袱，开始尝试把一些公共服务交给社会组织来承办，或者推向市场，导致公共服务质量不高，很多社会组织提供的所谓公共服务流于形式。

城乡一体化对地方政府职能转变提出新的挑战。我国已实现从传统农业社会到现代工业社会的过渡，并从计划经济体制转型为市场经济体制。政府作为这一系列转变的主角，其职能也随着社会的转型发生巨大转变。在我国的经济和社会发展进程中，迫于当时情境人为采用了城乡二元政策，如产业政策、户籍政策、财政金融政策、税费政策、社会保障政策等，这造成了城乡二元对立，由此带来工业与农业、城市与农村关系的失衡、对立，并产生一系列社会问题。为了扭转这一态势，我们需要转变以往的政策思路和政府工作的着力点，把农民利益纳入日常决策中来。这其中政府职能的调整、转变是改变城乡二元对立，解决一系列深层次矛盾的关键所在，也是推进城乡一体化的必备条件。

改革开放30多年后，市场经济条件下地方政府的主要职能就是提供公共服务，要实现政府职能从传统的经济职能转变为公共服务职能，首先要充分认识到政府存在的本质，转变政府的执政理念。政府为社会提供的公共服务可分为：经济性公共服务、社会性公共服务以及制度性公共服务。[①]也可分为：基础性公共服务、经济性公共服务、社会性公共服务和公共安全服务四大类型。[②]党的十七届二中全会通过《关于深化行政管理体制改革的意见》，强调要正确履行政府职能，该由政府管的事政府要管住管好，并把政府职能划分为加强经济调节、严格市场监管、加强社会管理和公共服务四项基本职能。[③]

总的来说在城乡一体化的背景下，与中央政府相比，地方政府更接近自己的公众，对所管辖地区居民的效用函数和公共产品需求更为了解。[④]基层政府的政府职能面临着巨大的挑战，需要进行政府职能转变，目标是建立公共服务型政府，为民众提供基本有保障的公共产品和有效的公共服务，以满足人们日益增长的物质和文化以及公共利益的诉求。一般来说，基本公共服务是指建立在一定社会共识基础上，由政府主导，市场、社会共同参与提供的、与经济社会发展水平和阶段相适应的、旨在保障全体公民生存和发展基本需求、能够体现公平与正义的大致均等的公共服务，一般包括保障基本民生需求的教育、就业促进、社会保障、医疗卫生、人口与家庭、住房、文化体育等领域的公共服务，广义上还包括与人民生活环境紧密关联的交通、通信、公用设施、环境保护等领域的公共服务，以及保障安全需要的公共安全、消费安全和国防安全等领域的公共服务（见图1-3）。促进基本公共服务均等化，是各级人民政府义不容辞的责任。城乡一体化进程中，要求政府转变政府职能，强化公共服务职能，优化政府

---

① 迟福林：《政府转型与中国经济社会协调发展》，载于《政府转型：中国改革下一步》，中国经济出版社，2005。

② 赵黎青：《关于公共服务与公共服务型政府的几个基本问题》，载于《政府转型：中国改革的下一步》，中国经济出版社，2005。

③ 胡锦涛：《积极稳妥推进行政管理体制改革 加快转变政府职能 提高行政效率》，《人民日报》2005年12月22日。

④ 平新乔：《财政原理与比较财政制度》，上海三联书店，1995。

所提供的公共产品与公共服务的质量与效率。① 地方政府的首要职能是满足其辖区内居民、企业、生产者和消费者的社会公共需求，提供公共物品和公共服务。首先，增加就业、文化教育、医疗卫生、社会保障等都是地方政府的基本职能。其次，用"有形之手"纠正市场失灵，弥补市场缺陷，承担必要的成本。

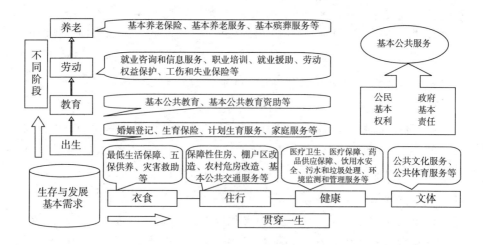

图 1 - 3 基本公共服务的主要内容

资料来源：作者自制。

二 政府城乡公共服务的模式与问题

（一）城乡公共服务的主要模式

中国城乡公共服务均等化研究建立在对现行城乡公共服务体系模式的理解基础之上。就现行城乡公共服务供给模式而言，它主要包括三种模式：一是"政府主动型"供给模式；二是由下而上的"需求表达型"供给模式；三是由上而下的"政府压力被动型"供给模式。从城乡公共服务供给的三种模式来看，它包含两个基本维度：一是公共服务的产生和完善基

---

① 全毅：《强化政府公共服务——加快地方政府职能转变》，《福建论坛》（人文社会科学版）2015 年第 12 期。

于政府的公共管理职能，政府是公共服务的主要供给方；二是公共服务供给的数量和质量最终取决于公民的生存和发展需求，公民是公共服务的需求方。

就第一种模式而言，"传统性"政府公共服务模式的基本特征表现为"被动性"和"滞后性"。随着改革开放进程的不断深入，对内，中国政府加快了公共行政管理模式和结构的转型步伐；对外，在实践上，中国政府不断吸收和引入西方发达国家公共行政管理的先进理念和操作模式；在理论上，随着中西学术交流的不断深入，中国公共行政管理学学者也自觉地运用西方发达国家公共行政管理学较为成熟的研究方法、分析工具和理论模型来解决中国公共行政管理问题。公共行政管理的理论和实践的转型主要体现为从"传统型"和"被动型"向"现代型"和"主动型"的理论和实践模式转换。与传统政府公共行政管理模式不同，现代政府公共服务模式的"主动型"理念来源于"新公共管理学"理论。"新公共管理学"遵循公民本位、社会本位和权利本位理念，利用可视化的"GIS"、决策支持系统等信息技术，以实现积极主动地为人们提供全面细致服务的新型模式。

就第二种模式而言，美国政治学家阿尔蒙德认为，利益表达就是集团或个人提出要求的过程，在这个过程中，多数人达成的共识，通常被称之为"公意"，在公共决策的过程中，"公意"是科学决策的基本前提。[1] 公共利益表达机制是现代民主政治文明建设的重要内容，同时公共需求表达机制也是规范政府权力运行的前提保证。如果公共需求不能够被完整地表达出来，政府就难以对利益表达主体的需求形成清晰的认识，更难以做出积极回应，并且，即使政府在主观上希望对各种要求进行协调，希望以公共利益最大化为价值取向，但在实践中做出决策的价值取向也完全可能发生偏差。"上级向直接下属所传递的信息平均只有20%～25%被正确理解；下属向直接上级反映的信息被正确理解的比例不超过10%。"[2] 因此，在这种情况下，如果公民需求表达不足，单纯地依赖上级政府的公共政策指

---

[1]　G. A. 阿尔蒙德：《比较政治学：体系、过程和政策》，上海人民出版社，1987，第30页。

[2]　唐铁汉：《建设服务型政府与基本公共服务均等化》，《国家行政学院学报》2008年第2期。

令，基层政府就很难实现公共服务的均等化。

就第三种模式而言，它是指县、乡一级政治组织为了实现经济赶超，完成上级下达的各项经济社会发展指标，而采取的数量化任务分解的管理方式和物质化的评价体系。在公共服务的过程中，上级政府直接给下级政府下达公共服务指标，下级政府被迫按照上级的指示或者是变相地完成上级政府的任务。在此压力型公共服务模式下，县、乡政府在文化教育、公共设施、公共医疗、环境保护和社会保障等领域的公共服务意识带有明显的被动色彩，将这些领域的公共服务视为一种政治任务来实施和完成。下级政府对上级政府规定的公共服务政策指令在理解上有偏差，这必然也给其公共服务的供给带来质量和数量上的偏差。总体来说，如果一级政府将公共服务理解为一项政治任务，其任务的完成也就必然带有被动性，甚至只是将其的完成视为一种政绩。在此模式下，政府的公共行政管理缺乏创新性和主动性，将所有的关注点放置在如何完成上级传达的政策指令上，并没有将真正意义上的公共行政管理作为政府的主要工作，并视其为己任，因此，政府公共服务也就缺乏公共服务的设计创新、统筹规划、科学运行机制和长远发展机制，政府将其主要精力落实在完成"数量"指标体系上，由此，政府公共管理必然无力顾及公共服务以"监督体系"和"评价体系"为核心的"质量运行体系"，而这恰恰是当今中国各级地方政府在公共服务实践中普遍存在的观念和现象。

如果将全部"公共服务"比作一个几何三角形，并划分出不同模式的"公共服务"在其中所占的比例，现行城乡公共服务体系结构的缺陷和问题就会显现出来。如图1-4所示，"公共服务"由三个部分构成：一是政府主动供给的公共服务处于"最顶层"；二是由"公意"而产生的公共服务处于"中间层"；三是因上级政府的压力而产生的公共服务处于"最底层"。可以看出，政府压力被动型模式占比最大，城乡居民的利益表达供给模式占比居第二位，政府主动型供给模式占比最小。长期以来，政府角色定位不清，政府职能也未能有效地转型。在理论上，政府概念的本质在于它的"公共性"和"普遍性"，它是为全体城乡居民服务的行政机构，这就决定了在公共行政管理中政府的角色定位必然是"公共性"和"普遍性"的"服务型政府"。"服务型政府"的缺场必然导致政府与城乡居民之间的"信息沟通渠道"和"权力运作模式"受到"权力本位"观念的干扰和阻隔，政府与城乡社会之间的公共服务需求信息反馈机制缺乏。因此，市场需求与权力本位之间存在着深刻矛盾。城乡居民的利益需求不能得到根本解决。

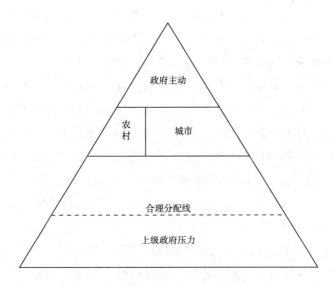

图 1 - 4　现行城乡公共服务体系结构

（二）城乡公共服务的矛盾与问题

一是现代性利益表达通道与传统性政府管理模式的矛盾。"民意表达"通道是社会与政府信息沟通、开展社会监督、提高政府公共决策科学化程度的重要途径，它是政府化解社会矛盾的有效方式。近年来，网络社会兴起了"微博"和"社区论坛"等新型的"民意表达"通道。它们让网民在网络上享有合法的对公共服务需求的利益表达机会和表达权利。当然我们在看到网络民意表达的独特意义外，也应注意到它也存在着民意泛化、偏激和不平衡等问题。[1] 但无论如何，我们必须认识到，网络是现代社会

---

① 〔美〕沃纳·赛佛林、小詹姆斯·坦卡德：《传播理论：起源、方法与应用》，郭镇之等译，华夏出版社，2002，第 125 页。

城乡居民进行公共服务需求利益表达的新通道和新形式。在城乡居民利益表达通道多样化的态势下，政府公共行政管理部门面对复杂多样的民意诉求往往处于被动状态。权力本位的政府观念根深蒂固，它必然决定了政府管理模式的单一性、传统性甚至落后性。二是城乡居民利益表达固有结构的差异性。改革开放以来，中国城乡社会的面貌和结构都发生了巨大变化。但城乡二元结构依然存在，且差距依然明显，城乡之间公共服务的数量和质量还存在着显著差别。新一轮城镇化系统工程是新一届政府力图解决城乡差别而采取的国家行动。城乡差别的根源在于城乡居民固有的结构差异。它包含两个方面：一是城乡居民文化素质的差异；二是城乡居民表达机会和表达通道的差异。从根本上来说，城乡公共服务的差距产生于城乡居民参与公共事务的话语权差异。正如阿尔蒙德所说："在贫富差距巨大的社会里，正规的利益表达渠道很可能由富人掌握，而穷人要么是保持沉默，要么是采取暴力的或激进的手段来使人们听到他们的呼声。"① 并且，人口的加速流动及社会公众对公共产品和公共服务的需求量不断增加、内容快速更新，导致相对性短缺明显，进一步加剧了公共服务的城乡不平衡问题。三是政府公共行政管理的被动性。当前上下级政府之间主要以领导与被领导的行政隶属关系为主，行政管理分工不明确，上级总是将自身定位为"上传"和"下达"它只是起到一个"二传手"功能，而并不承担具体的公共服务事项。所有这些事项都由其下级行政单位具体承担和实施。因此，下级政府在公共服务过程中充当了"分包商"的角色，将上级交办的任务进行分解、下达，逐级发包。这种体制在一定程度上易于指标化考核，效率比较高。但压力型体制一旦与市场中的"经济中心主义"相结合，就会催生出"全员招商"的负面影响。政府一级一级简单分解下达任务也会产生一个矛盾：在政府职能上基层政府需要承担大量的行政事务，但在成本和治理资源上基层政府又严重缺乏。在这种矛盾的压力下，各类寻租和掠夺性的行为必然会应运而生②。

　　长期以来，在经济增长的同时，由于忽视共享社会发展成果的理念，

① G. A. Almond, J. S. Coleman（1960），*The Politics of the Developing Areas*，Princeton：Princeton University Press.

② 周小霞：《基层政府破解维稳难题的路径探析》，《咨询与决策》2011年第10期。

农村居民在发展成果分享过程中始终处在不利的位置，集中表现为城乡居民享受的公共服务不均等。在此，我们把提供农村公共服务的生产力量主要归为政府体系以及微小的社区力量，把提供城市公共服务生产力量的主要归为政府体系、社区力量、市场力量及其他力量，从双方的力量对比上，可以清楚地看出，城乡之间公共服务生产的差距主要存在于"政府体系""社区组织""市场力量"等方面。但是，地方政府在城乡统筹建设方面不断加大财政支持力度，农村开始获得政府强大的财政支持力度，因此，从当前的发展现状来看，公共服务的城乡差距主要存在于后两者"社区组织"和"市场力量"（见图1-5）。一方面，城乡社区公共服务生产力量不平衡。近年来，虽然农村社区为居民提供了诸多优惠的公共服务，但它仍然存在公共服务供给不足的问题，主要体现在两个方面：一是关系农村民生的基本公共服务短缺，如农村的教育、医疗卫生及社会保障；二是农村发展急需的生产性公共服务严重不足，如大型水利设施及道路、电信电网等基础设施严重短缺，这些制约因素影响农业生产的发展，从而使城乡差距进一步扩大，使农村公共服务供给效率低下。另一方面，公共服务生产过程中城乡之间市场力量差距悬殊。由于城市市场体系的逐步完善，城市公共服务的供给、生产主体逐渐趋向于多元化，形成一个由政府引导为主，企业、民间投资者等多个主体共同参与的竞争格局。在市场化的公共服务运营格局中，各个主体本身的资金状况、信誉等级等要素条件成为进入市政服务市场的首要条件，与此同时，它也成为规范其本身朝着群众满意的方向发展。在多元参与的投资和生产过程中，相互之间的法律关系成为主要内容，任何一方都要按照法律法规的规定有序运行，而政府则可以拥有更多的时间和精力加强公共服务生产的监督和管理，一旦出现纠纷，可以采用司法途径解决。这样，城市公共服务真正具备了市场经济的因素，并实现由行政管理向合同关系转化。① 但是，相比之下，农村并不具有城市拥有的有利因素。在市场化语境下，农村市场要素和结构的天然缺陷直接导致农村公共服务处于弱势地位，因为资本的本性就是谋求利润最大化。

① Gordon P. Whitaker (1980), "Coproduction: Citizen Participation in Service Delivery", *Public Administration Review*, 40 (3), pp. 240 – 246.

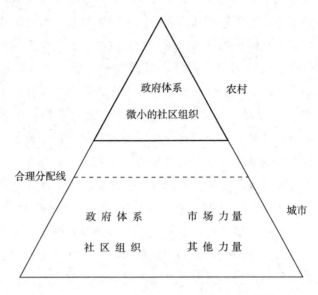

图1-5　城乡之间公共服务生产力示意

　　长期的城乡二元结构限制了资源的合理流动，导致城乡之间的联系过于机械化和指令化，互动性不足，城市对农村经济发展的拉动作用未能显现。在传统的"取之于农、用之于工"的国家倾斜分配体制下，农村和农民的利益得不到保证，由此也造成城乡居民之间的情绪对立，严重制约了农村乃至整个社会的稳定与发展。长期的国家倾斜分配体制造成了城乡之间单一直线接口式的公共服务分配方式。农村自身有限的生产能力决定了其公共服务产品的有限性。同时，在某种程度上，城市却存在着一定的公共服务过剩现象。传统单一直线接口式分配模式主要存在三个弊端。一是隔断了城乡之间的联系，拉大了城乡差距。城乡壁垒的存在，处于相对封闭状态的农村与城市缺少必要的联系，城市中先进的技术与经验不能快速向农村传播，从而制约了农村的经济社会发展。相应的，城乡间的公共服务也呈现出不合理的分配状况。二是导致资源大量浪费。城市中存在着大量的公共服务生产主体，它们所提供的公共服务充分满足了城市居民对于公共服务的需求，但是，相比之下，农村公共服务却一直处于相对不足的状态。三是公共服务生产主体利润下降，规模萎缩。在城市中，由于所能提供的公共服务产品已经处于或接近饱和状态，因此，企业总体利润达到了利润增长的临界点，强大的竞争压力加剧了公共服务的生产风险。而对于农村生产主体而言，长期的封闭式生产导致相对落后的公共服务观念和生产技术，因此，农村公共服务产品面临着被消费者淘汰的危险。

三　基层政府均等化服务的发展向度

城乡一体化过程中基层政府职能转变的核心目标是政府公共服务均等化，我国目前的公共服务存在公共服务不均等，服务、投入监督体制和机制不健全等问题，与此同时，作为公共服务的责任方——政府，其自身在21世纪公共服务推进方面也面临着种种挑战。首先是对协商能力的挑战。现代化和市场化席卷全球每个角落，使得人们在观念上发生了翻天覆地的变化，传统社会中的臣民已经不复存在，现代社会中，人们受过较好的教育，高等教育比率大大增加，传统社会中顺从的臣民已经被具有纳税人意识和权力意识的现代公民代替，中国社会正由行政性的社会向契约性社会转型，过去行政性的上下级关系正转型为平等的利益主体之间的契约关系。[①] 公民已经有了维护个人权利的意识和自觉，公民社会组织也越来越多，人们知道表达自己的利益诉求，也能努力调动资源来争取自己的权利。互联网新媒体的出现，给人们的生活方式造成了革命式的变化，根据中国互联网络信息中心（CNNIC）2014年发布的《第34次中国互联网络发展状况统计报告》显示，截至2014年6月底，我国网民规模达6.32亿人，较2013年年底增加1442万人，普及率为46.9%；同时我国手机网民规模达5.27亿人，较2013年年底增加2699万人。这些数据表示，我国已经进入了新媒体信息化时代，消息的传播途径、传播效率和影响范围都发生了翻天覆地的变化。同时随着QQ、微博、微信媒体的发展壮大，公民对公共事务和公共人物进行讨论、发表观点的公共领域已经形成，越来越多的人通过网络表达诉求，这些新变化除了对政府形成很大的舆论压力之外，对政府以往僵化的沟通协商能力带来了一系列新挑战。为了应对新的形势，政府积极转变职能，以提供民众满意的公共服务为目标，以平等的

---

① 梁波：《政府职能转变与基本公共服务体系的构建》，《探索》2013年第3期。

姿态，积极主动地通过微信、微博、政府政务网站公众平台与社会各阶层开展广泛的沟通对话。尽量让百姓理解政府的计划、行为和目的。其次，现代化社会对政府的危机应对能力也提出了挑战。中国社会是一个充满机会的高度流动的生机勃勃的社会，同时又是高风险的社会。以前从未出现过的如非典之类的传染疾病、环境污染、生态破坏、贫富差距等一系列问题都因为社会的流动性和飞速发展而导致其风险会被以几何倍率放大。风险社会的到来意味着人们会遭受意外伤害甚至意外死亡的概率大大增大，然而我们的社会保险、商业保险、社会救助、危机预防和管理、风险过后的处理尚不足以较好地处理突发风险。"有组织的不负责任"① 的情况在危机出现之前普遍存在，在危机的处理过程中，因为新媒体的作用，广大网友投入极大的关注，迫于舆论的压力，政府重视整个事件的处理，但是危机过后，并没有吃一堑长一智，风险的应对始终处在低水平的状态之下。

目前我国的公共服务存在很多问题，政府转变职能、建立服务型政府，以提供公共服务为职能转变的核心，同时在面对新时代的挑战时，不退缩，勇于面对。那么，在新的历史时期，要从容应对来自网络新媒体和风险社会的挑战、保障人们安定的生活，政府自身需要不懈的努力。对于基层政府而言，在城乡一体化这个大的背景和大的指导方针下，需要做到以下几个方面。

第一，完善政府的公共服务职能，形成完整的政府公共服务职能体系。经济建设一直是我国的中心工作，为此国家投入了大量的人力和财力，民众的公共产品和公共服务也是近十多年来才被纳入考虑范围之中，因此欠账很多。如今，国家的基础设施已经较为完善，能源、交通和高技术产业也得到了较大的发展，是到了腾出手来，加强公用基础设施以及公共文化、卫生、教育等设施建设的时候了；推行义务教育、公共医疗卫生，建立健全覆盖全社会的保障体系，努力形成完整的公共服务职能体系，在公共服务上，政府不能"缺位"。

第二，建立适应我国国情的中国特色的公共服务模式。我国是发展中国家，人口众多，经济还不发达，且地区经济发展水平差距较大，又提前

---

① 〔德〕乌里希尔·贝克：《风险社会》，何博闻译，译林出版社，2004。

进入老龄社会，而我国的社会保障体系和公共服务水平还处于发展比较初级的阶段。在这样的大背景下，既不羡慕、照搬西方的公共服务模式，也不故步自封、裹足不前，而是根据我国的国情，建立有中国特色的公共服务的模式和体系。当然，罗马不是一天建成的，我国的公共服务模式和体系建设，要循序渐进，有步骤、有计划地进行，公共服务的覆盖面、公共服务的程度都要依据人们的需要和社会经济发展水平，使用科学的方法进行确定。所以，要基于中国的国情，建立符合中国自身发展水平的公共服务模式，在要求覆盖面广、水平适中的同时又能兼顾效率和公平不可偏废的公共服务模式。

第三，建立完善的公共服务相关制度，特别是建立公共财政体制。十八届四中全会研究了全面推进依法治国的若干重大问题。全面推进依法治国，总目标是建设中国特色社会主义法治体系，建设社会主义法治国家，形成完备的法律规范体系、高效的法治实施体系、严密的法治监督体系、有力的法治保障体系，坚持依法治国、依法执政、依法行政共同推进，坚持法治国家、法治政府、法治社会一体建设，促进国家治理体系和治理能力现代化。[1] 在依法治国大背景之下，建立完善公共服务的制度有了良好的政治环境，要建立和完善公共服务制度，就要做好制度保障，没有制度保障的"服务"职能停留在文字上，成为一句空话。所以，通过法律制度的设计规范政府公共服务的运行，这其中，建立公共财政体制是重中之重，公共服务缺失的主要原因是地方政府对公共服务的投入不足，因此，应调整财政支出结构，加大对公共和基础建设领域的投入，增加公共服务和公共物品的供给，做好科学的投入产出分析，以提高政府投资公共服务的效率和效益。当前，地方政府债务负担重，投资公共服务会增加政府债务，在此情况下，理顺中央和地方各级政府的关系，扩大中央在地方公共服务方面的转移支付，提高地方政府的公共服务能力和公共服务积极性，都需要建立健全公共财政体制。因此，要建立完善的公共服务相关制度，建立公共财政体制，为提高公共服务水平的质量和公众满意度提供制度保障。

---

[1] 《中共中央关于全面推进依法治国若干重大问题的决定》，人民网，http：//politics. people. com. cn/n/2014/1028/c1001－25926121. html。

第四，基础性公共服务是完善的重点，让民众都能享受到基本公共服务。我国公共服务应坚持"覆盖面广、水平适度、兼顾公平与效率"的原则。在公共服务的提供上，最低生活保障必须重视，能够保证民众最基本的生活需求；初级卫生保健也是民众生活所必需的公共服务；义务教育是社会发展进步的基础，让每个公民都有受教育的权利和机会；在这些基本的公共服务中，保护老弱病残是重点。逐步扩大公共服务的覆盖面，使人人都有机会享有基本公共服务。必须切实解决三个重大问题，一是加强就业方面的政府公共服务，解决好目前存在的就业压力过大的问题。坚持"劳动者自主择业、市场调节就业、政府促进就业"，将促进就业当作一项大的工作任务，营造有利于就业的经济环境，将经济结构调整与就业结构改善协调起来，加强媒体宣传，积极引导就业，加强对职业教育和职业培训的引导和支持，合理安排就业保障，对于家庭困难或身体残疾的弱势群体实行基本的就业援助和生活保障，活跃劳动力市场，等等，为就业提供力所能及的方便条件。二是把农村的公共服务建设质量和数量同步提高，切实解决城乡公共服务不均等的问题，真正实现城乡公共服务均等化。在农村公共服务的问题上，必须认真贯彻落实中央确定的"多予、少取、放活"的方针，从法律、制度、政策和投入上真正保障农业的基础地位和农民的合法权益。真正落实对农业和农村的投入，做好教育、卫生、文化等公共服务，并保证财政支农资金的稳定增长，并保持高效。三是加强公共卫生体系建设，切实解决公共卫生体制薄弱的问题。虽然目前人们的生活水平有了很大的提高，但是因病致贫、因病至困的现象还是存在，一场大病足以让一个小康之家陷入贫困的深渊，所以必须改革公共卫生投资机制、医疗卫生服务体制和医疗保障制度，强化政府的公共卫生服务职能，以保障人们安居乐业，提高人们抵御风险的能力，增强人们的生活幸福感。与此同时，公共医疗救治体系、重大传染病等公共卫生事件处理能力都需要加以提高。

第五，提高公共服务的数量和质量，使公共服务能够随着经济的发展而发展。我国的经济发展取得了很大的成就，公共服务也有所进步，但是相较于经济发展，公共服务的进步显得逊色了许多，我国的公共服务不但相对滞后于经济发展，也滞后于经济市场化与国际化发展，与人们日益增长的公共服务需求严重脱节，必须转变政府职能，把提供公共服务作为政府的核心职能，否则难以实现我国全面建设小康社会这个伟大的目标。为了满足人民日益增长的公共需求，政府在提供公共服务时，应注重增加数量，扩大覆盖面，尤其应建立公共卫生和医疗体系，提高农村的医疗与公共卫生水平，完善社保体系；在生活质量的提高方面，要加快文化、教育、体育、卫生、交通和娱乐等公共设施的建设，特别是农村公共设施的建设，改善日益污染的生态环境，加强环境保护等，这些都是最基本的公共需求；除此还要注重质量的提高，不能只有数量而没有质量，只有覆盖面广、数量充足、质量高的公共服务，才能为中国梦的实现保驾护航，免除民众的后顾之忧。

第六，提升公务员的整体素质，创建科学的政绩评价体系。公务员是政府公共权力的执行者，公务员的工作能力直接影响政府的能力。公共服务和公共产品的落实，需要公务员的行动，公务员思想素质、业务素养的高低直接影响公共服务的质量。所以，在政府职能进行转变之后，加强对公务员的培训、提高公务员对公共服务的认识和意愿，增强其服务民众的能力，符合政府职能转变后的要求，符合人们对政府的期待。长期以来，政府重增长轻发展的绩效观直接影响着地方政府的工作取向，普遍重视经济发展，忽视公共服务水平的提升。在这种绩效观的驱动下，地方治理中的核心行动者为追求经济的增长招商引资，大搞形象工程、面子工程，造成巨大的浪费。所以急需建立一个有效的监督机制，一个能够合理考核核心行动者——基层领导的绩效考核体系，对之前的传统绩效观进行拨乱反正，把经济健康可持续发展和提高政府公共服务能力作为考核的标准。衡量基层政府的政绩时，应更多考量其所作所为是否有利于人们生活质量的提高，是否有利于公共服务水平的改善，是否有利于改善人们赖以生存的环境，经济增长与财政收入则只是考核的一个方面，更重要的要看所在地区低收入家庭或者贫困人口的生活是否得到基本保障，公共卫生和医疗服务是否满足中低收入阶层的需要，社会保障有没有覆盖到所有的人口，人们生活的环境综合指标有没有改善等。新的科学的绩效评价体系，将给政府和政府中的核心行动者提供新的努力方向，把基层政府领导者的着力点引到提供公共服务和公共产品中来。

第四节　基层政府公共服务职能转型的新环境

近年来，特别是十八大以来，中国经济发展进入"新常态"，城乡关系的矛盾与问题正以新的形式不断呈现出来。而随着政府改革的不断深入、市场经济的不断发展与完善，社会组织在公共服务方面扮演着越来越重要的角色，基层政府的城乡公共服务必须适应新环境的要求，积极转变自身职能。基层政府直接面对公众，对公众公共服务的需求有着最直观的感知，在公共服务均等化过程中更是扮演着越来越重要的角色。有关政府职能的争论，其焦点是政府究竟应该管什么、不应该管什么、管到什么程度，其主要反映的问题集中在国家与社会的关系、政府与市场的关系、公平与效率的关系这三个相互联系的主题上。[①] 世界不是一成不变的世界，社会、政治、经济处在不断的变化之中，主要矛盾和次要矛盾也处于不停的变化之中，为了解决变化的社会中不同的矛盾，政府的职能也需要不断地加以调整。在城乡一体化过程中，为了解决历史遗留问题，实现城乡一体化，政府进行符合时代发展的职能转变是当务之急。但并不是说，时代有需求，政府就会自然而然地进行职能转变，根据新制度主义的观点，政府本来具备的职能一旦形成之后，就有了按照既定行动逻辑行动的路径依赖，没有外力的推动或者没有动力机制，政府的职能不会自行转变。对于当下城乡一体化进程中政府职能转变的动力机制，笔者把它总结为政府改革、市场发育和社会成长三个方面。政府为应对社会、政治、经济的变化而主动进行变革，其中就包括需要对已有的政府职能进行调整，使之适应当下的发展；市场发育要求政府给市场足够的成长空间，并要求政府把该做的事情做好、不该做的事情放手，既给市场发育足够的空间，又能规范市场的不足，发挥"无形之手"的作用；新中国成立以来，国家力量渗透到社会的方方面面，虽然经过了几番改革，但依旧是"大政府""小社会"，在我国现代化的过程中，经济发展到了一定程度，"大政府"使政府

---

① 张国庆：《行政管理学》，北京大学出版社，2002，第87页。

管得太多，效率不高，这就需要政府管好该管的，提高管理效率，把属于社会的事务交给社会去处理，帮助社会成长。概括起来，当前地方政府面临着以下三个方面的新变化。

一　政府改革的不断深入

"任何组织都需要注意外部世界，因为在那里可发现组织的关联因素、机会和威胁。对于公共组织来说，情况尤其如此，它们受到外部团体影响的程度大于私营部门。"① 政府作为最大、最有权威的公共组织，外部世界的任何风吹草动都影响着其行动方向和行动力度。第一，经济发展使社会物质财富比以前任何世纪增长得都要快，是成几何倍率的增长，这要求政府对经济活动的介入程度和方式有所变化，政府从管理者变成了规则的制定者和争议的裁判者，我国改革开放以来，政府逐渐由全能的政府转变为有限的政府和服务型政府。第二，以经济建设为核心的发展模式在实现效率的同时，没有很好地兼顾公平，社会严重失衡导致社会稳定面临问题，譬如就业、社会保障、教育、医疗、收入差距，等等。这些问题都是关系社会稳定的国计民生大事，直接决定我国社会发展的可持续性。第三，随着全球化的进程和信息化时代的到来，也要求我国政府进行改革，改善公共产品的提供，提升政府效率。同时，公民意识、公民素质的提升，更对政府提出越来越多的要求，里外因素综合起来，使政府必须推行改革。第四，这些年来，公共突发事件频频发生，公共突发事件的主要特征是高度的不确定性、独特性、紧迫性以及信息不对称，没有案例可循，也不能预估其后果，如果处理不当会给国家和人们的生命财产安全造成巨大伤害，如 SARS、禽流感、H1N1 病毒传播等公共突发事件不断发生，要求政府改变应对公共风险的僵化体制，进行政府改革，提供有效的公共服务，高效率地应对公共突发事件，把风险降到最低。第五，我国政府自身存在着许多问题，我国的官僚体制源远流长，拥有几千年的历史。目前我国政府机构膨胀、僵化，很难适应高风险的市场经济体制和需要提供公共服务宏观

---

① 欧文·E. 休斯.《公共管理导论（第二版）》，中国人民大学出版社，2001，第 223 页。

环境的要求。不管是客观环境，还是民众的主观愿望都对政府提出新的要求，要求其提供便捷、全面的公共服务；提供良好、安全的社会环境；要求具有高效的、公平和平等的管理体制等。

为了应对时代要求，深入改革，党中央和国务院一再强调要对政府职能进行改革和创新。2012年11月，中共十八大提出："稳步推进大部门制改革，健全部门职责体系。"2013年2月，中共十八届二中全会通过了《国务院机构改革和职能转变方案》，并获十二届全国人大一次会议批准。十八届二中全会指出："行政体制改革是推动上层建筑适应经济基础的必然要求，要深入推进政企分开、政资分开、政事分开，健全部门责任体系，建设职能科学、结构优化、廉洁高效、人民满意的服务型政府。"① 在转型中迎接挑战，更好地服务民众，提供让民众满意的公共服务和公共产品，积极进行政府改革，建立高效且有限的政府。改革要求政府转变职能，改革也是促进职能转变的动力。改革要求地方政府适应市场经济发展的要求，转变政府职能，制定好游戏规则，做好裁判员。这是一个循序渐进的过程，加上我国幅员辽阔，各地都有各自不同的特征，东西部发展差距较大，在文化上也有所不同，政府职能也不能一概而论，对于东部发达地区，政府职能正在从以经济建设为中心转变为以提供公共服务为主要目标；对于西部边疆地区，如新疆云南等地，维护当地的稳定和安全则是政府职能的首要目标。

二　市场经济的不断发展

城乡一体化过程中，地方政府职能转变的核心动力就是市场发育。市场发育为基层政府职能转变提供了强有力的动力，为了应对市场需求，基层政府不管愿意与否、主动与否，都必须适应经济、社会的发展，进行职能转变。什么是市场？人们对于市场这个频频出现的词语越来越熟悉，每个人对市场都有不同的理解，但是真正深刻理解市场这个词语，并且从实质上对之进行把握并非简单的事情。市场"从狭义上讲，就是指某种商品

---

① 《中国共产党第十八届中央委员会第二次全体会议公报》，中国共产党新闻网，http://news.12371.cn/2013/02/28/VIDE1362051363403567.shtml。

买卖双方通过交易实现供求转换的场所，这种意义上的市场是有形的市场"①。如股票市场、劳动力市场、技术信息市场、期货市场，等等。"从广义、本质的角度上讲，市场是商品、劳务和要素关系的总和，可以是有形市场，也可以是无形市场。从经济学的观点看，市场就是产权交换关系的总和。"② 作为有形或者无形的市场，其对一个国家社会、政治、经济的作用不容小觑，它直接影响一个国家的命运。具体而言，市场是商品生产者、经营者和消费者进行生产和交换的场所，它能够优化资源的配置，最主要的是，它是优胜劣汰的竞技场，市场通过天然的竞争刺激市场主体原始的欲望，去创造或占有社会财富，为了从竞争中胜出，市场参与者如商品的生产者和经营者，必须不断地改进技术，进行科技和产品创新，以满足客户的需要。因此可以推动社会生产的扩大和进步，正是因为这样，市场凭借"自发定价"的交易机制和"优胜劣汰"的竞争机制，促使社会中的"人力资源""自然资源""资本""技术"迅速流向能够最大限度实现其价值或使用的个人或者企业手中。"人力资源""自然资源""资本""技术"被喻为经济增长的"四个轮子"。③ 而市场就是为这四个轮子输送强大动力的引擎。由市场配置资源是推动经济社会迈向富裕和文明的最佳办法。

市场意味着效率、竞争、活力，充满竞争的经济环境，资源的高效配置，使生产力的发展焕发勃勃生机。在城乡一体化进程中，基层政府要充分尊重市场的力量，遵从市场规则，发挥市场在资源配置中的基础性作用，指引市场主体理性地占有资源、使用资源，促进资源效率的最大化。但是市场并不是万能的，市场机制本身有其"天生"的缺点，主要表现在以下几个方面。其一，市场扭曲。事实上，几百年来的市场经济实践证明，完全竞争的市场体制并不存在，市场价格往往会被一个或者多个决策者控制，结果造成控制某个行业，形成不完全竞争的垄断，垄断或者寡头经济导致价格扭曲、产量扭曲和收入扭曲，最终造成市场扭曲，不可能实

---

① 曹沛霖：《政府与市场》，浙江人民出版社，1998，第 40~41 页。
② 〔美〕保罗·萨缪尔森、威廉·诺思豪斯：《经济学》，萧琛主译，人民邮电出版社，2008。
③ 孙天承：《政府、市场关系的厘清与作用发挥的法治保障》，《南京农业大学学报》（社会科学版）2015 年第 1 期。

现市场本来的资源优化配置。其二，产生外部经济效果。"每当某一商品的生产或消费所产生的效应扩散到商品消费者或者生产者之外，外部经济效果就产生。这些扩散到外部的效应没有在市场价格中反映出来。"① 虽然外部性不一定就是不良的社会效果，但如果是不良的社会效果，社会就会为此付出巨大的代价。市场无法对这些外部效果进行标价，不能通过价格机制对产生或好或坏外部经济效果的生产者进行区分，现实的市场经济社会里，商品的生产产生过太多不良的外部经济效果。而在中国的发展过程中，相对于城市来说，农村的发展走在城市后面，在以经济建设为中心的旗帜下，基层干部招商引资的积极性很高，引入的企业产生的外部效应被经济发展的数据所掩盖，使农村本来就脆弱的生态环境雪上加霜。其三，造成贫富悬殊。就算市场能够像古典经济学家们所说的那样，实现资源的优化配置，市场的缺陷依旧无法回避，市场带来收入分配的日益悬殊。"价格机制的辩护者和批评者们应当认识到，有效率的市场制度可能产生极大的不平等。"② 市场竞争机制带来的优胜劣汰，使富者越富，穷者越穷，形成马太效应，这对以人为本的社会发展来说是个大大的不足，我们不能要求市场去做它办不到的事情，经济社会的发展应该以人为本，实现人的全面发展。推进城乡一体化离不开市场的作用，但市场的缺陷需要政府通过干预来弥补。③

　　市场的缺陷为政府干预经济提供了现实可能性，但是市场和政府的关系并不像理论家们期待的那样完美，现实中常常会出现政府对经济干预过多或者过少的情况，这都不利于经济社会的健康发展。在《中共中央关于全面深化改革若干重大问题的决定》中指出："必须积极稳妥从广度和深度上推进市场化改革，大幅度减少政府对资源的直接配置，推动资源配置依据市场规则、市场价格、市场竞争实现效益最大化和效率最优化。政府的职责和作用主要是保持宏观经济稳定，加强和优化公共服务，保障公平竞争，加强市场监管，维护市场秩序，推动可持续发展，促进共同富裕，

---

① 〔美〕斯坦利·费希尔、鲁迪格·唐不什：《经济学》，中国财政经济出版社，1989，第394页。

② 〔美〕保罗·萨缪尔森、威廉·诺思豪斯：《经济学》上册，中国发展出版社，1992，第83页。

③ 曹沛霖：《政府与市场》，浙江人民出版社，1998，第253～259页。

弥补市场失灵。"① 对于市场的不足，政府主动采取适当的措施进行干预，使得市场经济能够良性、有序的发展，政府在干预市场的时候，应该有所为而有所不为，发挥"无形的手"的作用，规范市场行为。在城乡一体化进程中，基于中国的国情，在建立和完善市场经济体制之后，依旧需要充分尊重市场配置资源的基础作用，发挥政府的主导作用，规范市场运作。

我国自改革开放以来，计划经济体制逐渐被废除，随着市场的发展，逐渐培育出社会主义市场经济体制，并最终建立了社会主义市场经济体制。市场经济体制的建立，促使地方政府从控制一切的角色退回本来属于政府的领域中，但是这个过程不是短期能够完成的，市场经济体制虽然建立起来了，但是其完善和充分发育还需要很长的时间，在这个过程中，政府需要减少对经济生活的干预和控制，退出微观经济领域。同时，中国是一个发展不均衡的大国，区域之间差距较大，各个区域的文化、经济、社会发展都不平衡，市场发育也良莠不齐，在东部沿海地区，市场经济相当成熟，政府和市场的边界也比较清晰，但是在西部地区，特别是西部农村地区，农村市场缺乏市场发展的历史和条件，农村市场发育的状况不尽如人意，处于层次低、效率低的发育初级阶段，有的区域还有自然经济的存在，所以市场发育不均衡。在市场发育过程中，政府发挥着不可或缺的功能，政府可以为市场发育消除阻力，建立和培育市场，配置市场不能配置的资源，等等，市场发育离不开政府的努力。政府作用于市场发育是把双刃剑，在干预市场的同时，也会带来负面影响，如政府行为的不规范，政府本身的利益诉求，寻租及腐败的滋生，等等。所以总的来说，政府是市场发育的主要推动者，在市场发育初期，在政府的积极推动下，市场能够得到较为充分的发育，市场发育到较高阶段后，政府行为的不合理、不规范起到适得其反的阻碍作用，发育后的市场又对政府行为提出了更高要求。在此背景下，要求地方政府进行角色的变换，适应时代，转变政府职能，特别是在城乡一体化进程中。农村市场的发育似乎是个自然的过程，但并不能否认基层政府在农村市场发育中的积极作用，市场机制本身具有缺陷，在基础薄弱的农村，倘若没有政府的规范、引导，其发展状况会更

---

① 《中共中央关于全面深化改革若干重大问题的决定》，《人民日报》2013 年 11 月 16 日。

加屡弱，所以政府在农村市场发育过程中占有非常重要的地位，基层政府对农村市场发育具有积极作用，发育起来的农村市场反过来又要求基层政府转变职能，为基层政府职能转变提供巨大的动力，基层政府通过职能转变，构建农村市场发育的坚实基础，完善农村市场发育的环境。

三　社会组织的不断壮大

中国经济社会转型已进入攻坚阶段，必须加大政府职能转变的决心和力度。社会现实表明，随着社会的发育、市场经济的建立，中国经济社会的转型进入多元主体如政府、市场、社会共同参与的新阶段，三者之间互相促进，协调治理。政府在给市场充分自由的同时，还必须放权给社会，让社会也就是社会组织[①]承担起政府、市场和居民做不了也做不好的事情，社会组织将成为不同于政府干预和市场调节的第三方力量。[②] 这是一个放权的过程，将原来集中于政府的权力逐渐转移给各种社会组织，相应的政府职能也发生转变，一些职能放给社会去完成，整个社会发展的支撑力量也由政府独大转变成政府、市场和社会利益集团共同承担，使社会经济更加有序、理性地发展。

截至 2014 年 6 月，全国在民政部登记的各类社会组织共 56.1 万个，其中民办非企业组织 26.4 万个。[③] 经济体制的改革和政府改革为中国社会组织的发展提供了广阔的空间，加上市场经济走向成熟，公民参与政治的热情越来越高，自主、自治、自愿服务的意识觉醒，中国的社会组织自 20世纪 90 年代中期以来，得到了迅猛的发展。但是社会组织的发展还面临着许多问题，从社会组织自身的发展来看，主要问题首先表现在：其一，资

---

① 关于什么是社会组织的问题，学术界有很多相近的概念，譬如 NGO、非营利组织、第三部门、社会中介组织、非政府组织、公民社会、公益组织、社会服务组织、自愿组织、民间组织、草根组织，等等。这些概念虽然在内涵上会有一定的不同，但是本质上都具备共同的特征。在本文中，这类词都属于等价词，因为行文需要，统一用社会组织来说明，即不以营利为目的、介于政府和市场之间的一种组织形态，具有组织性、民间性、非营利性、自治性和自愿性的特征。

② 吴锦良：《政府改革与第三部门发展》，中国社会科学出版社，2001，第 24~25 页。

③ 《截至 6 月底全国社会组织数量达 56.1 万个》，http://fj.ifeng.com/zt/gongyi/news/detail _ 2014_ 08/04/2704386_ 0. shtml。

源不足，主要表现为资金资源和人才资源的缺乏，相当一部分社会组织因为资金不足，无法开展正常活动，为了筹集资源，有时会忘记组织成立的初衷；其二，能力不足，组织的发展需要相应的运营能力，如活动能力、管理能力、发展能力等，我国的社会组织通常规模小，筹集资金和动员社会资源的能力较差，较难吸引有能力的人投身社会组织；其三，缺乏自治，中国的社会组织成立之初多少会有政府的影子，组织的资源很大部分来自政府的投入，这就会束缚社会组织开展活动的手脚，难以成长为独立的社会组织；其四，发展不平衡，譬如在我国的中小城镇，特别是在我国中西部广袤的农村地区，除了有一些外来的从事扶贫助学的社会组织外，当地的社会组织几乎是空白，而在经济发达的上海、江苏、广东等地，社会组织发展迅猛。① 社会组织发展中存在的问题也有政府的原因，首先，"乱办"现象严重。大多数政府部门都办有一种或几种社会组织，使得社会组织盲目发展。政府对于社会组织能起的作用并不清楚，只是在理论上觉得社会组织是个好东西，应该发展社会力量，但对如何指导社会组织的发展则没有具体的思路，也没有明确的法律条文。在一些发达地区，政府大力推动社会组织的成立，加上社会需求量大，政府也成立社会组织发展中心，积极孵化社会组织，投入了大量的人力和物力，也培育了大批社会组织。但由于缺少评估、监管机制，导致社会组织数量膨胀，而这些社会组织所带来的成效却无法评估，或者说根本没有成效，这导致对社会组织的信任度下降，影响了其自身的发展。其次，"乱管"现象突出，管理体系混乱，管理思路混乱。政府不能很好划分其与社会组织的边界，要么对社会组织放任自流，导致社会组织违法乱纪的现象时有发生；要么又管得太死、干涉太多，使得社会组织不能独立自主地开展活动。再次，"乱执业"现象较为普遍。执业环境恶化，执业质量低。社会组织在设立和管理上的混乱，造成社会组织领域执业秩序的混乱。一些不合格的社会组织取得执业资格，开展以营利为目的的经济活动，或者为了物质利益不顾执业道德和执业质量，损害人们的利益。这些问题的存在，严重影响了社会组织的健康发展，造成政府和社会资源的浪费。转变政府职能，规范和发展

① 王名、贾西津：《中国非营利组织：定义、发展与政策建议》，范丽珠编《全球化下的社会变迁与非政府组织（NGO）》，上海人民出版社，2003，第268～275页。

社会组织已经刻不容缓。①

在中国社会组织的发展中，政府起着决定性的作用，二者的关系千丝万缕，剪不断、理还乱。社会组织发展中的种种问题，并不仅仅来自社会组织自身，也来自政府。改革开放以来，社会组织得到了很大发展，这要归功于政府努力，但对社会组织发展中存在的混乱、无序状态，政府也难辞其咎。政府是社会组织的组建者，改革开放以来，随着市场经济的建立，社会组织应运而生。建立社会组织之初，常常由政府出资、政府扶持，或者由政府来办。政府办社会组织也是"中国特色"之一，所以若用社会组织的五个特征来衡量中国的社会组织，恐怕没有几个能算得上是真正意义上的独立的社会组织。当然，这是另外一个议题了。那么多社会组织纷纷建立，一方面是改革的需要，另一方面也是出于利益的考量。政府的权力与自利动机一旦结合，政府便成了社会组织秩序混乱的始作俑者。

随着市场经济的发展和政府改革的持续，社会组织逐渐发展壮大，政府应逐步完成从社会组织领域的主导者、参与者到规则的制定者、监管者的转变。规范社会组织，首先要规范政府行为，因为许多社会组织的问题来自政府，政府行为规范了，社会组织的规范就不会太困难，所以规范政府行为的边界，明确政府的角色，转变政府职能已刻不容缓。②

---

① 黄友：《我国政府职能转变与社会中介机构建设》，《理论与改革》2002 年第 3 期。
② 吴锦良：《政府改革与第三部门发展》，中国社会科学出版社，2001，第 268 ~ 271 页。

第二章　城乡一体化与基层政府
服务均等化职能的理论建构

　　改革开放以来，社会经济取得了巨大成效，人民生活水平得到了显著改善。伴随着工业化、市场化和信息化的发展，城市居民在医疗、卫生、教育、交通、就业、养老、住房等诸多方面享受到了大量政策优惠和公共服务，生活质量明显提高，尽管目前从总体上看，无论在城市还是农村，不管质量还是数量，也不管是存量还是增量，地方政府的公共服务供给都远远不能满足人民群众日益增长的社会需求。看病难看病贵、教育资源分配不均、公共交通拥堵、生态环境恶化等关系百姓切身利益的问题依然困扰着中国许多家庭。但是与城市相比，农村居民不仅很少享受到改革的红利，反而为改革提供资源付出了相对高的代价，其未来发展前景更令人担忧。长期城乡二元结构所造成的贫困与落后，中心城市"虹吸现象"所带来的乡村空心化，以及城市恶性膨胀所引起的破坏和侵害，这些都给发展新型农业、塑造现代化农民、建设美丽乡村蒙上了灰色的阴影。

　　人人都应该享受改革的成果，人人都应该过上有尊严的生活，这既是老百姓心中最朴素的愿望，也是"以人为本"的新型城镇化战略的基本诉求。在这个目标价值的引领下，地方基层政府为满足地方人民生活、工作和发展的需求，推行公共服务均等化建设具有重要的实践意义。然而近些年来，尽管中央始终高度关注城乡统筹、政府职能转变和公共服务均等化等相关议题，但到了基层，政策往往遭遇异化执行、虚化执行的尴尬，沦为政治口号。这自然与地方财税改革对基层政府财政能力的影响有密切关系。分税制改革虽然有利于增加中央财政收入，实现了地区和产业间的统筹协调，但对地方财政带来了长期深远的困扰。农业税的全面取消，更进一步迫使基层乡镇从过去的"收钱收税"到现在的"不办事、怕办事、难办事"，最终沦为"吃饭财政"。如此，在供给能力和社会需求的双重压力下，均等化服务从何谈起，该怎样实施，又怎样推行？令人欣喜的是，在同样的体制空间下，有些地方依然能够大力推进城乡统筹，在城乡一体化的公共服务均等化实践中走在了全国前列。这不禁引人深思，同样施行分税制，同样取消了农业税，面对着相同的考核指标和压力，为什么会有不同的表现？到底哪些因素会成为制约农村公共服务供给的核心变量？对于处在城乡一体化发展不同阶段的不同地区来说，是否也存在着均等化服务不同的供给模式？这些不同模式背后的内在动力和机制是什么，其治理绩效怎么样，有没有可能被推广？除了转变价值观念和政府职能、推进财税和土地制度的改革之外，能否寻找到解释力度更强、适用范围更广的基层政府均等化服务模式？全面理解和把握这些问题，将有利于全面深化改革，破除城乡二元结构，推进城乡一体化发展；有利于构建以工带农、以城带乡、工农互惠、城乡一体的新型工农城乡关系；更有利于广大人民群众平等地共同分享改革成果。

第一节　面向城乡一体化的基层政府
均等化服务的理论依据

均等化服务，由"均等化"和"服务"两大要素构成。服务是核心。当"服务"作为名词时，均等化是对公民权利和政府责任的社会需求界定，表达特定的目标和理念；而"服务"作为动词时，均等化则是对公民参与和政府行为运作机制特征的归纳，是对公共资源分配动态过程的描述和评价。由政府负责提供的服务，带有鲜明的公共性，既包括有形的公共产品也包括无形的公共服务，也并非特指基本公共服务。因此，在城乡一体化论域下的基层政府均等化服务，是指基层政府在明确城镇和乡村发展规划差异的前提下，为满足特定区域内所属居民生产生活以及不同层级和不同方面的民生性公共需求，调动一切可利用的人力和财力资源，减少和缩小城乡间发展质量差距，维护促进社会公平正义的政策措施。虽然城乡一体化的社会发展背景已经明确了均等化服务的目标、内容、方式和阶段，但从学术理论层面思考均等化服务的价值意义、技术可能性、现实操作性和绩效评估等，将有助于促进城乡统筹，实现城乡公共资源自由流动和公平分配，推动均等化服务不断深化和扩展。目前，从不同学科视角分类，均等化服务模型建构的理论基础主要来自公共伦理学、公共管理学和公共经济学三个方面。

一 公共伦理的角度：促进社会公平

基层政府为缩小城乡差距提供均等化服务，是当代中国社会公平正义理论的重要实践。作为理想社会的基本要素，公平和正义，被古往今来的圣贤智者赋予了不同内涵。

在柏拉图和亚里士多德的著作中，正义由一种政治理念发展成差异性政权结构，背后不变的是基于群体生活稳定的秩序立场，因此，在柏拉图或亚里士多德眼中，人与人能否得到平等待遇并不重要，有时过于强调平等甚至会起破坏社会秩序的相反作用。只有不同阶层的群体拥有并保持不同的禀赋，生活在不同区域，履行不同职责，安分守己才能构建美好的理想城邦。这种理念在古罗马和中世纪，通过公平正义观念与法律实践相结合得到巩固。直到 19 世纪，工业化进程唤醒了个人对理性和平等的追求，功利主义在当时的兴起绝不是偶然。基于个人主义和机械主义社会观，功利主义学派认为社会的公平正义主要体现在其福利效用上，一个社会越公正，个人利益就越多，社会效益也就越大。因此，对于任何社会来说，只有充分挖掘和激发个人潜能，鼓励个人不断创造和追求财富的最大化，才能实现社会分配的公平公正。

个人主义和自由主义，是功利主义学派的理论基础，其在当代著名正义理论家罗尔斯的体系中得到了继承和提升。在洛克、卢梭等人提出的社会契约论的基础上，罗尔斯假设了一种"原始状态"，即个人对其社会地位、综合能力和人与人之间的相互差异都一无所知，正是在这样的"无知之幕"下，人们广泛接受且一致同意选择公平正义原则来开展社会间的互相合作。所谓公平正义原则包括两个方面：其一是平等自由原则，即社会全体成员平等地拥有最合适的、相似的自由权利体系；其二是合理的经济不平等原则，即在确保机会平等的基础上，最大限度地满足"最少受益者"的利益。罗尔斯理论倡导政府一方面通过教育政策来保证人们享有平等的受教育机会，另一方面要确保和完善社会最低受惠值体系，通过家庭津贴、医疗津贴、失业补助和其他多种方式来保障最少受益者的利益①。

从解放个体到呼唤公平，体现的是人类社会的发展进步。以罗尔斯为代表的正义理论对均等化服务具有理论借鉴意义。这主要表现在三个方面：第一，平等自由原则暗示了均等化服务应保障成员享受大致相等的公共服务，力图实现结果公正；第二，机会均等原则鼓励政府在服务对象上能涵盖社会最广泛主体，即最大多数人群；第三，保障"最少受益者"表明在程序公开公正、合理合法的情况下，政府有理由支持公共福利的保障措施。尽管强调公平正义的伦理学是均等化服务的思想源头，但其最大的缺陷在于过于宏观，在应然层面的探讨忽视了实践过程中存在着的主客观不利因素。因此，切实推行均等化服务，光从理念上树立崇高美好的理想是不够的。

二 公共经济学的角度：市场的效率

经济学领域对均等化服务的研究主要有两大领域，一是福利经济学，二是公共产品学。

福利经济学与功利主义学派可以说是"用"和"体"的关系。以庇古的《福利经济学》为标志，把社会福利最大化作为出发点，福利经济学从福利角度研究经济体的运行及其效率。简单地说，庇古的福利经济学是由两个基本命题构成的：其一，国民收入越多，社会福利就越多；其二，国民收入增长越稳定，分配越均等，社会福利就越大。在庇古之后，帕累托认为经济效益与社会福利之间并不是永恒的正向关系，实际上存在一个资源配置最佳状态，此时任何调整都会减少社会整体福利，这就是所谓的帕累托最优。然而，帕累托最优只是一个假设的理想状态，在现实中很难明确界定是否达到

---

① 〔美〕约翰·罗尔斯：《正义论》，何怀宏等译，中国社会科学出版社，1998，第 276 页。

了社会资源最佳配置的状态。因此，相继又出现了"卡尔多补偿原则""希克斯补偿原则"等，主张在保证个人自由选择权利的基础上，通过增加公共服务的财政支出，并采用转移支付政策进行社会收入的再分配。应该说，将个人自由选择视为实现社会福利最大化的前提，福利经济学既强调了公平，也同样重视效率，为城乡均等化服务提供了重要的理论基础。①

　　根据萨缪尔森的经典定义，公共产品是这样一类产品，即任何个人对该产品的消费都不会减少他人对该产品的消费，因此，公共产品具有消费的非竞争性和受益的非排他性。承认公共产品的基本特性是公共产品理论的基础，然而不同的学者在对待如何弥补市场机制失灵的问题上却有不同看法。萨缪尔森认为，基于公共产品的非排他性和非竞争性，为了避免"搭便车"的状况，必须由政府提供或补助公共产品的供给。与他的观点不同，科斯主张打破公共产品供给的政府垄断，提倡市场化，建立充分的竞争机制，认为公共产品也可以通过市场得到有效供给。奥斯特罗姆也认为每个公民都接受了"大量的各不相同的公共服务产业的服务。大多数公共服务产业都有重要的私人成分"②。到目前为止，经济学界对于公共产品供给主体应该是谁才能更加有效率的问题依旧没有共识。

三　公共管理学的角度：公民的权利

　　管理学对公共服务供给的探讨也经历了漫长的实践，积累了深厚的理论。与经济学关注谁更有效率不同，管理学关注的是如何才能真正维护公民的权利。在不同历史时期，不同的理论流派给出了各自的思考。③

　　最早关于公共产品供给的讨论来自对国家职能的思考，以霍布斯、洛克为代表的早期政治思想家普遍认为，实现人民的公共福利是政府的责任，因而，政府理所当然是提供公共产品的主体，否则政府就会失去其存

---

①　蒯正明：《推进城乡基本公共服务均等化问题研究：以浙江为例》，上海社会科学院出版社，2014，第35页。
②　〔美〕文森特·奥斯特罗姆等：《制度分析与发展的反思》，王诚等译，商务印书馆，1992，第114页。
③　孙建军：《我国基本公共服务均等化供给政策研究》，浙江大学2010年博士论文，第18～27页。

在的必要。斯密则指出，不能指望少数人去建立和维持对整个社会运行都有利的公共机构和公共工程，而只能由政府负责。在这以后的经济学家也都努力建立各种模型，以论证政府供给的必要性和合理性。然而，公共选择理论的出现直接指出了政府组织的内在缺陷，以及由政府供给产生的高成本、低效率和分配不公等政府失灵的状况。因此，在新公共管理运动期间，学者们相继提出了由市场、第三部门和公私合作的供给方案。这场以现代经济学为理论基础，将顾客至上、绩效管理、人力资源管理等现代管理技术运用到公共部门管理中的改革运动，很快被后起之秀，即提倡多元共治的治理理论所取代。因为在现代复杂社会中，任何单一主体都很难满足多样化、个性化、多层级的公共产品供给。为克服政府失灵、市场失灵和志愿失灵的可能，只有通过合作、竞争和协商等制度化程序，才能最大限度地增进公共利益（见表2-1）。

表2-1　不同公共服务供给模式对比

时间	供给模式	供给主体	优势	缺陷
传统公共行政时期	政府供给论	政府供给模式	政府（单中心）	能够克服市场"搭便车"、外部性、信息不对称等不足	政府失灵
新公共管理运动时期	非政府供给论	市场供给模式	市场（单中心）	引入市场竞争机制，提高公共服务质量和效率	市场失灵
		第三部门供给模式	第三部门（单中心）	具有贴近民众、行动灵活、创新性、专业性和广泛性等独特优势	志愿失灵
		PPP供给模式	公共部门和私营部门联合（单中心）	双主体、多主体供给；政企分开，提升管理效率；代理运行机制；效率与公平兼顾	合约失灵
治理理论阶段	多中心供给论	多中心供给模式	多元主体（多中心）	多种选择、减少"搭便车"行为以及更合理的决策	无中心倾向

资料来源：孙建军：《我国基本公共服务均等化供给政策研究》，浙江大学2010年博士论文，作者略有修正。

　　为了转变地方政府在公共服务方面的职能，在确保公平公正的前提下提升服务效率，不少国家的地方政府掀起了一场所谓的"新公共管理"或

"管理主义"的改革，其基本内容就是打破传统官僚制下地方政府僵化、低效的职能运行模式，对地方政府的职能范围进行重新定位，从而使地方政府的治理更加有效、灵活和卓越。其基本途径就是通过引入竞争机制以及和市场、社会实现有效分工合作的方式让地方政府从"全能主义"的模式中解放出来，把原来由政府承担的大量事务还给市场和社会，而把地方政府的主要职能转移到提供公共服务上来，逐步完成从传统的地方政府管理向现代的地方政府治理的转变。

首先是重新定位地方政府的基本职能。英国在改变福利主义时代的政府全能主义的角色方面发挥了表率作用。英国通过出售的方式将原来由地方政府所承担的职能转交给私人和私人企业承担，如将地方政府用于出租的物业直接出售给私人，还有就是将原来由地方政府提供的某些服务通过市场化的方式承包出去。1980 年英国议会通过了《地方政府、计划和土地法》。根据这部法律，地方政府所有超过 5 万英镑的建筑工程和所有超过 1 万英镑的建筑物维修工程都应进行强制性竞争投标。不足 5 万英镑的建筑工程，其中 40% 的工程应该采取投标方式，不足 1 万英镑的建筑维修工程应有 30% 的工程置于投标之下。随着法律的实施，地方政府强制性竞争投标的范围不断扩大，1988 年英国又颁布了《地方政府法》，大大扩展了竞争投标的领域，地方政府以签合同的方式大规模地把原本需要自身提供的服务和事务转给了私人组织和企业团体。[1]

其次是重新确立地方政府提供公共物品和公共服务的范围。二战以来，很多国家的地方政府在福利主义的影响下，承担了大量的服务功能，如警察和消防、街道、人行便道、公共广场、医疗服务、污水处理、供水、社会福利等，那么在新的条件下，地方政府是否应继续提供这些公共服务呢？有人认为，地方政府应该在公共服务方面发挥关键性作用。安德鲁在比较各国地方政府承担的公共服务的基础上，提出了地方政府应承担的公共服务范围，主要包括：战略性职能，例如土地使用政策、地方发展优先次序等；合作性职能，主要指地方政府与其他地方的合作；社会性服

---

[1]　于军编译《英国地方行政改革研究》，国家行政学院出版社，1999，第 27 页。

务职能，如促进社区的发展；经济服务和提供公共交通等职能。①

再次，在公共服务和公共物品领域引入市场机制。一般来说，地方政府服务中的大部分内容还是由地方政府直接提供的，这会导致很多问题，如公共雇员的垄断地位可能使公共服务水平严重下降。因此，许多国家的地方政府正设法减少政府直接提供的公共服务，更多引入市场和社会的因素，如签约外包就是一种地方政府常常采用的方式，通过同私人企业或社会组织签订供给合同的方式来达到有效提供公共服务的目的；还有特许经营，通过发放执照或许可证允许私人企业提供公共服务；另外通过给公民发放代币券，公民凭借它可以用来代替现金从私营或公营的卖主那里购买一定的服务或产品。② 地方公共服务的提供涉及地方政府与社区之间的关系、地方政府与私营组织的关系，地方政府与非政府组织的关系等，这些都是西方地方政府研究的重要内容。

最后是地方政府内部体制的再造。20 世纪 80 年代以来，西方地方政府，尤其是美国的州和地方政府，进行了一场被称为"重塑政府"（Reinventing Government）的行政体制改革运动。这场为回应时代挑战而首先在州和地方一级政府展开的体制改革，主要涉及以下五个方面：一是确认政府作为组织、协调和管理者而非单一服务提供者的角色，政府应充分利用本地区的各种资源与私人公司、金融机构、非营利组织及基金会等建立伙伴关系，通过多种合作方式，如制定税收政策、财政补贴、特许经营、合同承包、股权投资等为公众提供有效服务；二是突破影响行政效率和导致官僚主义的繁规陋习，简化办事规则及程序，实行全新的预算制度；三是破除行政机构本位主义和只对上级机关、立法机关、利益集团负责的传统思维定式，确立本地区纳税人是政府及各行政机构客户的观念，通过社区调查、客户问卷、联系走访等方式了解公众需求，为公众提供适合其需求或可选择的服务，并在公共事务的管理中适当运用市场机制；四是改革等级分明、层次过多、权力集中的行政管理体制，减少多余的中间

---

① Worthington, Andrew C. (2000), "Can Australian Local Government Play a Meaningful Role in the Development of Social Capital", *Australian Journal of Social Issue*, 35 (4), pp. 345 – 361.

② 〔美〕文森特·奥斯特罗姆等：《美国地方政府》，井敏、陈幽泓译，北京大学出版社，2004，第 100～106 页。

环节，把权力下放或分散到直接面对实际问题和直接提供服务的基层机构及主管人员手中，使基层机构、主管人员以及普通公务员能及时决策并较快处理问题，把有关社区事务的管理授权给社区组织，让社区居民普遍参与社区管理；五是改变政府及其官员只讲投入不讲产出、不求有功但求无过和只会浪费不会谋利的行为方式，引入企业经营中的成本效益原则，建立企业型政府。①

尽管各国地方政府改革的具体路径和过程存在差异，但是，改革的核心价值和改革的目标总体是一致的，那就是实现公共服务的有效供给和推动公共服务一体化。来自英国西英格兰大学的学者托尼．波伏尔德（Tony Bovaird）依据欧洲地方治理的经验，从两个方面提出了地方治理质量的评估框架：第一，是评估生活质量结果的方法，这些生活质量结果对于那些公共治理系统内的利益相关者是相当重要的；第二，分析利益相关者互动的过程对形成一致的标准和规范的影响程度。② 从中可以清晰地看到地方政府公共服务的价值导向（见表 2 - 2）。

表 2 - 2　地方治理质量的评价体系

生活质量结果	治理原则和过程的实施
健康 公共安全和保障 工作和经济繁荣 社会福利和一体化 享受闲暇和文化 终生学习和人力资本 出入和流动性 家居舒适和居所 适宜的环境	民主决策 公民和相关利益者的参与 透明度 责任义务 社会包容和对弱势群体的公平（机会、利用、成本以及成果获得的公平） 公平和诚实地对待公民 协作工作的意愿和能力 在全球环境中竞争的能力 尊重法治 尊重其他人的权利 尊重多样化 政策的持续性

资料来源：Tony Bovaird（2005），"Evaluating the Quality of Local Governance：Some Lessons from European Experience"，*Local Government Study*，Vol. 6，pp. 180 - 181。

---

①　任进：《中外地方制度改革的新动向及未来展望》，《上海行政学院学报》2003 年第 1 期。
②　Tony Bovaird（2005），"Evaluating the Quality of Local Governance：Some Lessons from European Experience"，*Local Government Study*，Vol. 6，p. 179.

第二节 基层政府均等化服务模型
建构的影响因素

城乡一体化在当代的实践已经证明落实均等化服务的必要性和迫切性，跨学科的研究也为如何实现均等化服务提供了理论依据。然而，均等化服务从理想到现实的跨越并不容易完成。特别当问题聚焦在基层政府公共服务供给均等化上的时候，很多实际困难随之而来，目前中国的基层政府是否有能力担负起均等化服务的重任呢？基层政府怎样才能切实履行均等化服务的政策要求？哪些是影响基层政府推行城乡统筹、提供均等化服务的因素？这些因素在不同基层政府间是否具有共性？导致基层政府间均等化服务水平差异的主要原因是什么？宏观的理论已经难以回答上述问题，因此，有必要结合相关理论和中国实践，将研究触角深入基层政府本身，从中观和微观的视角寻找和分析问题的关键变量。

一 公平与效率：基层政府均等化服务的二难选择

乡镇政府是我国县级以下的政权体系，是最基层的国家政权组织，处于国家正式权力系统的神经末梢。作为连接国家政权和农村社会的中介组织，乡镇政府同时承担起传达和落实国家意志，以及整合和满足社会需求的双重任务。简言之，管理和服务是乡镇政权存在的合法性依据。正如恩格斯所说："政治统治到处都是以执行某种社会职能为基础，而且政治统治只有在它执行了它的这种社会职能时才能持续下去。"[①] 尽管乡镇处于国家政权体系的最低层级，但历来在乡村治理中占有不可或缺的重要地位。尤其在推行均等化服务过程中，由于其直接面对农村社会，对于执行上级政府政策和了解农民需求具有极为重要的战略意义。中共十七届三中全会通过的《中共中央关于推进农村改革发展若干重大问题的决定》提出，要

---

① 《马克思恩格斯选集》第 3 卷，人民出版社，1995，第 523 页。

继续推进农村综合改革，"着力增强乡镇政府社会管理和公共服务职能"，这为农村税费改革后，乡镇的改革和发展指明了方向。

（一）基层政府的角色转换

新中国成立以来，伴随国家构建的现代化进程不断推进，建立乡镇政权以渗透基层社会的数次尝试，使我国农村乡镇机构的演变几经波折。[①]乡镇机构的调整和农村税费政策的改革，同时也带来了乡镇政府角色和职能的转换。新中国成立后，在广大农村地区铲除了国家经纪人体制，"标志着政权'内卷化'扩张的终结"[②]。革命时期所确立的强大政治合法性，通过在基层社会建立起的党政组织，实现了社会资源的整合和动员，为中央政府政策下达提供了包括意识形态和组织结构在内的双重保障。当时各级地方政权，除了贯彻和完成中央的指示和命令外，基本没有任何独立性和自主性，扮演着国家政权代理人的角色，乡镇政府也不例外。这种改变了传统"双轨型"[③]乡村治理模式的代理关系，在人民公社时期，进一步成为国家汲取农村资源的基本途径。据有关资料显示，1952～1986 年，国家从农业中隐蔽地抽走了 5823.74 亿元人民币，农业为国家缴纳税收 1044.38 亿元，两项合计 6868.12 亿元，相当于同期全民所有制非农企业固定资产原值的 4/5。[④]

20 世纪 70 年代后期，中央的放权改革使地方各级政府获得了相对独立的地位和一定程度上的自主性。特别是 80 年代初的财政体制改革，允许乡镇自筹资金，让各乡镇迅速意识到创办乡镇企业、增加财政收入的重要性。值得注意的是，乡镇财政收入的增加，并不意味着广大农民公共福利

① 新中国成立以来，我国乡镇政权主要经历了三个阶段，即建国初期的乡政权阶段，人民公社时期的政社合一体制阶段和改革开放后的政社分开、重新建立乡（镇）人民政府的阶段。参见杨善华、苏红《从"代理型政权经营者"到"谋利型政权经营者"——向市场经济转型背景下的乡镇政权》，《社会学研究》2002 年第 1 期。

② 杜赞奇：《文化、权力与国家：1900～1942 年的华北农村》，江苏人民出版社，1994，第 240 页。

③ "双轨政治"是费孝通先生在《乡土重建》一书中提出的，他认为传统中国政治存在两条治理轨道，一是自上而下的官僚治理，二是微弱的自下而上的民间自治，处于国家象征性权力末梢的村落"地方性知识"之间的乡绅则是衔接两者的有效机制。

④ 吴理财：《村民自治与国家政权建设》，《学习与探索》2002 年第 1 期。

的改善。相反，乡镇政府为最大限度获取利润，大打国家政策的擦边球，触犯党纪国法，不惜利用职权与民争利。人民公社瓦解后，"乡政村治"①立即被提上议程以期重建乡村秩序，但在国家宏观体制背景和县（市）乡权力结构没有根本改变的前提下，乡镇政府只能以"公司化"的运作模式在谋利型角色中越陷越深。1994 年实行的分税制改革和 2004 年实行取消农业税政策，扭转了镇政府权力恶性膨胀的局面，但也逐渐暴露出这一级政权"外强中干"的虚弱本质：一方面，基层政府内部个人集权程度很高，缺乏相应的监督机制；另一方面，能够调动的权力资源十分有限，上级赋予的责任却非常沉重②。严重的权责不对等，造成乡镇政权处于更加依附上级政府的"悬浮"③ 状态；有形式治理、无农民参与的"脱嵌化治理"④ 迫使大多数乡镇政府的治理行为进一步异化。

（二）从发展到服务：基层政府的职能转型

从理论上说，促进社会进步的管理和保障社会公平的服务是乡镇政权的基本职责所在，但在现实的问责体系中，稳定和发展成为乡镇政府最重要的任务：一切社会管理都是为了维持稳定，一切社会服务都是为了推动经济发展。事实上，无论是新中国成立初的代理者，改革后的谋利者，还是税费改革后的依附者，乡镇政府都是乡村治理中不可或缺的"经营者"⑤，这

① "乡政村治"的主要内容有两个方面：一是建立乡镇政府以替代人民公社体制；二是建立村民委员会以替代生产队体制。"政社分开""政企分开""党政分工""乡村分治"是其主要特色。参见许远旺《现代国家建构与中国乡村治理结构变迁》，《中国农村观察》2006 年第 5 期。
② 赵树凯：《乡镇治理与政府制度化》，商务印书馆，2010，第 138 页。
③ 周飞舟：《从汲取型政权到"悬浮型"政权——税费改革对国家与农民关系之影响》，《社会学研究》2006 年第 3 期。
④ 赵晓峰、张红：《从"嵌入式控制"到"脱嵌化治理"——迈向"服务型政府"的乡镇政权运作逻辑》，《学习与实践》2012 年第 11 期。
⑤ "政权经营者"是张静在 2000 年出版的《基层政权：乡村制度诸问题》一书中分析改革开放后乡村基层政权在管理中的特点时最早提出的。在缺乏必要的行政监督的情况下，乡镇干部通过上级政府授权掌握各种市场资源，成为从事经营的经济行动者。张静指出，乡镇经营者"远离国家利益，同时也没有贴近社会利益"，反而利用体制中的优越地位，形成了相对独立、内聚紧密的资源垄断集团。张静的分析对于深刻认识基层政府行为具有重要意义。然而笔者以为，尽管概念之名用来描述乡镇行为非常贴切，但张静对经营者的理解却稍显狭隘，因而具有内在的逻辑矛盾。具体来说，首先，过于夸 （转下页注）

既源于中国传统乡村具有相对独立的治理文化，也源于当代中国乡镇独特的行政地位和运行机制。

首先，从"地方性知识"角度理解乡镇政府的经营化行为，主要表现为基于"差序格局"的非理性化治理逻辑。在传统乡村的公共事务治理中，地方乡绅凭借其出身、地位、财富和声望所带来的地方特权，以及与中央的独特交往关系，获取和掌握了控制县镇具体操作的权力和资源，依赖"权力的文化网络"，通过礼俗进行宗族式村庄秩序的构建和维护。这种治理逻辑并没有伴随中国现代化进程被打乱，反而顽强地附着在体制变迁的各个历史时期。直到今天，乡村的治理范式，即使遭遇市场经济的强大冲击也依然表现出宗族式经营的深刻烙印。其次，乡镇政府的经营化行为也体现为，在压力型体制下为应对上级政府各项问责考核的被动式治理。尽管乡镇内部具有高度集权化的权力体系，但与上级政府相比又存在权责严重不对等的情况。无论是政府收入、农业增长、招商引资等经济指标，还是社会稳定、文明创建、报刊征订等政治指标，或是计划生育、秸秆禁烧等管理指标，对于基层政府来说，都可谓"上面千条线，下面一根针"，需要一一挂牌落实。上级政府可以直接影响和控制乡镇内部的人事管理权，因此，在重重压力之下，面对悬在头顶上的"一票否决"，基层干部不论能不能管，管不管得好，即使弄虚作假也要完成任务。最后，乡镇这套内部管理机制直接对基层社会公共事务的治理产生了重要影响。由于缺乏农民参与，乡镇政府不得不最大限度地动员各种力量、通过各种渠道、采取各种方式来应对上级的各项检查，或推行上级政府交办的各项工作，运动化经营方式取代制度化管理已成为基层政府运行的主要模式。

改革开放到今天，一方面，地方政府在重视经济发展的同时，也开始

（接上页注⑤）大了乡镇在实际运行过程中的自主性，从而忽视了宏观政治体制对基层权力运行的制度性制约。其次，长期以来对乡镇的研究过分夸大了其经济导向的选择和能力，实际上，对于许多得不到上级政府支持的普通乡镇来说，很难"最大限度"地发展经济；而对于某些经济发展相对较快的乡镇早就开始政社互动的尝试。除此之外，名为"政权经营者"，实际所指还是"政府公司化"现象，将"经营"局限在经济领域、缩小经营者内涵和外延的结果是，本来具有极强解释力的概念如今只能成为分析改革开放后市场经济对基层政府行为的影响。"经营"的本质是成本与收益的权衡，而长期以来中国乡村治理方方面面的实践都呈现出高成本低收益的"反经营"倾向。因此，从中国实践出发理解，经营是特定文化和制度环境造就的管理行为。

注重社会服务职能的履行，将公共资源向社会福利、环境保护、医疗卫生等服务均等化方面倾斜；另一方面，大多数处于社会转型适应阶段的基层政府，因缺乏现代地方文化、社会结构和治理体制的支撑，同时缺乏足够的经济和制度保障，很难完成从注重经济发展到主要提高公共服务的政府职能转变。

二　供给能力：城乡一体化中基层政府均等化服务的核心要素

城乡间公共设施、公共产品和公共服务的均等化程度与基层政府公共服务供给能力密不可分。对于基层政府来说，均等化服务供给能力是政府能力的重要组成部分，因此，研究基层政府公共服务服务供给能力，必须以对基层政府的能力研究为基础。

（一）供给能力的内涵

20 世纪 90 年代末，在全球化浪潮下，现代民族国家，特别是后发转型国家"治理失败"遭遇的危机，使"政府能力"成为世界各国备受关注的重要话题。冷战后，有关国家间差异不在于意识形态或政府组织形式，而在于政府效率的著名论断，已经成为广泛共识。在我国，党的十六大和十六届四中全会提出要全面加强党和政府的执政能力建设，将执政能力和行政能力视为关系党和国家盛衰成败的根本命题。新一届政府在十八届三中全会上更是明确提出要完善发展中国特色社会主义制度，推进国家治理体系和治理能力现代化，推进改革全面深化。

随着改革开放实践的不断发展，到目前为止，我国学术界对政府能力的理论研究经历了三个阶段：第一阶段，主要关注政府财政汲取和分配的能力建设，同时特别关注中西部落后地区和少数民族区域的政府能力状况；第二阶段，从政治统治、行政管理和公共政策等多角度分析政府的决策和执行能力建设；第三阶段，联系具体实际，对应急、灾害和危机管理，以及网络舆情管理等各种管理情况下政府组织、协调各方资源的能力，公开及时回应社会关注能力等各种综合能力进行了深入研究。

基于政府能力现有的研究成果，结合公共服务供给的基本特点，本课题将城乡一体化视野下基层政府均等化服务的供给能力定义为，基层政府为缩小城乡差距，深化城乡一体化建设，通过整合、组织和调动地方上的自然、经济、文化、行政、人才等各项社会资源，充分激发由政府－市场－社会三者构成的互动机制所内含的积极性和创造性，推进城市和农村在基础设施建设、住房建设、公共交通、环境卫生、医疗卫生、社会保障、养老保障、公共教育、公共文化、社会就业这些关系经济发展、社会稳定、生态文明、百姓民生等领域内公共产品和服务的均等化供给，从而确保城乡统筹规划、协调发展的综合性治理能力。这个定义明确了政府供给能力的目的、主体、内容和手段。从目的来看，供给能力的提出，首先是对经济改革过程中不断增长的公共需求的积极回应，特别是通过促进城乡资源自由流动、平等交换和公平分配，最终实现城乡一体化发展目标。从主体来看，在了解和掌握民意、合理分配社会资源方面，基层政府具有得天独厚的优势，因此被视为均等化服务不可或缺的主导性供给主体。从内容来看，包括了人民群众生活方方面面基本需求的公共供给。从手段来看，在以地方政府主导的基础上，采取多种公私协作形式，充分发挥市场机制和志愿组织的能力。

（二）供给能力的构成

基层政府均等化服务供给能力的构成不是单一的，提供服务的多少，质量水平的高低，直接取决于乡镇政府的公共治理能力和公共财政能力。

静态的部门机构设置和动态的权力运行机制是考察乡镇一级政府公共治理能力的关键。根据法律规定，中国农村基层政权是由乡镇人民代表大会和乡镇人民政府两部分组成。但在现实中，"党政合一"现象十分普遍，甚至成为某些地方机构改革的新趋势。[①] 乡镇的各项会议、中心工作、人员安排、财政配置，全部由乡镇党委统一安排，镇政府与镇党委之间成为实际上的授权关系。从机构来看，乡镇政府脱胎于人民公社，因此基本沿用过去"七站八所"的结构体系。

---

① 参见赵树凯《乡镇治理与政府制度化》，商务印书馆，2010，第31页。

尽管 2002 年实行税费改革后，进行了撤乡并镇的机构改革，试图将过去冗杂且不断膨胀的"七站八所"合并为社会事业服务中心和农村经济服务中心两大门类。然而实际效果却是人员没有减、机构没有动、效率没有提高，反而增设了新的服务中心。所以，现在大多数乡镇除了镇党委、镇政府之外，还有财政所、司法所、社保所、交管所、安监所、派出所、卫生所、国土所、供电所、信访办、城管执法中队、水利站、文化站、广电站、社会事业服务中心、农村经济服务中心、建设服务中心①等共计 20 个以上包括行政编和事业编在内的部门机构（见图 2-1）。

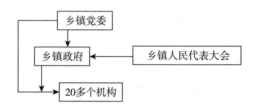

图 2-1 江苏南通市石庄镇政府基本结构

公共财政能力包括财政收入、财政支出和财政平衡三个方面。虽然 1994 年的分税制改革试图转变过去"一揽子包干"的财政体制，但"下管一级"的制度结构使得"层层分税制"在逐级专递过程中"越到基层，包干制的做法越普遍"②。这在 2002 年所得税改革以及 2005 年全面取消农业税之后，给乡镇财政带来了巨大压力。在缺乏收入来源的情况下，乡镇陷入"吃饭财政"的困境，不得不通过财政空转、买税、垫税等方式③制造虚假收入完成上级政府财政收入的考核检查。同时，还要维持日常运行，应对上级政府各项检查，争取政策支持，以及开发建设各类工程项目，因此乡镇政府的财政往往入不敷出，陷入困境，债务危机在基层是非常普遍的现象。根据实践调研发现，不断增加的乡镇支出主要用于基础建

---

① 作者在南通市石庄镇调研访谈所得。

② 周飞舟：《以利为利：财政关系与地方政府行为》，上海三联书店，2012，第 90 页。

③ 财政空转是指用贷款上缴县级财政；买税是通过花钱，将其他地方的税源变成本乡镇收入；垫税则通常来源于乡镇工作人员的个人筹措。参见赵树凯《乡镇治理与政府制度化》，商务印书馆，2010，第 109 页。

设、经济发展和招商引资。用一位出身中部，却在东部工作的乡镇工作人员的话来说，中西部较为偏远地区的乡镇政府很轻松，通常不负债，东部乡镇却越发展越没钱，主要是把将来的钱用在了现在的发展上①，而用于乡村公共事业服务的支出就十分有限了。

（三）供给能力的主要特点

供给能力具有相对性，主要表现为五个方面。

第一，从公共服务本身来说，现代社会公共服务需求具有多样性的特征，既包括关系民众生命和财产的公共安全服务，也包括确保经济发展和社会运行的公共基础设施服务；既包括保障人民基本生活水平的医疗社保和养老等公共产品，也包括改善和提高生活质量、促进个人全面发展的教育和就业等社会服务。对于这一系列服务而言，根据其非排他性和非竞争性存在的差异，对政府供给能力的要求也有所不同。

第二，从横向地区比较看，正如政府职能与政府能力是两个关系互为密切的概念一样，政府的供给职能与供给能力也是与所在地的基本需求相对应的。受到城乡人口总数和比例、市场化和工业化水平、地方经济发展状况、民众受教育程度，以及社会传统和文化氛围等各种因素的综合影响，不同地区公共服务的基本需求具有各自的独特性，不同地区的社会需求，对供给能力的要求在范围、大小和侧重点上都有所不同。

第三，从历时性角度看，城镇化发展阶段是影响地方基层政府供给能力的重要因素。处于城镇化初级阶段的地区，公众对于经济发展、基础设施建设的均等化要求更加强烈。随着城镇化水平不断提高，人们对从教育、就业、医疗、养老，到生态环境、文化娱乐、体育健身的需求也在提高，对政府提供的公共服务从有形的产品到无形的服务的，均等化要求也更高。简言之，特定公共服务的基本特性以及不同地区、不同发展阶段的城镇化水平造成各地基层政府均等化服务供给能力具有相对不同的特点。

第四，基层政府均等化服务供给能力的大小，不仅取决于自身系统的基本状况，而且还受到外部社会生态环境的重要影响。在具体实践中，我

_____

① 根据南通石庄镇调研访谈记录。

们发现这种复杂的外部性因素主要来自政府－市场－社会三者的互动关系，这种互动关系在不同场域存在不同的发展规律，不只是简单地相互依存，协同发展，更不是二元对立，此消彼长。

三　需求主体：城乡一体化中基层政府均等化服务的基本动力

改革开放以来，我国城镇化进程显著加快，从公布的数据上来看，城镇化水平由 1978 年的 17.9% 上升为 2013 年的 53.73%，基本达到世界平均水平，年平均增长 0.89 个百分点。根据 S 曲线，我国城镇化现在处于中期起步阶段，正逐步迈向加速发展期。就目前来看，在农村包围城市的传统行政管理模式中，相对于农村来说城市公共服务具有优先性，城市居民享有较为充分的公共服务，而广大农村的公共服务体系建设相对薄弱，而且，由于各地区经济发展的不均衡，农村公共服务品质也存在较大的区域差异。从实践上看，在城乡一体化建设语境下探究深化和实现城乡公共服务均等化问题具有两个重要的现实意义：一是有助于社会主义新农村建设向更广阔更深入的领域开展，从而进一步建设和谐的城乡文明生态；二是城乡公共服务均等化有利于让更多的城乡居民享有基本的公共服务，从而实现宪法赋予公民的平等权利。

由此可以看出，当前城乡公共服务均等化的基本动力主要来自两个方面：上级政府和基层社会。对于上级政府来说，积极推进城乡一体化建设，为城乡社会提供更健全、更完善、更优质、更公平的公共服务体系，将有助于行政合法性从管理向服务转型，顺应地方政治的发展趋势；有助于打破城乡隔离，实现人才、资金和商品的自由流通，释放乡村的消费潜力，确保经济可持续健康发展；有助于缩小城乡差距，缓解城乡冲突和矛盾，维持社会和谐稳定。对于基层社会来说，随着市场化和社会化的深入和改革进程的加快，人民生活水平得到显著改善，广大群众受教育程度不断提高，接触和了解到的新鲜事物越来越多，当然群体间的差距也逐渐拉大。因此，一方面，同时存在努力维持温饱、尝试突破发展和力图证明个人尊严和价值的混合型多元需求；另一方面，人们表达这些多元需求的途径也日新月异、复杂多样。无论是个体还是在群体，在线上还是在线下，在体制内还是在体制外，积极参与还是消极冷漠，这些需求都构成促进基层政府加快推进城乡统筹，实现公共服务均等化的重要动力。

（一）上级政府：意识形态和经济绩效的双重导向

意识形态是任何政治权力都不可或缺的合法性来源之一，是特定社会群体所共同认可的，可以规范、组织和评价成员行为方式的一套价值标准和信仰体系。新中国成立以来，在长期的建设和发展中，党和政府始终坚持以马克思主义、毛泽东思想和中国特色社会主义理论体系为指导思想，长期坚持四项基本原则，这是当前推进均等化服务的逻辑起点。从理论上看，建设生产力高度发达，物质财富极大丰富，精神境界极大提高，各尽所能、按需分配，每个人都能获得自由、平等而全面发展的理想社会是马克思主义的基本目标，也是每个共产党人所遵循的根本宗旨。从制度上看，实行工人阶级领导、以工农联盟为基础、团结各阶层和国内各民族的人民民主专政是我国政权的基本性质。改革开放以后，社会结构发生了重大变化，国家政权基础也在不断壮大，凡是社会主义事业的建设者和支持者都属于可以信任、可以依赖、值得尊重和保障的对象。因此，坚持社会主义道路，坚持人民民主专政，坚持共产党的领导，意味着改革实践的伟大成果应该有利于最广大人民群众的切身利益。各级地方人民政府，尤其对于直接联系群众的基层政府来说，缩小贫富差距、打破城乡二元结构、积极推进城乡一体化建设符合人民政权的内在要求。

生产力的解放、物质生活的极大丰富不是凭空产生的，社会主义制度的优越性也不能停留在口头上，均等化服务更不意味着贫困生活中的平均主义。只有看得见、摸得着的经济发展和物质保障才能赢得广大人民群众的支持，维持政权的长久稳定。正如邓小平所说的，"社会主义的优越性归根到底要体现在它的生产力比资本主义发展得更快一些、更高一些，并且在发展生产力的基础上不断改善人民的物质文化生活。"[1] 因此，以经济建设为中心，坚持改革开放，同样是 20 世纪 80 年代以来中国社会主义建

---

[1]　《邓小平文选》第 3 卷，人民出版社，1993，第 63 页。

设的重要经验。如何处理先富和共富是其中的关键命题。我国实行了非均衡的发展战略，即允许和鼓励部分地区和部分人群先富起来，以先富带动后富，最终达到共同富裕。然而理想的蓝图规划往往不容易得到落实。在基层实践中，受到传统权力体制和治理模式的制约，以"共同富裕"为目标的均等化服务建设通常被异化或虚化执行。

（二）基层社会：生存保障和生命价值的多层分化

均等化服务归根结底是改革开放后，在市场化、城镇化和工业化的影响下，在迈向现代化的进程中对我国社会提出的客观要求，是人民群众面对不断变化的身份属性、社会地位、经济状况、生态环境等综合情况而提出的利益诉求。

马斯洛的需求层次理论认为，人的需求受到动机的影响，而动机又是由需求决定的。他按照不同的层次，将人的需求由低到高分为生理需要、安全需要、归属与爱的需要、尊重需要和自我实现需要五大类。然而在现实中，不同层级需求的区分，在贫富差距不断拉大的今天显得较为突出，为基层公共服务的供给带来新的挑战。很多时候，特别是在基层工作者处理具体事务的时候，不同需求背后的心理动机界限并不那么清晰。首先值得肯定的是，改革开放以来，城乡居民生活水平都得到极大改善，人均收入不断增长，恩格尔系数逐步下降，但同时基尼系数也呈现出越来越快的扩大趋势。一方面，经济快速发展的同时带来了社会结构的变化，人口以前所未有的规模和速度自由流动，家庭结构出现老龄化、小型化和多样化趋势。人们的眼界更加开阔，思想更加开放，信息更加畅通，拥有了不同生活方式的选择和参照。另一方面，长期以经济建设为中心的导向使社会公共事业的建设显得相对薄弱，在养老、社会福利和医疗保障等方面难以满足居民需求，公共服务的均等化建设更是举步维艰。尤其不容忽视的是，随着社会的发展和进步，无论是城市居民还是乡镇农民，对生活质量的追求都在提升，除了经济保障、政治权利之外，诸如环境保护、自由结社等诉求也在逐渐增多。人们不仅要活下去，活得富裕，还要活得有尊严，有自信。因此，对于基层政府来说，若在关系居民生活各方面的公共事务上处理不慎，不仅涉及利益分配不均的问题，更有可能升级为对生命不公平对待的问题。

第三节　城乡一体化中基层政府均等化
服务的模型建构

建立基层政府公共服务均等化的模型是一件很困难的事情，尤其是在中国这样一个超大型的国家内，不同地区的基层政府面临的具体环境存在非常大的差异，因此，很难建立一个统一的分析模型。基于地方公共服务供给的内在逻辑和主体关系，我们力图建构一个能够充分分析公共服务均等化的基本框架。

一　从地方财政到地方治理：建模视角的转换

对于中国地方政府来说，公共服务方面的职能尤其重要，由于地方政府职能在市场经济发展过程中还没有真正转变过来，在现有的激励机制和制度体系下，在很长的时间内地方政府并没有把公共服务的提供作为政府职能的重点来看待，这导致公共服务的供给总体上严重不足，集中表现在义务教育、公共卫生、社会保障等公共产品短缺和公共服务水平不高等方面。目前大多数对公共服务均等化的研究主要从地方财政的角度出发，其基本假设在于：一个地方经济越发达，对各项公共产品和服务的财政投入越多，这个地区的均等化服务程度就会越高，即均等化水平和一个地方的经济发展水平呈正相关关系。然而这一假设存在的主要问题在于，什么才是科学评价均等化服务程度和水平的基本标准。很显然，财政投入的增长会使许多客观数据向好的方面发展，但未必意味着会对当地居民的主观感受产生同样的作用，而人民群众的切身感受、人民群众需求的满足才是推进均等化服务的根本目的。因此，通过调查数据和实地调研，我们会发现许多有趣的悖论。经济相对落后、整天疲于应对上级检查和村民上访的乡镇政府，在部分公共服务供给方面的表现并不比经济发达、收入富裕的乡镇逊色；同样，在某些工业化发展极为迅速和顺利的乡镇，在公共服务均等化供给方面的表现却与其经济进步不相适应。因此，在这个过程中，必须将基层政府的治理能力纳入考量范围。也就是说，在某些经济不发达地区，乡镇政府公共服务的供给能力，既包括财政能力也包括治理能力，能够弥补经济实力不足的缺陷。这一关键变量的引入，站在反面的角度论证了最初的假设，因而有助于从更深层次把握基层政府公共服务供给的基本运行逻辑，即经济实力是均等化服务供给的基础，是服务能力的核心，但不是决定均等化服务水平的唯一因素；在实际权力结构中，乡镇政府职能的价值导向及其从上级政府获取资源的能力，对于城乡统筹政策的落实情况具有重要影响。

二 基于供给—需求关系的新系统模型

从根本上来说，社会公共服务建设需要地方政府更新理念、转变职能，树立起服务型政府的建设目标，把发展不仅仅理解为经济成长，更要兼顾社会成长和人民公共福利水平的成长。把政府职能重心的转移到弥补市场失灵也就是提供公共物品上来，通过预算体系改革，特别是发挥地方人大在预算方面的约束功能，将地方政府公共支出的重点朝市场机制无法调节或不便调节的公共服务领域倾斜，更多地用于扶持社会发展领域中的薄弱环节，加大对社会弱势群体救助、社会保障、公共卫生、基础教育、职业培训等体现社会基本公平正义和与人民群众切身利益直接相关领域的投入力度，让普通民众共享改革发展成果。积极建立更加公平的投入体系，在资源配置方面更好地实现城乡之间的均等化。需要积极建立农村公共服务财政投入的增长机制，不断提高农村的公共服务水平，不断扩大公共财政覆盖农村公共服务领域的范围，逐步使农村居民享有与城市居民大致相等的公共服务。积极加大城镇带动农村、工业反哺农业等一系列政策措施的实施力度，不断改善农村的科技、教育、文化、卫生、体育等公共服务体系。尤其要加强对农村义务教育、社会保障制度、公共卫生服务、新型农村合作医疗制度等方面的财政投入。

然而，基层政府怎样才能做到这些？这需要从中国特色的体制出发，从基层政府行为的内在逻辑来理解和构建制度体系。对于基层政府来说，其特殊性在于它处于中国地方政府层级的末端，既承接着自上而下的各级政府的压力，也承载着自下而上的地方社会和公众对于公共服务需求的压力。基层政府职能和理念的转变在很大程度上取决于上级政府理念和职能的转变。在现有的财税体制和干部体制下，上级政府更多的是强调经济发展的绩效，并通过加温加压的方式将此最终传递给基层政府。在强大的发展压力之下，作为地方经济社会发展的责任主体，地方政府必然会充分利用现有压力型体制的组织权威层层分解这种责任，以加温加压的方式更好地动员、组织和完成各项指标。以指标体系为核心、以责任体系为基础、以考核体系为动力，形成了以期获得最佳行政效能的目标管理网络和一套综合管理方法。[①] 就是将上级党政组织所确立的行政总目标逐次进行分解和细化，形成一套目标和指标体系，以此作为各级组织进行"管理"（如考评、奖惩等）的依据，并以书面形式的"责任状（书）"在上下级党政部门之间进行层层签订，通过这种"加温加压"的方式，推动地方经济的快速发展以及各项目标的有效落实。责任目标化的内容涵盖了地方政府的各项经济工作、党建综治工作以及各类社会事业的发展。近年来，随着地方经济的快速发展，目标责任化的具体形式发生了一些变化，不少地方政府把目标责任化与问责制度结合在一起，通过完善问责机制，把目标责任化的组织形式和过程制度化，但是其内在的行政加压逻辑并没有改变。而基层政府是各种压力的最终承载者。

作为基层政府，乡镇政府直接面对公众，面对自下而上地来自公众对公共服务的现实需求，公众会以各种形式把这种需求、愿望和期待转变成强大的压力，这些压力也落在基层政府身上。从理论上来说，基层社会对于公平的呼唤，对于尊严的渴求，对于健康的期待是实行均等化服务的出发点和落脚点。但是，在现有的政府逻辑下，自上而下的权威压力与自下而上的民众现实需求压力往往会形成一种紧张的内在关系，而最终的节点就在基层政府。对于基层政府来说，为了更好地推动公共服务一体化，一方面，需要有效地应对来自上面的各种压力；另一方面，不少地方政府也已日益意识到仅仅关注经济发展的模式很难实现社会可

---

① 王汉生、王一鸽：《目标管理责任制：农村基层政权的实践逻辑》，《社会学研究》2009年第 2 期，第 61 页。

持续的良性运行，而且会增大难以承受的社会和环境成本，开始日益重视对公共服务的投入，并通过各种方式督促下级政府更加重视民生福利，这种自上而下的压力与自下而上的压力在基层政府层面达到了高度统一（见图 2 - 2）。一方面，基层政府如何充分运用自上而下的资源来满足自下而上的需求是一个重要的问题；另一方面，基层政府则需要对基层社会的民情民意进行更加有效的发掘、探索，以满足和回应地方社会民众的需求。

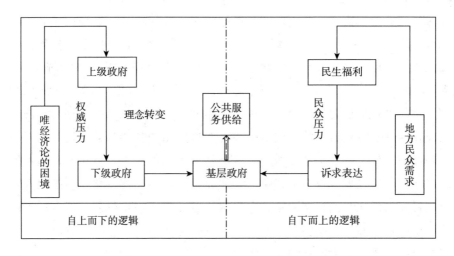

图 2 - 2　基层公共服务供给的内在逻辑

　　基于上面的这种逻辑，结合实践调研，我们根据乡镇政府价值导向，供给能力和满足需求主体的不同，划分出三类供给模式，即双向应对型、后发赶超型和内生综合型模式，由此我们可以建构起城乡一体化中基层政府均等化服务的三维模型框架（见图 2 - 3）。

　　城乡一体化中基层政府均等化服务模型（见图 2 - 3）由横轴（基层政府均等化服务供给能力维度）、纵轴（基层政府均等化服务需求主体维度）和基层政府均等化服务政策偏好轴（公平 - 效率轴）两个基本维度构成。其中，基层政府均等化服务供给能力维度由左向右分布，轴线分布点越往右，则基层政府均等化服务供给能力越强；基层政府均等化服务需求维度由下（上级政府压力）往上（民众公共需求）分布，轴线分布点越往上，

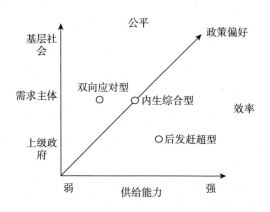

图 2 - 3 基层政府公共服务均等化模型建构

则基层政府均等化服务需求主体动力越接近民众公共需求；基层政府均等化服务政策偏好轴由左下向右上分布，轴线分布点偏向轴线上方，则基层政府均等化服务政策偏好越偏向公平价值，轴线分布点偏向轴线下放，则基层政府均等化服务政策偏好越偏向效率价值。根据三轴变量的影响，由此考察具体实践案例，我们可以归纳出城乡一体化中不同类型的基层政府均等化服务的模式。

基于这一模型框架，结合实地调研的实证案例，我们大致可按这三种模型，将中国当前各地城乡一体化中基层政府均等化服务的实践归入相应的模型分布区域。综合考察，目前，中国大多数乡镇的情况属于双向应对型的均等化服务模式。这类乡镇从供给能力上看，经济发展比较滞后，财政入不敷出，与同地区乡镇相比，不存在竞争优势，难以从上级政府那里获得政策优惠和照顾。从需求主体看，能同时感受到来自上级政府和基层社会的双重压力。上级政府往往以项目资金的开发审批、官员职位升降以及各种考核指标为机制，试图在调动基层干部积极性的同时，也赋予基层政府以绩效压力。基层社会的广大农民在赖以生存的乡村逐渐被卷入现代城市的进程中，难免遇到利益受损或待遇不公的情况。取消农业税后，基层政府与农民关系更加疏离，农民对基层政府的不信任感也由此增加。种种历史遗留问题和社会利益分配问题给基层政府的管理带来了严峻挑战。用某乡镇书记的话说，这类政府的上级政府是爷爷，基层百姓是孙子，自己则扮演夹在中间、两不讨好的尴尬角色。这类乡镇的均等化服务，目前只能达到"不患寡而患不均"和"若有似无"的模糊状态。

与双向应对型乡镇有非常大不同的是后发赶超型乡镇，后者在提供均等化服务的供给能力方面具有非常卓越的优势。总体来说，这类乡镇数量不多，通常处于区域经济总体并不发达但乡镇自身基础较好的地方。一方面，由于基础较好，具有经济发展的强大潜力，地理位置也占据优势，如靠河沿岸，或毗邻市区，往往能得到上级政府的关注和青睐，从而获取重要的发展资源和政策红利。另一方面，此类乡镇政府和上级政府存在十分紧密的关系，因而能够强烈地、直观地感受到来自上级政府，甚至直接具体到特定领导人对于乡镇发展的期待。大多数情况下，这种发展期待主要是指地方的经济发展绩效。相反，对本乡镇农民医疗、卫生、养老和教育等生活发展需求则往往无暇顾及，或漠不关心。因此，基层社会缺乏基本的需求沟通机制和渠道，难以综合表达自身利益诉求。

对于内生综合型乡镇来说，首先，其与双向应对型乡镇一样，能够同时感受到上级政府和基层社会的压力。但与前者不同之处在于，其均等化服务具有长期的经济和社会积累，因此供给能力比较强。虽然未必像偏绩效导向的后发赶超型乡镇那样拥有强大的上级支持，但其财政收入更加平衡，政府管理体制更加健全，基层社会发育也更加成熟。这类乡镇在推行均等化服务过程中往往敢于创新政府、市场和社会的沟通机制，能够积极主动地尝试更加综合的现代化政策工具，因此，其均等化服务具有可持续的发展潜力。十八大报告指出，城乡发展一体化是解决"三农"问题的根本途径，要加大统筹城乡发展力度，增强农村发展活力，逐步缩小城乡差距，促进城乡共同繁荣，"城乡发展一体化""基本公共服务均等化"在城乡发展中的作用日益凸显，因而关于它的运作机制、制度设计等问题成为重要的研究命题。

第三章 城乡一体化中的基层政府均等化服务模型Ⅰ："双向应对型"模式

伴随改革开放 30 多年来社会经济的高速发展，中国社会在人口规模、分布空间、阶层结构、财富总量上发生的巨大变化引起了中国政府发展政策层面上的重大调整。从发展型政府向服务型政府转变成为政府体制改革的目标之一。健全和落实城乡发展一体化体制机制成为进一步深化改革、推进新型城镇化建设、实现城乡协调发展、完成经济社会成功转型的一大共识。城乡公共服务均等化既是城乡一体化的重要任务，同时也是建设服务型政府的重要命题。就目前形势而言，基层政府在落实本地区城乡公共服务均等化任务时需要同时应对来自两方面的外部压力。一是来自全国上下一致的制度性压力，即权力集中、自上而下的体制性压力，这些压力产生自现行体制塑造的权力关系以及由权威规定、认可、推行的一系列政策导向或政策安排；二是来自带有地域特征的基层社会环境压力，由社会环境中物质、非物质资本的结构性安排构成。压力下的政策主体可能是消极的，也可能是积极的，应对压力的过程也可能是政策主体发挥能动作用进而改变压力结构的过程。我们选择苏中 N 市 S 镇作为分析的案例，旨在分析公共服务"双向应对型"模式中基层政府的政策行为及其成因。

第一节 双向压力下的均等化服务诉求

基层政府是自上而下的体制压力与自下而上的地方社会压力的交接点，基层政府公共服务职能的履行在很大程度上需要有效地均衡来自这两种不同方向的压力需求，当这两种压力在公共服务均等化需求达到一致的时候，就意味着基层政府公共服务职能的提升同时具备了制度化的动力与压力。

一　公共服务均等化的体制性压力

在改革开放之前，中国政府是一种典型的"全能主义"政府系统，中央政府拥有经济管理和社会管理的全部权力，也承担着主要的职责，而地方政府只是中央权力的执行者。20 世纪 80 年代开始的分权让利改革在很大程度上改变了原有的权力和责任模式，中央政府把很多权力和责任下放到地方，以充分发挥地方政府在经济管理和社会管理方面的积极性和主动性。同时中央政府通过完善官员考核和晋升体制强化了地方政府在经济社会管理方面的责任。这为地方政府在经济管理和社会管理中的功能角色设定了特殊的动力和压力机制。曹正汉把改革开放之后的这种中央与地方关系称为"上下分治的治理体制"，即中央政府主要掌握治官权，即选拔、监督和奖惩地方官员的权力，而实际管治各地区民众的权力（即治民权，这种治民权在笔者看来其核心权力就是经济管理和社会管理的权力）则交给地方官员执掌。这是一种独特的、内涵深刻的、分散执政风险的机制和自发调节集权程度的机制。只要地方官员不违背中央政府所定大政方针，均可以因地制宜地行使其治民权，灵活地处置所管辖地区的民众事务，甚至可以容忍地方政府与民众发生的局部冲突。而地方一旦出了问题，中央政府可以以超脱的身份加以处理。①

在改革开放后的很长一段时间内，中央政府一直把地方政府的经济管理职能放在首位，将地方政府的社会管理职能放在相对次要的地位。在"以经济建设为中心"和"必须把发展作为党执政兴国的第一要务"的精神指引下，强调的是"效率优先，兼顾公平"的原则，也就是先强调做大蛋糕，然后再讨论如何分蛋糕的问题。为了在较短的时间内实现

---

① 曹正汉：《中国上下分治的治理体制及其稳定机制》，《社会学研究》2011 年第 1 期。

经济的快速增长，地方政府的经济管理职能得到了前所未有的强调，中央政府通过"硬化"地方官员考核中的 GDP 指标来激发地方官员经济管理的行为。而对于地方政府的公共服务职能，并没有作为职能的核心被强调。中央政府通过"软化"公共服务的考核指标弱化了地方政府社会管理的职责导向。李侃如认为，这是一种心照不宣的"政治契约"：以经济快速增长为基础，达到政治稳定。中央要的结果是经济增长和政治稳定①。现有的晋升体制也让地方政府官员非常明白，中央政府设定的经济发展的"硬指标"是关键所在，公共服务的"软指标"则是第二位的。在地方官员晋升的"政治锦标赛"以及现有的财税体制中，地方政府把经济发展作为重中之重，而将公共服务和民生服务等放在了次要的地位。

　　然而，随着经济的不断发展，与之相伴随的社会危机也日益凸显，社会转型所导致的各种矛盾和冲突具有明显的累加效应，并最终可能冲击现有的社会秩序。工业社会本身"不可计算的不确定性"② 产生的种种风险同发展如影相随，既威胁到社会的稳定，更关乎社会主义公平正义的核心价值。进入 21 世纪以来，中央对于地方政府公共服务均等化的职能越来越强调，甚至把其放在了比经济发展职能更加重要的地位。2002 年以来，国家发布的一系列法律和相关文件开始强化政府在基本公共服务中的职责，明确基本公共服务要向农村、欠发达地区和困难群体倾斜，推进城乡公共服务的均衡化。表 3 - 1 对 2002 年到 2010 年间国家出台的有关公共服务均等化的相关文件进行了呈现。这一时期基本公共服务供给制度的特点是重新重视了公平原则，基本公共服务资源侧重于向欠发达地区倾斜，覆盖水平明显提高。十八大以来，有关政府提供公共服务均等化的问题更是得到了前所未有的强调，2012 年 10 月，国家有关部门联合下发的《社会管理和公共服务标准化工作"十二五"行动纲要》为地方政府公共服务均等化职能提供了具体的依据和标准，地方政府面临着越来越大的来自体制内部的公共服务供给的压力。

---

① 〔美〕李侃如：《治理中国：从革命到改革》，胡国成、赵梅译，中国社会科学出版社，2010，第 334 页。

② 贝克、邓正来、沈国麟：《风险社会与中国》，《社会学研究》2010 年第 5 期。

表 3 - 1　2002～2010 年有关公共服务均等化的法律文件一览（部分）

领域	法律、文件名称	主要内容
基础教育	《关于基础教育改革与发展的决定》（国务院，2001）	县级政府对义务教育负主要责任 加大对贫困地区的扶持力度 强化对下级转移资金，保障农村义务教育需要
	《关于进一步推进义务教育均衡发展的若干意见》（国务院，2005） 《关于深化农村义务教育经费保障机制改革的通知》（教育部，2005）	进一步明确各级责任，加大财政投入，建立中央和地方分项目、按比例分担的农村义务教育经费保障机制
	《义务教育法》（2006）	优先解决好县域内义务教育均衡发展的问题，明确了县级政府在基础教育中的作用
	《国家中长期教育改革和发展规划纲要（2010～2020 年）》（2010）	强调"促进公平"的主要责任在于政府，并提出"均衡发展是义务教育的战略性任务"
卫生医疗	《关于建立新型农村合作医疗制度的意见》（国务院，2003）	提出 2010 年实现全国基本覆盖，解决农民的基本医疗卫生问题
	《农村卫生服务体系建设与发展规划》《关于发展城市社区卫生服务的指导意见》（国务院，2006）	开始将农村和城市社区公共卫生服务体系建设作为改革的重点
	《中共中央国务院关于深化医药卫生体制改革的意见》（2009）	加快建设基本医疗保障制度，逐步实现建立覆盖城乡居民的基本医疗卫生制度、人人享有基本卫生医疗服务
	《关于城镇职工灵活就业人员参加医疗保险的指导意见》《关于推进混合所有制企业和非公有制经济组织从业人员参加医疗保险的意见》《关于开展农民工参加医疗保险专项扩面行动的通知》（劳动与社会保障部，2003）	将城镇职工灵活就业人员、混合所有制企业和非公有制经济组织从业人员以及农民工都纳入医疗保险的范围
	《关于开展城镇居民基本医疗保险试点的指导意见》（国务院，2007）	到 2010 年，全国全面推开城镇居民基本医疗保险，将城镇非从业居民纳入医疗保险范围

续表

领域	法律、文件名称	主要内容
社会保障	《国务院关于完善企业职工基本养老保险制度的决定》（2005）	建立多层次养老保险体系，划清中央与地方、政府与企业及个人的责任
	《关于在全国建立农村最低生活保障制度的通知》（国务院，2007）	在全国建立并实施农村最低生活保障制度
	《国务院关于开展新型农村社会养老保险试点的指导意见》（2009）	2020年之前基本实现对农村适龄居民的全覆盖
	《关于开展新型农村社会养老保险试点的指导意见》（国务院，2010）	对农村重度残疾人等缴费困难群体，地方政府还可为其代缴部分或全部最低标准的养老保险费

资料来源：作者整理。

　　为了更好地贯彻中央关于公共服务均等化的精神和要求，地方政府纷纷出台了相关的标准和文件，以江苏省为例，2010年以来是江苏全面建成小康社会并向率先基本实现现代化迈进的关键时期，是深化改革开放、加快转变经济发展方式的攻坚时期。建立健全基本公共服务体系、促进基本公共服务均等化，既是加快转变经济发展方式的迫切需要，也是全面建设服务型政府的内在要求，对于推进以改善民生为重点的和谐社会建设，切实保障人民群众最关心、最直接、最现实的利益，维护社会公平正义，有效改善居民消费预期和扩大内需，具有十分重要的意义。根据《中华人民共和国国民经济和社会发展第十二个五年规划纲要》《国家基本公共服务体系规划（2011~2015年）》《江苏省国民经济和社会发展第十二个五年规划纲要》的精神和要求，江苏省编制了"十二五"基本公共服务体系规划，阐明了江苏省基本公共服务的制度安排，明确主要范围、标准和工作重点，明确了要引导公共资源配置，这是未来几年乃至更长一段时期构建江苏基本公共服务体系的综合性、指导性文件，为江苏省各级政府包括基层政府履行公共服务职责提供了重要的依据。总体上来说，江苏省在实现公共服务城乡均等化方面走在全国前列。表3-2列出了2010年江苏省在公共服务均等化方面取得的成绩。在"十三五"规划期间，公共服务均等化的目标将在此基础上有进一步的提高，而这种目标必然会转化成对下级政府和相关部门的新的工作压力。

表 3 - 2　江苏省公共服务均等化简况（2010 年）

公共服务领域	主要成绩
公共教育	√ 城乡免费义务教育全面实施，小学学龄儿童入学率、初中阶段入学率分别达到 99.96%、100% √ 义务教育优质均衡改革发展示范区创建工作顺利启动 √ 国民平均受教育年限超过 9 年 √ 2010 年，高中阶段毛入学率达到 96% √ 职业教育基础能力显著加强，家庭经济困难学生基本公共教育资助政策全面实施
就业服务	√ 就业政策体系不断完善，公共就业服务体系初步形成 √ 建立农民就业失业登记、求职登记、创业服务和农村困难家庭就业援助制度 √ 就业服务机构标准化、规范化和信息化建设稳步推进，基本实现公共就业服务机构和就业信息网络全覆盖，城镇零就业家庭和农村零转移家庭保持动态清零
社会保障	√ 部分城市实现城乡居民一体的保障制度，建立城乡低保标准与城乡居民收入水平直接挂钩的增长机制 √ 城乡医疗救助制度全面实施，以孤儿养育、老年人和残疾人服务为基本内容的社会福利体系日益健全 √ 城镇养老、医疗、失业三大保险覆盖率稳定在 95% 以上，新型农村合作医疗参合率高于 99%，新型农村基本养老保险制度实现全覆盖
卫生医疗	√ 村卫生室标准化建设全面完成，"城乡 15 分钟健康服务圈"初步建成 √ 城乡基层医疗卫生服务体系健全率达到 90.5%，基本公共卫生服务项目全面实施，国家基本药物制度顺利实行
公共住房	√ 基本实现城市低保家庭申请廉租住房、实物配租和租赁补贴应保尽保、低收入住房困难家庭申请购买经济适用住房和廉租住房租赁补贴应保尽保 √ 启动住房保障 3 年行动计划，住房保障范围由低收入住房困难家庭扩大到中等偏下收入住房困难家庭，探索实践公共租赁住房制度解决新就业和外来务工人员住房困难 √ 大面积农村危房改造任务基本完成，农村困难群众住房问题基本解决 √ 以廉租住房和公共租赁住房等为主要内容的基本住房保障制度初步形成

续表

公共服务领域	主要成绩
文化体育	√ 公共图书馆、博物馆、纪念馆、科技馆等公共文化设施向社会免费开放 √ 基本实现"省有四馆,市有三馆,县有两馆,乡有一站,村有一室"目标 √ 行政村100%通有线电视,广播电视人口综合覆盖率达99.99%,20户以上居民自然村全部通宽带 √ 90%的县(市、区)建有塑胶跑道标准田径场、3000座左右的体育馆、标准室内游泳池和3000平方米以上的全民健身中心,乡镇街道均建有体育健身中心,基本实现"村村有体育健身场地"的目标
公共交通	√ 城市建成区公交站点覆盖水平显著提升,公交票价优惠得到普遍落实,城市公交出行分担率达到17.5% √ "村村通班车"工程快速推进,行政村客运班车通达率突破95%
环境保护	√ 城乡饮用水水源地安全保障成效明显,91个集中式饮用水源地达标率提高到98.9%,城乡统筹区域供水覆盖率达到65% √ 城市(县城)污水处理率和生活垃圾无害化处理率分别达到86.26%和83.9% √ 成立苏南、苏中、苏北3个区域环保督查中心和环境应急与事故调查中心,全省环境监测评估、监管和应急能力显著增强

资料来源:《江苏省"十二五"基本公共服务体系规划》。

  众所周知,乡镇政府处于中国国家政权等级体系的最底层,是代表上级乃至中央政权直接与基层社会接触、提供公共服务、开展公共管理的一级政府。从理论上说,乡镇基层政府是中国政府机构体系的一个组成部分,乡镇政府应该与中央政府权威保持一致性。在基层政府的日常运作中,首先服从于以权力集中为特征的政府体制所形成的一整套自上而下的刚性规则,就组织自主性与组织复杂性而言,乡镇政府远不及中央、省、市级政府。按照改革开放之初有关乡镇政府机构设置的最初设计思路来看,改革试图将乡镇政府设计为一级独立的拥有政治职能、社会管理职能与公共服务职能的国家行政机关。基层政府在权力体系上处于乡镇党委的领导之下,机构设置与县级机构保持一致,采取上下对口、条块结合的组织原则；职能安排上具体负责履行当地的政治职能、社会管理职能与公共服务职能。这种采取上下对口、条块结合组织原则设立的"七站八所"，虽然在理论上符合官僚制度的专业化、理性化特征，但在乡镇政府的运作实践中由于机构人员臃肿、办事效率低下等问题在日后的乡镇机构改革中受到裁撤或整合。但是机构的裁撤与整合并不意味着基层政府承担基层公共服务职能、履行公共服务均等化任务要求的消失，相反，恰恰说明伴随市场化、全球化、城镇化变迁的深入，基层社会对政府履行公共服务职能的需求与日俱增。然而在乡镇政府实际的日常运转中，公共服务并未自觉内生地构成乡镇政府政策输出的主要职能。最初强调基层政府职能转变、建设服务型政府目标的并不是基层政府自身，而是由上级乃至中央政府自上而下倡导的。这就意味着在建构服务型政府、履行和真正落实公共服务职能、推进公共服务均等化等政策的最初动因上基层政府面对着自上而下的体制性压力。

伴随着党和国家对发展内涵、政府服务职能以及社会治理方式认知上的革新变迁，社会发展、城乡一体化建设的现实需要要求各级政府在一定范围内调整政策方针的偏向性。自 2003~2004 年以来，各级政府逐渐意识到应该将公共服务供给、基本公共服务均等化作为一项比早前更为必要和重要的政府工作任务来执行。基本公共服务均等化与追求 GDP 增长不同，基本公共服务均等化主要涉及公共服务产品的分配与消费环节。虽然公平的分配与合理的消费有利于调动社会成员的积极性，推动社会经济长远发展，但是由于其投资效用的长期性质，对于急功近利、追求短期政绩的政府官员来说，往往不及追求 GDP 的净增长来得快和有效。而且，这种对政府职能有意识的转变并没有摆脱压力型体制的基本运作逻辑，而是利用该体制的内在包容性，增加了衡量公共服务程度的考核指标，加强了量化指标结构的多元化取向。[①] 例如在 S 镇，民兵训练、五保户保障、农村社会保障等公共服务职能均被纳入"一票否决"制的考核。通过自上而下的途径实现转变政府职能的政策意图从根本上仍然依赖对原有压力型政府管理体制的运用，并有意识地"硬化"公共服务职能以适应指标考核。

---

① 渠敬东、周飞舟、应星：《从总体支配到技术治理——基于中国 30 年改革经验的社会学分析》，《中国社会科学》2009 年第 6 期。

乡镇政府属于政权体系的最下端，随着压力的层层下移，乡镇政府承担了巨大的任务压力，乡镇政府在开展基层工作时通常是围绕上级下派的指标性任务而非依据专业化、普遍化的机构职能分工。因而，上级政府下派的指标结构、上级政府对指标考核的态度对基层政府的日常工作内容及其行为至关重要。乡镇政府的直接上级是县市级政府，其关于基本公共服务均等化任务的态度和兴趣对基层政府在提供公共服务方面的供给能力、激励结构以及政策思路影响巨大。在城乡一体化的建设过程中，采取何种策略，如何安排分配人力、精力与财力来应对自上而下的繁重而多样化的压力，成为乡镇政府日常基层运作中考虑的一大主题。在过去经济发展最大化的逻辑中，基层政府的主要任务是完成上级政府分解的经济发展的各项指标，而在新的环境下，上级政府转变思维，认识到公共服务的重要性，同样又把公共服务供给的意志通过压力性的责任分解方式传递到了基层，因此，有效地满足上级政府公共服务供给方面的期待成为基层政府职能转型的新的压力。

二　应对基层社会环境压力

按照行政级别与占有、控制社会资源量呈正比的关系，处于行政末梢的乡镇政府所能够调用的社会资源总量以及调用资源的权力与其他层级政府相比相对有限。有学者认为，压力型体制与乡镇政府资源匮乏的相互作用是造成当下乡镇政府运作困境的主要原因。[①] 从宏观视角上观察，乡镇政府在调配社会资源方面的能力远逊于其他各级政府，尤其在农村税费改革、取消农业税、"乡财县管"之后，相比于过去，乡镇政府在财政开支上更依赖于上级的转移支付，但并不是完全剥夺了乡镇政府的自由裁量权。宏观视角往往会忽视中观层面上地域性质的差异，如果将乡镇政府所处基层社会视作一个社会空间，不同社会空间存在着相异的资源组合结构，乡镇政府的行动策略将根据这种资源结构的差异性做出不同程度的调整，政策行为呈现出本土特征。更为重要的是，乡镇政府与其他层级政府

---

① 欧阳静：《运作于压力型科层制与乡土社会之间的乡镇政权——以桔镇为研究对象》，《社会》2009 年第 5 期。

不同的一点在于，其直接嵌入基层社会空间之中，直接面对所在社会空间内在的资源结构。因而有理由假设，除了体制性因素，基层政府的行为在较大程度上也受到基层社会资源结构的具体性制约，这也是构成乡镇地区性差异的重要原因。

有关影响地方政府行为的地域性差异，杨雪冬认为主要体现在三个方面：一是与政治中心距离的长短，政治中心具有层次性；二是被集中体制所赋予的功能，特别是经济功能；三是原有的文化传统。[①] 这一分类实际上指出了基层社会资源结构中政治、经济、文化三个面向。除此之外，还应该考虑地域的社会资源以及合法性资源。这五项资源类型基本上能够反映基层政府在城乡一体化建设中贯彻落实公共服务均等化任务时所需要面对的基层条件，构成了基层政府采取各种策略和执行相关政策的约束性压力之一，同时也是基层政府改造现有基层社会资源结构的资本与基础。政治资源，通常反映在与上级政府地理空间距离的长短上，也包括该地区早先积累的政治符号资本。中国地区的政治中心一般都集中在城市，在城乡一体化建设过程中，距离县市政府越近的乡镇越有可能获得更多的政策机遇与项目支持，尤其在乡镇政府财政自主性功能萎缩之后，政治资源的作用更为凸显。经济资源，反映为当地的经济总量、经济产业结构以及经济区位环境。经济资源是乡镇政府获得财政收入转而提供公共服务支出的基础，同时也是乡镇政府维持自身生存发展的保障，良性的经济产业结构是增加财政收入的保证。税费改革之后，乡镇政府的收入主要通过土地出让、工业实体经济以及服务业实现，经济区位的好坏是决定招商引资项目能否成功的重要因素。文化资源，在这里是指广义概念，既包括人们在长期历史过程中形成的观念的固化，体现为风俗、习惯等，也包括外在意义上的物质或非物质的历史遗产，如历史古迹、传统技艺或特产等。观念上的文化可以是开放的、内敛的，也可以是官本的、民本的。社会资源，主要指社会自组织、交往能力的发育程度，是基层社会群体内部成员通过交往过程组织并执行集体行动，同时又克服集体行动困境的一种能力或资源。对于基层治理来说，村和社区这类基层群众自治组织的发育程度尤其

---

① 荣敬本、杨雪冬等：《再论从压力型体制到民主合作制的转变》，中央编译出版社，2001，第 202 页。

重要。合法性资源，顾名思义，反映在基层民众对乡镇政府及其官员干部形象的认同方面。合法性资源的积累来自对政府诚信以及为人民服务形象的维护，一个合法性良好的乡镇政府在政策制定与执行过程中往往能够事半功倍。

这五种资源的分布结构大体上构成了地方与地方之间的差异性，但早先建立起来的自上而下的制度矩阵又在总体上长远地规制着地方资源差异性在基层治理方面的效用。基层政治的运作无法突破体制原则的基本限制，这使观察者从宏观视角切入问题时，发现全国上下的政府治理机制呈现相对的同质性倾向。而地方上政策变迁的最初动力和政策行为的开辟往往是由外生于基层政策环境的总体性制度矩阵推动实现的。在制度矩阵内部对一系列制度、政策安排的调整可能构成基层政府日常运作中选择将何种资源赋予相对于其他资源更为重要地位的依据。在改革开放以后，当把追求经济增长作为各级政府执政的中心任务时，挖掘和积累当地社会的经济资源就成为基层政府各项任务中的重中之重；当中央对地方追求 GDP 增长的方式提出新要求时，文化资源就成为基层政府推进"科学发展观"、优化产业结构、发展旅游生态产业时一个可供利用的对象；当中央在农村地区实行税费改革、取消农业税以及"乡财县管"措施之后，政治资源又成为基层政府获取上级财政支持的一项重要资源；当中央政府要求基层政府创新社会管理机制时，能够引入社会力量参与治理的社会资源就显得尤为重要了。与此同时，各种资源之间也存在着相互影响的效应。往往是政策机遇与项目支持较多的区域，其经济发展水平也相对较高，在文化上更为开放且注重民生，当地的文化设施建设较为齐全，基层社会自治组织的发育条件也较为良好，政府的诚信度较高，政府形象也较为正面，反之亦然。

城乡一体化的建设过程是基层各种资源流动、资源结构改造和变化的过程。资源结构的意义表现在与环境中相关行为者的互动过程之中。就基层政府而言，其所面对的基层社会资源结构在一定时空中拥有相对的稳定性，但也是基层政府策略性行为的改造对象。对于一届基层政府来说，良善的治理绩效表现为当地政治、经济、文化、社会的发展。以及执政者自身素质的全面发展。基层的治理过程是乡镇政府将已有资源转化为资本并不断寻求资本增值、流动的过程。已有资源的结构状况以及基层政府如何利用这些资源，构成影响当地公共服务供给模式的重要因素。

三　双向压力下的基层政府

"上面千条线，下面一根针"，上级所有的相关政策最后都会以各种形式落实到作为基层的乡镇一级，乡镇政府一方面必须完成上级政府在经济发展方面的要求，另一方面又必须在经济发展的同时保护好地方环境，并且不断提升公共服务的供给。这种多重任务内部之间在很多时候往往存在较为明显的张力。如何在这种张力的多重压力下进行理性的职能选择成为基层政府面临的重要问题。大量的基层公共服务供给职能需要乡镇政府来履行，乡镇政府的领导决策层尤其是当地乡镇的党委书记与乡镇镇长构成了基层社会空间中的核心行动者。如上所述，乡镇政府的领导决策层在制定、执行公共服务供给政策时受到自上而下的体制性因素与自下而上的当地社会环境因素的双重制约。一般而言，乡镇政府干部在对待上级考核时往往采取两套不同的策略：一是将通过考核作为向上级、向媒体大众彰显自身执政政绩的重要机会；二是将通过考核作为维持自身职业生涯的必要途径。这两种策略源自乡镇干部对自身政治职业生涯前景的判断。周黎安指出，中国官员的仕途与当地的执政绩效存在挂钩关系，上级政府通过控制人事权力来激励下级在执政绩效上展开竞争。[①] 樊红敏也认为，政绩是官员干部达到升迁目的的必备要素之一。[②] 那些年富力强、志在升迁的官员往往愿意花费更多的时间和精力，冒更大的风险，以期在考核中赢得好成绩来获取上级的好感和提拔的机会，在这一过程中展现自身的能力。与此同时，并非所有的乡镇基层干部都具有强烈的晋升愿望，钟杨就认为应该将县乡干部分成有望被提拔的干部和无望被提拔的干部。[③] 那些晋升前景有限、进取心不强的乡镇领导干部将通过考核称作"过关"，面对

---

① 周黎安：《转型中的地方政府——官员激励与治理》，格致出版社、上海人民出版社，2008。

② 樊红敏：《县域政治：权力实践与日常秩序》，中国社会科学出版社，2008，第51页。

③ Zhong, Yang（2003），*Local Government and Politics in China: Challenges from Below*, Armonk, N. Y.: M. E. Sharpe, p. 187.

上级的考核压力，他们想做到的仅仅是保住现有的职务，或在将来谋得一个有限的横向晋升。

地方政府在执行中央提出的推进城乡公共服务均等化任务时必须将该任务的各个环节和细节具体化，并形成能够向下派发的考核指标体系以及相应的转移支付力度。届时县委、县政府将与乡镇党委、镇政府职能部门签订目标责任保障书。每年下派的目标责任任务就构成该年乡镇政府干部们展开工作的依据。乡镇政府领导层将根据目标责任指标结构以及激励强度进行决策，所谓指标结构是指在目标责任中各类事务所占的比例，激励强度指上级政府对某项任务给予的激励程度，激励包括正向激励与负向激励。由于事关基层干部的政治前途，上级政府下派的指标结构中有关公共服务事务所占比重以及对履行相关事务的激励强度将决定乡镇政府对履行公共服务职能的重视程度。对那些立志晋升、年富力强的官员来说，为了引起上级的关注，并得到好评，会尽力出色完成上级指派下来的任务并在任务范围内寻找政绩点，最有效的方式是政策或制度上的创新。如果上级政府重视当地经济的增长速度，乡镇官员就可能将构建有效的招商引资平台作为重要的政绩点，而当上级政府下派的任务指标体系中强调当地的公共服务均等化建设时，乡镇官员就有理由选择将某项或全面的公共服务建设作为打造今后一段时间政绩的工程。

但是，乡镇干部追求政绩的愿望受到当地社会环境的制约。海贝勒等人认为，地方上公共服务的供给状况、基础设施开发项目的完成情况有赖于地方官员寻找新的资金来源以及使用这些资金的能力。[①] 此外，诺斯指出，一种能够有效运作的制度，在其创新建立阶段需要付出庞大的成本。[②] 乡镇干部尝试基层公共服务制度创新时需要支付大量的成本，在资金、获取资金项目的手段与资源和降低成本能力有限的情况下，追求执政政绩的乡镇官员会将更多的精力放在与获取可用资金直接相关的

---

① 〔德〕托马斯·海贝勒、雷内·特拉培尔：《政府绩效考核、地方干部行为与地方发展》，王哲译，《经济社会体制比较》2012年第3期。
② 〔美〕道格拉斯·诺斯：《制度、制度变迁与经济绩效》，刘守英译，上海三联书店，1994，第127~128页。

事务上，或选择公共服务事务中的某一项或某几项作为未来的政绩点。而当地方基层政府各项资本充裕时，抱有晋升决心的乡镇官员就拥有了能够从全局角度出发规划当地公共服务均等化建设的政策和执行空间，因而当地的公共服务供给能力就会较强。

第二节 "双向应对型"均等化服务模型中的基层政府：N市S镇

"双向应对型"模式最典型的特点是基层政府面临着来自上级政府和基层社会强化公共服务要求的双重强大压力，作为直面两种压力，而自身缺乏自主权力的基层政府来说，被动地应对两种压力，在均衡自上而下与自下而上的两种压力中对公共服务的均等化职能进行理性的选择，成为其在履行公共服务均等化职能中的主要表现。

一 S镇概况

N市S镇地处江苏中部，属于中国东部沿海地区，位于长江中下游江海平原，南依长江，西接靖江，毗邻国家一类开放口岸，是上海90分钟经济圈内充满发展活力的沿江开发重镇和历史文化名镇，2011年，S镇被评为"江苏省卫生镇"，2014年，被列为"江苏省创新型试点镇"。S镇地处N市西南角，从S镇镇政府所在地至R县县政府所在地约30公里。2013年实行区划调整后，S镇总面积达85.06平方公里，辖10个行政村、11个居委会，人口总数达8.44万。2014年完成生产总值人民币29.43亿元，年均递增22.1%；累计实现财政总收入人民币7.45亿元、一般公共预算收入3.3亿元，其中2014年分别完成2.15亿元和8982.66万元，年均分别递增16.6%和14.4%；累计实现工业应税销售人民币108.73亿元、实缴税金5.54亿元，其中2014年分别完成3.48亿元和1.64亿元，年均分别递增24.8%和18%。"十二五"期间镇政府积极招商引资，不断优化产业结构，在城镇建设方面积累了一定的设施和资金条件。先后实施城建项目23个，总投资人民币12.13亿元，其中基础设施项目7个，安置房项目6个，安置房总建筑面积22.8万平方米，房地产开发项目10个，总建筑面积25.2万平方米；累计完成经营性用地出让539.2亩，实现房地产开发税收人民币6176.02万元。其交通区位条件不断改善，S336省道、王石线等重点项目建成通车，"黄金水道"连申线全面通航。累计新增设施农业6067亩，新建泵站20座、防渗渠59.63公里，疏浚整治三级河6条、四级河125条，总清淤量近200万方；改造农桥58座、新建农路146公里；积极推进农民集中居住，农村建房管理秩序得到有效规范。城乡社会保障体系不断完善，居家养老服务网络实现全覆盖，累计发放优抚对象抚恤补助、重残补助、尊老金和临时救助金额达人民币2257.3万元，涉及1.85万人/次。2014年列入城乡低保的有586户、1408人，列入五保供养的有410人。① 目前，6平方公里的镇级综合产业集中区、2平方公里的镇级精细化工园区和6个村级民营工业小区处于规划建设中。总体而言，S镇所在的苏中地区，其社会经济发展程度在江苏省处于中等水平。

（一）政府内部分工

亨廷顿认为，政治现代化的核心要素包括划分新的政治职能并创制专业化的结构来执行这些职能。② 因而科层化的运作、专业化的部门设置安排是衡量政府现代化程度的重要指标之一。在形式上，S镇政府除了党委、人大、政府三套领导班子，还包括下设的主要部门如财政所、农村经济服务中心、农业服务中心、企业服务中心、社会事业服务中心、建设服务中心、城管中队、矛盾调节中心。此外还有国土所、水利站、兽医站、派出所等垂直管理部门。但是，S镇政府在实际运作中并没有完全按照正式的制度设计展开工作，而是根据现实工作的需要，在保持原有职能部门设置的基础上对任务和人员配置做出新的安排。将乡镇的各项工作分配给包括S镇党委、人大、政府领导班子成员在内的31个人，人人有任务，任务定

---

① S镇概况，参见http：//www.shizhuang.gov.cn/Item/1_ 0_ IsArticle.aspx。
② 〔美〕塞缪尔·亨廷顿：《变化社会中的政治秩序》，生活·读书·新知三联书店，1989，第32页。

向到人。在 S 镇党委的统筹运作下，正式的机构职能分工边界被打破，党委将工作事务直接与相关人员一一对应，从而将完成各项事务的责任落实到个人。而政府工作人员根据所承担事务的类型又重新整合纳入工业线、农业线、城建线等条线之中，接受乡镇领导的全权管理。除此之外，S 镇政府又将 S 镇农村区域分为北片、东北片、东片、南片、西南片、西片、西北片、中片八个片区，工业区域分为中片、北片两个片区，每个片区任命一位片长、一位副片长，由 S 镇党委、人大、政府领导班子成员兼任。

　　按照现代科层制的非人格化运作原则，政府各项职能的履行主要通过由职能分工形成的政府部门结构实现，政府人员根据所在部门的普遍规章展开工作。但 S 镇政府在实际运作过程中并没有完全依据这一原则，而是通过人格化地、较为灵活地将任务落实到每个人的方式达到政策目的。在自上而下的压力型体制下，乡镇政府往往需要精力、物力来应对上级下派的任务。乡镇领导更愿意采用一种灵活性强的人事安排办法，即根据上级下派任务的实际需要确定具体人员的工作任务。这意味着职能分工明确、正式的刚性制度安排往往无法适应乡镇政府维持日常运作的需要。但是这种非制度化运作在带来灵活性的同时也造成了政策制定与执行的随意性，不利于那些本应由政府提供职能的长效化、持续化。

（二）"中心工作"与被边缘化的公共服务

　　政府机关考核指标通常反映了政府一年内所需完成的任务安排，是政府的"中心工作"，反映出上级政府当年下移给基层政府的压力性质。2014 年 S 镇政府机关的考核，总分 100 分，根据考核对象划分，可分为公务员考核与部门考核，而根据工作内容划分又可以区分为共性工作考核与个性工作考核。

　　机关公务员的任务考核主要分为对招商引资与引税、维稳工作、个性工作三方面的考核。招商引资与引税任务及考核办法如下：（1）党政领导引进合同外资 100 万美元、到账外资 50 万美元，其他公务员引进合同外资 50 万美元、到账外资 20 万美元；（2）党政领导引荐镇外实际投资项目 500 万元以上，其他公务员引进镇外实际投资项目 300 万元以上；

（3）完成协税引税任务；（4）机关公务员上争计划外无偿资金 5 万元以上。S 镇政府规定完成以上项目之一者得 20 分，完成 50% 以上按比例记分。维稳工作方面，S 镇规定，各党政领导、公务员必须负责分工工作范围内或分工片（村）的安全、信访工作。全年不发生安全生产事故记 5 分；发生重大以上安全生产事故不得分（以安监局考核结果为依据）。扎实抓好社会稳定工作，不出现或有效遏制进京、赴省、去通、到市上访记 5 分，每出现一例分别扣 5 分、3 分、1 分、0.5 分（根据信访局反馈情况归口到人计算），允许倒扣。而公务员个性工作考核占考核比重的 70%。S 镇规定公务员按照分工或联系部门、村（社区）实行捆绑式考核，即农村片片长分管条线或部门考核平均分占 50%，分工片考核平均分占 50%；其他党政领导条线分占 50%，分管部门平均得分占 50%；公务员分工工作得分占 50%，联系村（社区）或部门得分占 50%。

部门工作的主要任务考核也分为共性工作和个性工作。在各部门共性工作方面包括以下几点。（1）招商引资。每提供一条有价值的项目信息记 1 分。其中工业项目投资在 3000 万元以上、农业项目 500 万元以上、现代服务业注册资金 1000 万元以上，成功落户的每个项目记 6 分。不完成不得分，加分不封顶。由企业服务中心、农业服务中心负责考核。（2）发展民营经济。完成个体工商户、能人返乡创业、私营企业任务记 4 分，不完成不得分。由企业服务中心负责考核。（3）综合治税。完成全年任务的得基本分，完成 50% 以上按比例记分，50% 以下不记分。由综合治税办公室负责考核。（4）中心工作。主要考核部门参与镇中心工作、突击性工作完成情况和抽调部门人员是否到位以及完成任务情况。由纪委负责考核。（5）安全、信访。考核各单位平安建设、安全生产、一岗双责履职和维稳工作情况，全年不发生安全生产事故得 2 分，发生重大事故倒扣 2 分。不出现或有效遏制进京、赴省、去通、到市上访记 2 分，出现一例分别扣 2 分、1 分、0.5 分、0.25 分，允许倒扣。由信访办、安监所负责考核。（6）联助工作。主要考核各部门挂钩村（社区）工作情况，占 2 分，由农村经济服务中心负责考核。2014 年 S 镇各部门招商引资、发展私营企业、协税共性工作考核指标详情见表 3-3。

表 3 − 3 2014 年 S 镇各部门招商引资目标责任制共性任务分解

部 门	招商引资（人民币万元）	净增私营企业（个）	协税（人民币万元）	备注
财政所	2	2	150	
农村经济服务中心	1	2	10	
企业服务中心	6	10	50	
农业服务中心	1	2	20	
建设服务中心	1	2	10	
社会事业服务中心	1	2	10	
社保所	1	2	10	
安监所	1	2	10	
广电站	1	2	10	广电站、派出所、卫生所、中心初中、交管所、供电所等部分直管部门未参与镇党委、政府考核。
水利站	1	2	10	
国土所	1	2	10	
派出所	1	2	10	
兽医站	1	2	10	
卫生所	1	2	10	
农路队	1	2	10	
城管中队	1	2	10	
供电所	1	2	10	
交管所	1	2	20	
中心初中	1	2	20	
合 计	25	46	400	

资料来源：《2014 年 S 镇招商引资考评奖惩办法》。

在各部门个性工作考核中，个性工作考核占总体考核的 70%。每个部门分管多项任务，而给每项考核内容打分的方式比较复杂。如财政所的任务包括培植税源，完成财政总收入 25300 万元记 10 分，完成一般预算收入 11600 万元记 20 分；规范财务管理工作记 10 分；争取财政扶持资金或向其他单位争取无偿资金 200 万元记 10 分；落实好合同管理、后勤和政府采购、财务监督及审计、资金调度安排记 20 分。2014 年 S 镇各部门个性工作总共设置考核项目近 100 项。①

此外，为了调动各部门和公务员完成工作任务的积极性，S 镇还设置了创先争优工作激励。S 镇政府对本年度受到各种表彰的部门和个人（含公务员）予以加分。加分的幅度按照所受表彰的层级逐级攀升。如被镇党委、政府或上级县政府相关部门表彰的加 1 分；被县委、县政府或市政府有关部门表彰的加 3 分；被市委、市政府或省有关部门表彰的加 5 分；被省委、省政府或国家有关部门表彰的加 10 分。而为了动员机关公务员和各部门配合镇政府领导应对上级政府的考核，S 镇政府将机关公务员或部门的考核与市对镇工作目标考核进行捆绑计分。市委、市政府对镇全年重点工作综合考核或季度考核时各相关条线、部门达到前 5 名的得基本分，每增减一个名次分别加减 1 分；达到前三名的分别另加 5、3、2 分，后三名的分别扣 2、3、5 分。在市委、市政府对镇考核减分项目中发生扣分的，扣相关部门 5~10 倍分值。

S 镇的政府部门考核项目繁多而复杂，每当中央下达了新的任务，就会在乡镇政府形成对应的指标，基层事务相对繁重。而机关公务员与部门的共性工作内容考核很大程度上反映了当年乡镇政府的主要工作任务。在 S 镇，这些工作包括招商引资、发展私营企业、引税协税以及维持当地稳定。当询问该镇领导在建设服务型政府中政府中心任务是否发生过转向公共服务时，该领导坦言："和过去一样，不存在转变。工作中心还是发展和稳定。"② 可见上级政府对 S 镇施加的公共服务均等化任务压力与招商引资、维稳工作压力相比在强度上显得微不足道。为了完成招商引资、发展私营企业、引税等任务，S 镇政府采取各部门共同分解任务指标的办法，将基层与党政相关的所有力量动员起来。被分配任务指标的部门并不局限于 S 镇政府下设的政府部门，还包括当地的企事业单位、垂直部门。那些本该提供当地公共服务供给职能的社会、政治组织和机构，被强行指派履行不在其本职范围之内的事务，这必然会对当地的公共服务供给产生不利影响。

---

① 参见《2014 年 S 镇各部门个性工作考核指标》。
② R 县 S 镇政府访谈记录，2014 年 8 月 28 日。

二　S镇政府均等化服务政策过程问题分析

（一）公共服务政策内涵的替换性：以S镇居住集中安置规划为例

中央政府的政策意见最终需要通过地方、基层政府的具体执行得以落实。中央政府通过政策偏好表述的模糊性达到鼓励地方政府依据地方特殊性开展政策实践、政策创新的策略意图，从而使地方政府在政策的实际制定过程中能够具备一定的自主性制度空间。但是，这种提供政策选择空间余地的制度设计同时激励了地方政府采取机会主义的行动策略，政府为了有选择性地制定在短期内有利于地方政府自身的政策，不顾歪曲中央政府的政策原意，损害当地社会的公共利益。21世纪以来，一系列旨在调和城乡二元对立关系，实现城乡一体化，缩小农村与城镇之间在公共服务、基础设施建设上差距的中央政策意见陆续出台。2005年中共中央通过的《十一五规划纲要建议》提出，要按照"生产发展、生活宽裕、乡风文明、村容整洁、管理民主"的要求，扎实推进社会主义新农村建设。S镇所在县市N市政府根据当地情况与自身利益诉求有意识地去理解、建构中央新农村建设政令的政策内涵。在具体的政策制定过程中，当地政府选择将全面推进农村集中居住、建设新型现代农民社区作为新农村建设的重要抓手。虽然社会主义新农村建设旨在发展完善农村公共服务建设，落实城乡公共服务均等化，但是当地农民聚集化建设的重要目的之一仍是"最大限度地整合土地，节约有限土地资源，为经济发展积蓄后劲"①。根据"城乡建设用地增减挂钩"政策，N市政府试图通过农村集中居住工程建设置换农民土地，集中土地资源维系当地政府土地财政政策。

从2006年起，N市规定所有新建、翻建户必须全部入住集中居住区。按照原计划，到2010年，全市15%以上的农户入住集中居住区；到2015年，全市40%以上的农户入住集中居住区；到2020年，全市农民基本入

---

① 陈惠娟：《新农村建设的重要抓手——N市推进农民集中居住的初步实践与思考》，《群众》2006年第6期，第51页。

住集中居住区。由于县市政府在新农村建设中存在政策目标替代现象，导致在实际规划、操作中出现了一系列问题。N市政府采取一刀切的政策安排，在全市范围内推广农民集中居住区，甚至包括那些处于城镇远郊的农村地带。以S镇为例，首先，为了响应县市政府的政策号召，S镇政府规定当地农村居民不得擅自翻建、修葺原本的房屋，需要新建、翻建的必须入住农民集中居住区。S镇属于农业镇，城建面积有限，而一些政府划定的农民集中居住区又往往远离S镇城建区域。村落的农民集中居住区建设虽然使农民的居住形态从分散变为相对集中，但是分散在各村的集中居住区又对农民今后的进城行为制造了障碍，浪费了资源，分解了促进乡镇城镇化建设的动力。其次，当地政府在推进农民聚集化建设时并没有处理好农业文明生活理念与现代物质生活方式的关系，新建的集中安置房割裂了农民与土地的传统联系，不符合农民的日常生活习惯，也不利于当地农民从事农业生产活动。最后，由于缺乏教育、医疗、社会保险等其他配套基础设施建设的跟进，农民集聚化建设并没有改变农村与城市之间在公共服务方面的差距，农民在享受公共服务方面并没有因这项政策得到实质性的改善。这一系列问题导致S镇的集中安置政策并没有受到当地大多数居民的认可，政府执行起来遭遇的阻力较大。

伴随政策弊端的不断呈现以及中央提出了新型城镇化建设的要求，S镇调整了原有的农民集聚化方案，取消了在远郊村落设置集中居住区域的规划，在禁止农民翻建、修葺原有房屋的前提下，鼓励农民直接到乡镇城建区域购房或置换土地。总而言之，中央政府的社会主义新农村建设政策，其发展农村公共服务、落实城乡公共服务均等化的政策内涵在S镇的实际执行过程中被有意识地替换掉了。制定集中居住、置换土地政策的首要目的是让政府能够继续招商引资、维持土地财政。在建设新农村的名义下，N市启动了"大跃进式"的土地置换工作，非但没有达到城乡一体化的要求，反而损害了农民的利益、消耗了农村的资源，不利于城乡公共服务的均等化。

（二）公共服务政策执行的选择性

李连江与欧博文注意到基层干部往往根据自己的利益和意志选择性的

执行政策，常常尽心尽责地执行不受村民欢迎的政策，但是却拒绝执行或敷衍履行那些受村民欢迎的政策。① 同样，在 S 镇的公共服务政策过程中也存在着选择性的执行模式。在社会养老与公民文化等公共服务建设上 S 镇政府呈现出政策虚化问题，而在秸秆禁烧工作方面又体现为政策异化问题。公共服务政策虚化，是指由上级政府或本级政府拟定的公共服务政策在政府的运作过程中并没有得到实际的落实，政府部门往往只是为了应付上级的检查而做做表面文章，并不在意政策的实际效果。在公民文化建设上，为了响应党的十八大有关"开展全民阅读活动"的主张，N 市推进了书香城市建设，与此同时，S 镇政府也将"农家书屋示范镇"作为争创目标。S 镇政府要求在每个社区设立图书室，但在实际操作过程中，多数社区的图书室建设往往流于门牌"上墙"，有图书室，但无图书借阅机制，甚至根本不见书籍。当地一位社区工作人员解释说："上面提什么样的要求，我们就'啪嗒'钉一个牌子。"② 类似的问题也出现在社区养老服务上，由于上级政府要求养老统筹延伸至基层社区，S 镇政府要求在各社区成立居家养老服务站。受到传统生活方式的影响，当地社区居民主要采取家庭养老的方式，从主观上，居民对入住社区养老服务中心享受养老服务的需求并不强。但是为了应付上级的考核，各社区仍然为建立居家养老中心腾挪了空间，但居家养老中心的基础设施略显简陋，甚至并未配置工作服务人员。虽然居民对入住社会养老服务中心的需求不强，但这并不意味着社区居民不需要养老服务，也不意味着政府可以不向社区居民提供有关养老的公共服务。政府部门应该根据当地的实际情况制定养老公共服务政策，清楚服务定位，满足社区居民的日常需求。比如当地外出务工居民较多，社区留守老人并不占少数，可为社区老人提供医疗、娱乐、健身、学习等方面的服务，日间照料同样是社会养老服务的重要形式。

公共服务政策执行选择性的另一类现象是政策异化。政策异化是指乡镇政府为了完成上级政府的考核要求，尽心尽力地动员各种资源、力量执

---

① O'Brien, Kevin J. and Li, Lianjiang（1999），"Selective Policy Implementation in Rural China"，*Comparative Politics*，31（2），pp. 167 – 186.

② R 县 S 镇砖桥社区访谈记录，2014 年 8 月 28 日。

行那些具有较强激励强度的政策，原本以公共服务为导向的政策在执行过程中被异化为不受当地居民欢迎的举措。一个比较典型的例子是当地的秸秆禁烧政策。秸秆禁烧政策的目的是保护当地生态环境、保护人体健康、维护公共安全、改善空气质量，同时革新农业耕种方式。随着近年来政府、公众、媒体舆论对城市空气质量重视程度的加强，江苏省在全省范围内将秸秆禁烧政策定为一项重要的环境保护措施。根据国家环保总局《秸秆禁烧和综合利用管理办法》的规定，乡、镇为落实秸秆禁烧的基本单位。江苏省对乡镇在执行秸秆禁烧任务上给予了较强的考核问责激励，并采用无人机技术、卫星遥感技术对江苏省秸秆焚烧情况进行监控，每日生成秆焚烧火点遥感监测日报。2014年夏收期间，江苏省秸秆焚烧第一把火出现在南京高淳桠溪镇，上级政府部门给予桠溪镇党委书记停职检查处理，给予焚烧点所在村的党支部书记免职处理，并在全省范围内通报此次事件。在S镇，对在田秸秆进行焚烧处理是过去当地农业生产较为普遍的做法，要改变当地居民的生产作息习惯，使政策得到有效的执行就必须得到当地居民的配合与支持。虽然秸秆禁烧政策有助于保护地方的空气环境，改善农民的居住环境，但该项政策在执行过程中并不受当地农民的欢迎。由于水田秸秆还田、秸秆沼气等替代技术的成本过高或不成熟性，导致当地在消化秸秆方面的能力有限。此外，虽然政府对农户秸秆还田进行经济上的补贴，但是还田的成本要远远高于该项政策的补贴程度。据当地一位社区党支部书记介绍，政府每亩补贴20元，但是加上租用拖拉机、油钱、工资等费用，每还田一亩的成本大约有60元。[①] 如此之大的利益分歧加深了当地农村干群关系的矛盾。较强的问责力度以及较高的执行难度迫使S镇政府动员大量的人力、财力来执行秸秆禁烧任务。S镇成立专门的秸秆禁烧小组，镇级层面建立党委书记任组长、镇长任常务副组长的总督查组，农业农村线8个片分别建立督查组，各村（社区）组建若干巡查小分队，对田间开展全天候24小时的监控。S镇政府甚至动用了教育系统资源对秸秆禁烧政策进行宣传，向当地中小学学生下发"'小手拉大手'秸秆禁烧禁抛告家长书"。与此同时，S镇所在N市执行秸秆禁烧政策造成

---

① R县S镇砖桥社区访谈记录，2014年8月28日。

的一项影响是，自 2010 年以来 N 市水稻种植面积逐年下降。由于加大了秸秆禁烧力度，农户对稻草无法处理，也就相应减少了对水稻的种植。①原本一项有利于当地环境保护的惠民公共服务政策却在基层执行过程中让老百姓怨声载道，乡镇干部与基层群众陷入了两难的博弈困局之中。

三 S 镇政府均等化服务政策过程困境的成因

(一) 公共服务供给能力缺失

S 镇政府公共服务供给能力的缺失是造成当地政府公共服务均等化政策执行困境的原因之一。S 镇政府实际能够实现的公共服务供给远远无法达到该级政府被要求履行的公共服务职能。两者之间的差距是造成乡镇公共服务政策虚化、走形、变异的重要原因。一方面，S 镇政府动员、配置基层各项社会资源的能力有限，可控资源的有限性限制了 S 镇政府实际履行公共服务供给的能力；另一方面，对社会各项事务大包大揽的全能型基层政府运作模式并没有得到根本的改变，S 镇政府承担了过多的事务职能。政府想要做的事情与目前有能力做的事情之间存在着巨大的鸿沟，眼高手低的情况下事情往往做不好。

公共服务供给的均等化与可持续化首先依赖于公共财政的长效投入。充沛的公共财力是提升乡镇政府公共服务供给能力的重要保证。S 镇镇域经济发展水平一般，分税制度下当地政府所能够支配的财政总量十分有限。以 2013 年 S 镇的财政收支为例，当年该镇全口径财政收入人民币 19975.47 万元，公共预算收入完成 8469.33 万元，预算内实际支出 3207.12 万元；预算外收入及补助收入 11532.55 万元，预算外支出 15228.88 万元，当年预算外赤字 3696.33 万元。可见，S 镇政府面临着较为严峻的财政亏空困境，在如此窘迫的状况下政府财政工作的重点首先是吃饭财政，勉强维持基层机构的日常开销。当政府的正常运转都成为问题时，又何谈筹集充足的资金用于贯彻执行城乡公共服务均等化任务呢？又

---

① R 县统计局：《近几年 N 市水稻种植面积出现下降》，http://tjj. rg. gov. cn/art/2014/7/29/art_ 6085_ 220430. html。

怎样才能不使公共服务政策虚化走形呢?

虽然 S 镇能够获得来自国家部委对三农事业的项目支持,但是许多项目是交叉重复的,且大多数的项目资金并不经 S 镇政府的统筹运作。而在县市一级,由于 S 镇地处 N 市西南偏角,远离县市政治中心,在争取上级政府公共服务项目的政策支持上不具备地缘优势。与此同时,在城乡公共服务均等化、城乡一体化建设的历史过程中,S 镇政府也未在过去积累到一定的政治符号资本,并不具备被上级政府赋予特定政治功能的条件。政治资源的匮乏导致 S 镇政府很难获得上级政府给予的特殊政策。政策机遇的有限就意味 S 镇在获得上级政府政策优惠、财政专项转移支付项目上的机会有限。

在现行压力型体制下,上级政府将大量事务性的工作下派到 S 镇政府。上级政府形成的政策主张在落实到基层政府的过程中就被分解为各项任务指标,使 S 镇政府面对繁重的考核事务。这对 S 镇政府的公共服务供给能力造成了两方面的不利影响。第一,自上而下的任务摊派造成了基层政府在基层事务中大包大揽的局面,上级政府为了达到治理效果,许多原本不应该由政府出面执行的事务也成为 S 镇政府的"分内之事"。第二,上级政府下派的各项任务存在不同强度,S 镇政府将大量的时间、精力用于完成招商引资、发展当地经济、引税、维稳、秸秆禁烧等这些与当地居民日常生活直接相关性不高或不受当地居民欢迎的工作,而那些与当地居民生活密切相关的、受大众欢迎的公共服务事务,却得不到当地政府自觉的重视。压力型体制对基层政府精力的牵制是造成基层公共服务供给能力有限的另一个因素。

当地社会资本、社会自组织能力的开发状况也是一个与当地政府公共服务供给能力密切相关的因素。按照现代治理的理论,良善的治理应该是政府与社会共治的结果。治理的主体结构应该多元化,治理的过程机制也应该多样化。将社会、市场力量引入地方公共服务政策的决策与执行是提升政府公共服务供给能力的重要措施,许多公共事务不一定由政府部门全权包揽,完全可以通过市场机制或社会网络机制来实现。政府该管的管好,不该管的就不要管。但是,治理主体与治理机制多元化、多样化的前提条件之一是当地社会拥有较强的自组织能力。中国传统的礼俗社会瓦解之后，现代公民社会并没有马上形成。虽然基层群众自治制度得到了长足的发展，但是镇域范围内的社会自治能力仍然有待提高。社会组织数量有限，或社会组织无法有效地承担起当地公共服务产品的生产与供应是S镇社会自治资源结构的常态。这方面的薄弱迫使S镇政府在社会事务上大包大揽，但又不具备将这项服务做到位的能力，导致S镇公共服务供给能力的缺失。

除此之外，S镇政府公共服务供给能力的缺失，也导致S镇政府在日常运行中无法实现正常的公共权威功能。S镇政府对当地公共事务回应性弱，无法满足当地居民的实际需求，难以得到当地基层社会的信任与支持。久而久之，S镇政府的合法性资源便逐渐流失，其反馈效应是今后S镇政府在处理当地公共事务时所遭遇的阻力会越来越大，基层社会对政府行为的误解与日俱增，公共服务供给能力随之下降，即使是那些有利于城乡公共服务均等化的政策，执行起来的难度也会越来越大。

（二）公共服务激励结构失衡

导致S镇政府公共服务均等化政策执行困境的另一个重要原因是公共服务激励结构上的失衡。激励结构失衡实际上反映了该地区公共服务真实需求主体上的错位。除了基层民众，地方上级政府对S镇政府在提供公共服务事务上也存在功能性的需求。由于角色不同，地方上级政府与基层民众在提供公共服务以实现自身利益的需求方面存在偏差。与基层民众要求满足自身生存发展需求不同，在地方上级政府看来，公共服务均等化供给是化解政治风险、实现政绩的重要手段。上级政府将公共服务事务委托给基层政府，可以说上级政府与基层政府之间存在的是委托—代理关系。而委托—代理问题就是激励的问题。[①]

在激励S镇政府执行公共服务均等化任务方面，现有的制度安排鼓励S镇政府重视上级的绩效考核，而轻视基层公民决策参与和民主合作。这意味着S镇的公共服务供给模式是外生性质的，是上级政府强加的外在的体制性压力，而非源自S镇基层社会本身产生的内生性压力。造成这种情

---

① 周雪光：《组织社会学十讲》，社会科学文献出版社，2003，第52页。

况的原因主要有两点，首先是集权政体下的一系列制度安排，上级政府通过人事权力与财政权力控制乡镇干部的行为，乡镇干部为了维持仕途必须听从上级政府的安排，执行上级政府下达的任务，这就造成了乡镇政府官员存在重视上级绩效考核的倾向。其次，当地鼓励或允许基层公民参与当地公共事务决策过程的制度安排存在缺失，公民、社会组织直接参与公共事务的意愿没有得到充分的表达，参政议政的能力有待提升。最后，在当地公民对政府公共服务均等化政策执行效果的评估方式上并不具备有效的制度化途径，只要不出现突发性的越级上访、生产安全事故，乡镇政府在日常运作中基本可以无视来自当地公民在公共服务需求上的压力。如此造成 S 镇政府轻视基层公民决策参与与民主合作。

激励结构上的失衡造成了城乡公共服务均等化政策执行中的一系列弊端。首先，上级通过指标考核的方式迫使乡镇政府采取有利于公共服务均等化的政策行为，但是指标的量化处理在技术上无法满足对复杂政策真实效果的考核。量化的任务数据往往会导致政府官员歪曲简化某项政策对于政策制定者、政策执行者、政策受众自身的意义。以推广秸秆禁烧为例，S 镇的考核方法强调要做到百分百地杜绝秸秆焚烧现象，而对如何推广和执行秸秆禁烧政策并无要求。当执行受阻时，又怎能保证乡镇政府不会采取损害居民利益的极端行为呢？由上级政府制定的、原本出于保护农村环境质量的一项政策措施，在乡镇政府眼中就只剩下数字达标几个字，在执行过程中全然没有为当地居民谋福利的意愿，而在当地居民眼中这又如同一次政府扰民事件。

其次，自上而下的考核激励在很大程度上会出现脱离群众实际需求的情况。由于考核指标是由上级政府下派而来的，在群众参政议政制度安排存在缺失的情况下，当地居民并没有真正地参与对考核指标与考核办法的制定，也无制度化途径将当地居民的意见引入考核结果之中。如 S 镇在推进社区居家养老建设与社区文化建设时，没有引入当地群众的意见，上级考核的指标要求在服务定位上与当地实际情况出现了偏差，远远超出了当地群众的实际需求。由于完成上级下派的任务对其来说更要紧，S 镇政府在知道政策脱离实际的情况下也会想办法执行，结果就造成公共服务政策的虚化和资源的浪费。

最后，轻视基层公民决策参与与民主合作也不利于乡镇政府对公共服务政策的执行。没有合理的制度安排确保基层群众能够参与政策制定、监督政策执行以及对政策结果进行评估，就无法使乡镇政府从根本上重视基层群众的利益、需求与意愿，无法使乡镇政府将提供公共服务、实现城乡公共服务均等化作为核心的职能。丧失群众基础，拒绝民主合作的后果就是乡镇政府在基层群众中的合法性被大打折扣。在缺乏信任与认同感的环境下执行政府政策，即使是惠民政策，也很难调动起当地群众参与公共集体行动事务的积极性。例如乡镇政府在处理农村基础设施建设和农田水利建设这些农村公共产品的供给问题上，乡镇政府与村民的合作就尤其重要。税费改革之后，S 镇政府不再对公共物品供给费用采取强制性的征收，而是采取尊重农民意愿、办事民主公开的一事一议制度来筹集资金。由于乡镇政府在基层社会中的被认同度不高，村民往往拒绝合作，不能完全筹集到所需要的公共物品建设资金，最终致使 S 镇政府在农村公共服务的供给上面临较大的压力。

（三）公共服务政策定位模糊

当地政府在公共服务政策的定位上存在问题。乡镇官员在面临发展地方经济与提供公共服务的双轴政策议程时，妥当处理两者之间的关系是构成这一时期城乡一体化建设的重要命题。如果一个处于现代化转型过程中的地区，不发展市场经济来调动各项资源，长期处于社会没有持续经济增长、政府没有稳定税收来源、公共支出没有可靠财政保障的状况下，该地区的公共服务供给就不可能长久持续，公共服务的均等化质量就很难得到保证。经验告诉我们，在资源流动有限、资源结构锁定的情况下，对早已固化的资源分配方式进行大规模的调整是非常困难的。市场经济的发展壮大，工业化、城镇化进程加速带来的城乡资源流动整合过程不会自觉转化为城乡资源合理配置、城乡公共服务均等化的结果。完全以逐利为目的的市场化运作加上政府政治权力寻租或不作为的行为可能会带来诸多问题，比如，农村资源的流失导致城乡基础设施上的差距加大，扩大的贫富差距挫伤了当地民众发展经济的积极性，无限制的房产开发与城市扩张导致当地生态环境恶化，等等。最终，经济的起飞无法保持常态。新制度主义经济学已经指出，政治权力对经济形态存在制约作用，并且市场经济本身也存在局限性。[①]政府在实现城乡资源自由合理流动、城乡一体化过程中应该发挥好"辅助之手"的功能。

在城乡一体化建设过程中，现任 S 镇政府干部领导作为镇域治理的主体之一，其主要任务就是通过调动城乡各项社会资源，建构政府—市场—社会三者间的良性互动机制，激发当地人民生活发展的积极性和创造性，扭转当地经济发展水平相对滞后以及公共服务供给与社会变迁过程中民众需求不对接的现状。然而，S 镇政府在处理发展经济与提供公共服务双轴政策议程时无法对政府与市场关系以及效率与公平关系问题给出良好的回答。这意味着政府在一些公共规划决策、公共服务政策的定位上存在摇摆不定、模糊不清的问题。

在一些原本可以且应该将市场引入作为资源配置主导机制的政策领域，政府并没有选择这样做，反而是运用行政命令主导的方式强制推行，而在一些需要政府出面发挥作用的领域，政府却出现了缺位现象。例如 S 镇的城镇化过程基本上采取了政府主导的模式，以土地财政为典型。按照倪鹏飞、董杨的观点，在土地财政过程中，政府的越位表现在代替企业和家庭进行资源配置；政府的缺位体现在没有为城镇化提供配套的基础设施和公共服务，以及维持城镇化持续发展的产业支撑动力。[②]与此同时，S 镇的政府领导干部在公平与效率之间也无法寻找到一个合适的均衡点，在实际的政策制定、执行过程中，S 镇政府既没有做到有效率，也没有实现公平性。例如，以加大农村公共服务供给力度为初衷的新农村建设项目在 S 镇被替代为一场草率的置换农民土地、维持地方土地财政的"大跃进"运动。结果就是在群众的不欢迎声中被叫停，浪费了资源，也损害了部分群众的利益。同样，在当地农村、社区推广的图书馆、社区养老中心建设，在功能上并不能满足当地民众的实际需求，导致这些建设徒有形式，这又造成资源的浪费。

[①]　周雪光：《西方社会学关于中国组织与制度变迁研究状况述评》，《社会学研究》1999 年第 4 期，第 26 ~ 27 页。

[②]　倪鹏飞、董杨：《市场决定模式的新型城镇化：一个分析框架》，《改革》2014 年第 6 期，第 84 页。

第三节　S镇政府均等化服务的问卷调查

一　调查概述

本调查将S镇公共服务均等化模式定义为"双向应对型",主要包括三个方面的内容:一是S镇居民对基本公共服务的满意度;二是S镇居民对基本公共服务重要性的认知;三是S镇居民对基本公共服务均等化程度的评价。本次调查前后共计两个月有余,从2014年7月20日开始,至2014年9月30日结束。考虑到样本总体的规模、抽样的精确性、总体的异质性程度以及所拥有的经费、人力和时间等因素,本次调研根据S镇的实际情况,采用多阶段抽样法。本次调查在S镇共计发放问卷400份,收回有效问卷338份,有效样本的性别、户籍、年龄、文化程度及职业分布情况如表3-4。

表3-4　受访者基本情况的描述性统计(剔除系统缺失值)

特征	类别	频数	占比(%)
性别	男	253	76.2
	女	79	23.8
年龄	16~35岁	39	12.3
	36~55岁	219	69.3
	56岁及以上	58	18.4
文化程度	小学及以下	39	11.9
	初中	176	53.5
	高中/职高/中专	76	23.1
户口性质	城镇户口	14	4.3
	农业户口	308	95.7

续表

特征	类别	频数	占比（%）
政治面貌	非党员	268	83.5
	党员	53	16.5
职业	高级白领	18	5.5
	中低阶服务人员	49	14.9
	体力劳动者	90	27.4
	失业/无业/退休	17	5.2

二 基础数据分析

调查报告的分析首先是 10 项基本公共服务的满意度、均等程度和重要性的描述，其次是重要性与满意度、均等程度的二维分析，最后是 10 项基本公共服务的人群分析。

（一）基本公共服务的满意度

对基本公共服务满意度的分析可以帮助决策者找到市民反映强烈的公共服务项目，进行针对性提高。图 3-1 表明，S 镇居民对本镇基本公共服务的满意度排序依次为公共教育、公共安全、人口计生、公共文化、医疗卫生、社会保障、就业服务、基础设施、环境保护和住房保障，得分在 3.28~3.81 之间。总体上来说，民众对于十项公共服务的满意度都不太高，呈现出公众对于 S 镇公共服务提升的感知不够明显，S 镇在公共服务供给方面的职能与公众的期待依然有不小的差距。在满分为 5 分的赋值评价中，公共教育的满意度为 3.81，位列十项公共服务的首位。然而这并不能说明 S 镇本身在公共教育方面的职能得到了加强，实际上，S 镇政府并不是本地公共教育服务的主要供给者。依照 2001 年《国务院关于基础教育改革与发展的决定》等文件，基础教育在国务院领导下，由乡镇人民政府承担义务教育的办学责任；在管理体制上由地方政府负责、分级管理、以县为主；在经费保障方面，逐步将农村义务教育纳入公共财政保障范围。各级人民政府按照新增教育经费主要用于农村的要求，进一步加大了对农村义务教育的投入力度，实施了国家贫困地区义务教育工程、农村中小学危房改造工程、农村贫困家庭中小学生"两免一补"政策等，农村义务教育事业发展取得了显著成绩。2005 年以后，全部免除农村义务教育阶段学生学杂费，对贫困家庭学生免费提供教科书并补助寄宿生生活费。正是在国家政策的强力推动和经费得到有效保障的情况下，基础教育的质量和公平性得到大力提升。

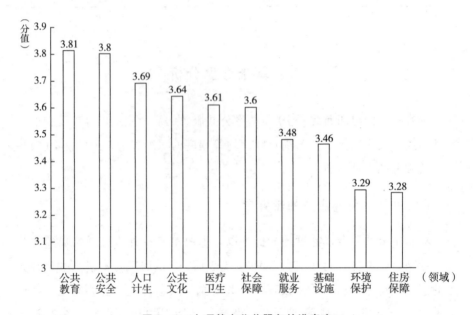

图 3-1　十项基本公共服务的满意度

（二）基本公共服务的均等程度

　　居民感知的均等程度是反映 S 镇进一步提高城乡基本公共服务均等化情况的一个可行的参考。调查结果表明，S 镇居民感知的本镇区基本公共服务均等化程度由高到低依次为公共安全、人口计生、公共教育、公共文化、医疗卫生、社会保障、环境保护、就业服务、基础设施和住房保障，得分在 3.12~3.80 分（见图 3-2）。

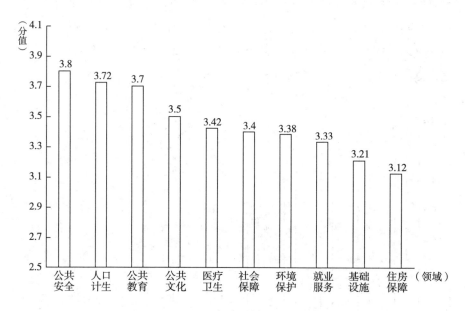

图3-2　十项基本公共服务的均等化感知

从数据可以看出，排在前三位的分别是公共安全、人口计生和公共教育。公共安全是典型的纯公共物品，为国家所提供，对所有的公民都不具有排他性，因此是最能体现公共服务公平性和一体化特征的。而人口计生和公共教育同样是国家统一的政策规定，对于所有中国居民都具有同等的效力，理论上来说具有无差别的特征。而排在最后三项的是就业服务、基础设施和住房保障。就业服务的效果本身与个人的就业能力紧密联系在一起，因此不同的人就业能力差异性较大，在感知就业服务公平性方面的差异也就较为明显。住房保障公平性的感知同样与个人市场竞争能力密切相关，由于个体能力的差异，在住房需求的自我满足方面呈现出巨大的差异，这种差异性会在很大程度上掩盖住房保障服务方面的公平性，从而带来较为强烈的不公平感。而基础设施方面的感知由于城乡不同的生活物理空间状态和公共设施所表现出的外在表征很容易让人产生城乡差异的强烈认知。

（三）　基本公共服务的重要性

基本公共服务对于不同的市民有着不同的效用，居民感知的公共服务重要性可以反映居民的需求程度。调查结果表明，S 镇居民感知的 S 镇基本公共服务重要性由高到低依次为医疗卫生、公共教育、社会保障、公共安全、环境保护、就业服务、基础设施、人口计生、住房保障和公共文化，得分在 4.01 ~ 4.56（见图 3 - 3）。

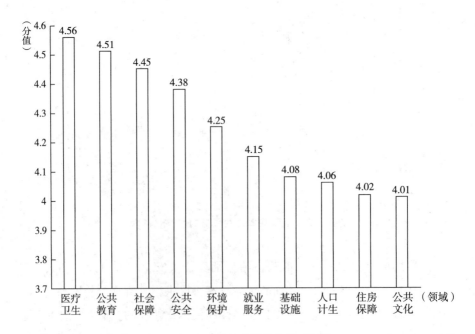

图 3 - 3 十项基本公共服务的重要性

在 S 镇，与其他不少地方一样，对于医疗卫生服务的强烈期待排在首位。尽管自 2003 年农村新型合作医疗实施以来，基层卫生服务的质量总体上得到了较大的改观，但是，基层地区的卫生医疗资源依然处于稀缺状态，农村地区卫生服务体系依然不够健全，城乡之间的医疗卫生服务存在较大的差异。农村卫生投入相对不足，医疗机构为维持运转必然要在收费上做文章，高药价、高收费问题突出，基层民众"看病难、看病贵"的问题依然没有得到根本解决，群众依然反映强烈。农村医疗保障体系尚未建立，广大农民抗疾病风险能力差，因病致贫、返贫问题突出，导致困难群众贫病交加，不堪重负。因此，未来在卫生服务方面下大力气，是提升公众对基层公共服务满意度的重中之重。

三　二维象限分析

（一）基本公共服务的满意度和重要性

以重要性得分为横轴，满意度得分为纵轴，得出图 3 - 4。以重要性得分的最大和最小值的均值做参考线 x = 4.29，以满意度得分的最大和最小值的均值做参考线 y = 3.55，可以把图形区域分为 4 个，高重要性 - 高满意度区为竞争优势区，高重要性 - 低满意度区为亟须改进区，低重要性 - 高满意度区为锦上添花区，低重要性 - 低满意度区为次要改进区。竞争优势区的基本公共服务包括公共安全、公共教育、社会保障和医疗卫生；锦上添花区的基本公共服务包括人口计生、公共文化；次要改进区的基本公共服务包括住房保障、基础设施、环境保护和就业服务；亟须改进区的基本公共服务为无。

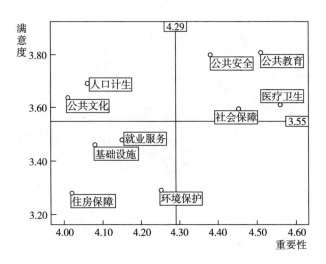

图 3 - 4　基本公共服务的重要性和满意度二维分析

本次调查的结果表明，在 S 镇的各项公共服务供给中并没有出现十分严重的漏洞，总体而言，居民认为重要性较高的公共服务项目都得到了 S 镇政府的重视。但是，就业服务、住房保障、基础设施和环境保护仍然是需要改进的项目。S 镇目前做得比较好的公共服务包括公共安全、社会保障、公共教育和医疗服务，需要继续保持。

（二）基本公共服务的均等程度和重要性

以重要性得分为横轴，均等程度得分为纵轴，得出图 3 – 5。以重要性得分的最大和最小值的均值做参考线 x = 4.29，以均等程度得分的最大和最小值的均值做参考线 y = 3.46，也可以把图形区域分为 4 个，高均等程度 – 高满意度区为竞争优势区，高均等程度 – 低满意度区为亟须改进区，低均等程度 – 高满意度区为锦上添花区，低均等程度 – 低满意度区为次要改进区。竞争优势区的基本公共服务包括公共教育、公共安全；亟须改进区的基本公共服务包括医疗卫生、社会保障；锦上添花区的基本公共服务为人口计生、公共文化；次要改进区的基本公共服务包括住房保障、基础设施、环境保护和就业服务。

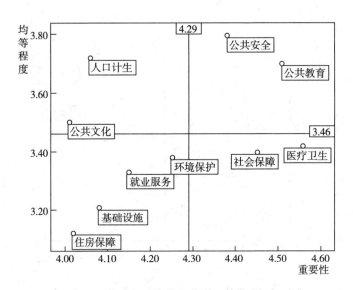

图 3 – 5 基本公共服务的重要性和均等程度二维分析

数据表明，在公共服务均等化议题上，医疗卫生和社会保障的改变是迫切的，也是最有效率的。医疗卫生、社会保障从竞争优势区到亟须改进区的变化表明，虽然医疗卫生、社会保障的满意度较高，但其均等程度仍有待提高。其余的公共服务项目仍然处在同一区域，表明了调查结果的稳定性。

（三）数据分析小结

事实上，满意度和均等程度本身就是高度相关的，表3－5汇总了相关分析结果。相关系数在0.317～0.501，属于中低度相关，这符合调查的预期，满意度测量的是对公共服务的满意程度，而均等程度测量的是在不同人群和城乡（本次调查不包括不同区域）之间的公平程度。显著性水平均在1%水平以上，表明做100次相同的调查，相关分析结果不一致的次数少于1次。

表3－5　公共服务均等程度和满意度的相关分析表

公共服务	相关系数
公共教育	0.317***
就业服务	0.353***
社会保障	0.428***
医疗卫生	0.413***
住房保障	0.501***
公共文化	0.339***
基础设施	0.405***
环境保护	0.381***
人口计生	0.367***
公共安全	0.372***

注：*** 为 p < 0.001，表明相关的显著性非常高。

表3－6汇总了10项基本公共服务的满意度、均等程度和重要性得分，以及相应的排名。总体来看，重要性排名越高而另两项排名越低的服务更应该得到关注。该排名同时也表明，在S镇，那些由乡镇以上政府或垂直管理部门作为供给责任主体的基本公共服务项目，获得的满意度与均等化程度相对高于那些没有明确供给责任主体或责任主体是乡镇政府的公共服务项目。如公共教育、公共安全、医疗卫生、社会保障这类以县为主、市

级统筹供给的公共服务项目，在满意度与均等化程度上要高于环境保护、基础设施建设、住房保障这类乡镇政府自由裁量权相对较大的项目。此外，S镇居民认为重要性较高的医疗卫生、公共教育、社会保障、公共安全项目也是那些受到上级政府重视，从更高级政府平台上进行统筹安排的项目。这在一定程度上说明中央政府有意识地强化了在医疗卫生、公共教育、社会保障、公共安全这几个群众较为重视的公共服务项目上的政策与财政支持。

表3-6　十项基本公共服务的得分与排名

	满意度	排名	均等程度	排名	重要性	排名
医疗卫生	3.61	5	3.42	5	4.56	1
公共教育	3.81	1	3.7	3	4.51	2
社会保障	3.6	6	3.4	6	4.45	3
公共安全	3.8	2	3.8	1	4.38	4
环境保护	3.29	9	3.38	7	4.25	5
就业服务	3.48	7	3.33	8	4.15	6
基础设施	3.46	8	3.21	9	4.08	7
人口计生	3.69	3	3.72	2	4.06	8
住房保障	3.28	10	3.12	10	4.02	9
公共文化	3.64	4	3.5	4	4.01	10

小　结

基层政府在城乡一体化建设中逐渐形成的"双向应对型"均等化服务模式，在公共服务供给能力、公共服务激励结构以及公共政策的定位方面存在明显的缺陷。由于基层政府在建构城乡公共服务均等化事业的过程中同时受到了来自自上而下的集权体制压力以及基层社会环境的压力，基层政府的日常运作与政策行为同时受到这两方面压力的塑造。当基层政府无法对上级政府下派大量任务造成的压力与基层社会资源匮乏带来的压力做出有效反应时，基层政府的职能形态将发生偏离。与此同时，政府在公共服务供给方面反映为公共服务供给能力的缺失，公共服务激励结构的失衡，以及在公共服务政策定位上的模糊不清。这一系列因素导致基层政府在执行具体的公共服务均等化政策时，有可能出现公共服务政策内涵替换性、公共服务政策执行选择性等问题，公共服务政策的虚化、异化逐渐成为常态现象。在这种情况下，当地政府公共服务供给均等化政策的实施效果一般。从基层政府向当地民众提供公共服务、推进城乡公共服务均等化的驱动力来看，"双向应对型"均等化服务模式基本上是一种外生性质的，即并非由当地基层社会利益相关者发起、组织、互动生成，并且利益相关者较为自愿维持的服务模式。而是中央政府在执政方针上的调整引发乡镇政府对自身公共职能的重新认识，但这一职能上的变迁是通过一套自上而下的体制实现的。一旦当上级政府对基层政府推进公共服务均等化任务的压力减弱时，尤其在基层社会环境中资源有限的情况下，很难确信 S 镇政府仍然会自觉地将精力放在有利于公共服务均等化的政策执行上。

第四章 城乡一体化中基层政府均等化服务模型 II："后发赶超型"模式

"后发赶超型"是中国基层政府公共服务均等化中另一种重要的类型。后发赶超型是经济发展的一种模式，是后发性的地方政府或国家为了在短期内实现经济追赶，通过行政的力量以"鞭打快牛"的方式跨越式地发展。在这种发展模式下，地方政府或基层政府全力完成经济发展任务，而在公共服务的供给方面表现出相对被动的情形。

第一节 "后发赶超型"均等化服务的形成

后发赶超型模式是超越一般"自发秩序"的演化路径，充分发挥国家这一轴心力量，集中意志，汇集资源，通过前拉后推的方式，跑步前进。其优点是能够在较短的时间内实现经济的快速发展，但缺点同样明显，就是为了实现快速发展，往往把公共服务和社会建设放在了次要位置，公共服务的均等化让位于经济的发展这一优先目标，公共服务总体上处于一种缺位状态，由此可能导致一些新的问题和困境。

一 现代化进程与"后发赶超型"逻辑

欧美工业革命开启了世界现代化的历程，创造了开放、先进、富裕的现代文明。其自生自发的经济社会秩序也成为其他后发国家迈向现代文明的标杆。因而模仿欧美模式是大多数后发国家面对激烈的国际竞争与膨胀的国内需求做出的现实回应。然而，这种全面、冒进式的追赶往往以失败告终。二战结束后，100多个国家摆脱了殖民统治，获得了政治独立，加上已独立200多年的拉美诸国，第三世界国家占到联合国成员国的80%左右。这些国家以模仿欧美政治经济制度、赶超发达国家为目标，但60多年的发展实践后，除个别国家外，大多数第三世界国家不仅没有缩小与发达国家之间的经济差距，反而陷入发展泥潭：经济发展缓慢，产业结构不合理，贫富差距不断扩大，社会冲突严重。发达国家在不同发展阶段解决的问题，在后发赶超型国家中一下子集中爆发，政府措手不及，而这些问题本身就相互冲突，导致社会在一定发展阶段中矛盾对立、秩序混乱。西方国家走通了的强调自由秩序的路径对后发国家则存在风险与不确定性，后发国家如何实现经济赶超、国家与政府在现代化社会进程中应该扮演怎样的角色，这些问题引起大家普遍的思考。

英美早发国家的主流经济发展观认为，以价格调节机制为核心的市场能及时回应社会的供需变化，政府以任何形式干预经济，都将打乱原本自生自发的秩序，破坏经济平衡。因此，只有管得少的政府才能促进国家经济发展，只有管得少的政府才是现代社会的好政府。[①] 在此基础上形成的新自由主义理论自20世纪70年代开始在西方社会盛行，该理论否定国家是公共利益的守护者，强调国家不能干预经济，在完全开放的市场中实行经济自由化同时确保经济政策的非政治化才是实现发展的唯一路径。新自由主义理论对拉美国家影响巨大，20世纪80年代以来，拉美的经济改革有着明显的新自由主义烙印。拉美国家的改革主要围绕贸易的自由化、放松政府管制以及完善社会保障制度展开。改革取得了一定的积极成效，国家的作用降低，市场机制的功能与作用不断强化，民众的生活水平得以提高。然而，改革也造成了很多不利影响，新自由主义理论推崇的效率优先使分配不公的问题越来越严重，社会弱势群体受益小，两极分化和贫困化十分严重；把国家的作用降到最低，政府通过私有化等手段退出生产领域并减少对经济的干预，这无疑为市场机制发挥积极作用创造了条件，但是

---

① 张晨、韩舒立：《后发国家赶超型现代化进程中的政府转型——基于新国家主义发展观视角》，《中共四川省委省级机关党校学报》2013年第2期。

私人资本的集中生产使国有企业陷入困境，失业问题严重；大肆推动金融自由化、政府未能有效监管、银行为追求高利润而从事高风险业务，最终造成金融危机的大爆发。① 拉美的发展路径说明走欧美现代化道路存在风险。对于大多数第三世界国家来说，市场机制并不完善，资本短缺，产业结构不合理，经济的依附性发展非常明显，市场失灵是一种普遍现象。在此种状态下政府的退出与不干预，等于一个失灵的市场加上一个失灵的政府，而双重失灵只会使情况更糟。在拉美国家的发展走进死胡同时，韩国、新加坡、中国台湾等国家和地区的经济取得了飞跃式发展，东亚模式说明作为后发国家和地区，发挥政府与市场的协同功用才是有效的应对之道。

一些学者把新国家主义作为解释后发国家经济发展的有效理论工具，将新兴工业国的发展模式归纳为"发展型国家"②。具体来说，后发国家政府在经济社会发展中的作用主要体现在：第一，协作应变，即政府通过协调互补性投资决策的产业政策，鼓励技术革命和新兴产业；第二，国家"应当通过提供一个未来经济'远景'的方式构建决策所需的选择集"，即发展型国家必须提供"企业家远景"；第三，发展型国家政府的重要功能在于构建新制度工具来促进实现前述远景；第四，政府应起的至关重要的功能是冲突管理功能，在发展中经济社会结构不断进行重组和调整，这是一个充满利益纠葛因而显得矛盾重重的过程，此时国家如果能以适当的方式管理冲突，就可确保将经济活动所受的干扰降到最低，经济得以继续发展。③ "找回国家"的理念为后发国家赶超提供了新的路径：一方面强调政治优先性，国家政府成为经济交易的关键塑造者；另一方面是改变以价格为标志的短期经济行为，强调关注长期的经济效益。

我国的现代化起点比西方国家晚了几百年，比明治维新后的日本晚了七八十年，历经正确与错误、成功与失败、顺利与曲折，现已探索出一条属于自己的现代化道路。作为典型的后发赶超型国家，新国家主义的理论

① 江时学：《新自由主义、"华盛顿共识"与拉美国家的改革》，《当代世界与社会主义》2003 年第 6 期。

② Chalmers Johnson（1982），*MITI and the Japanese Miracle: The Growth of Industrial Policy, 1925 - 1975*, Stanford University Press.

③ 张晨、韩舒立：《后发国家赶超型现代化进程中的政府转型——基于新国家主义发展观视角》，《中共四川省委省级机关党校学报》2013 年第 2 期。

虽然主要是针对中央的国家经济政策而言，但是结合中国改革中地方政府的成功经验，我们发现政府之手与市场之手的对握，而不是政府抑或市场的独角戏，也能促进地方或基层政府提升治理绩效。

二　"后发赶超型"逻辑与基层政府治理行为

中国政府面临复杂的发展重任，发展与稳定、管制与服务、经济与环境、效率与公平多重矛盾镶嵌其中。针对后发国家通常会面临的这些问题，中国践行着"发展中的问题以发展来解决"的路径。这里的发展尤其以经济发展为首要目标。改革开放之前，国家几乎垄断了全部的资源，乡镇政府作为我国农村的基层政权组织没有太多的施政空间，乡镇政府及其官员主要是贯彻国家的意志、维护国家的利益，他们受国家的委托管理自己辖区内的政治经济活动。改革开放后，很长一段时间内中央政府一直把地方的经济管理职能放在首位，在"以经济建设为中心"的精神指引下，地方政府一改之前以政治任务为核心的做法，其经济管理职能得到了前所未有的强调。中央和地方政府的国民经济和社会发展规划将 GDP 增速作为极为重要的量性指标，相比较 GDP 的硬指标，社会公共服务、环境保护等不易量化的模糊概念则被列为软指标，后者很难对官员产生积极的导向与约束作用，在硬指标与软指标相互冲突时，他们往往选择将对其考核更为重要的经济发展指标作为自己的核心任务，从而造成只重视经济增长不重视环境保护与民生福祉的现象，这严重违背了社会发展规律，阻碍了地区的长久发展。那么究竟是什么样的制度环境造就了基层政府的这种治理行为呢？

（一）压力型体制的现实反映

在压力型治理模式中，乡镇政府与上级政府之间是一种"非均衡的交换关系"，掌握"权力优势"的上级政府基本上形成单边"垄断"。[①] 地方政府的压力也就由上至下层层施加和递增，形成"省压市—市压县—县压乡镇"的模式，这些压力与干部的收入和仕途相捆绑，基层干部的压力被

---

① Richard Emerson（1969），*Social Exchange Theory*，Columbia：Columbia University Press，p. 335.

层层加码。为了促进社会资源总量的增加以及上级政府对下级政府管理的有序化，中国各级政府普遍推行目标责任制，通过政治压力、行政压力及经济压力等多重控制参数来实现自身的运转。这种目标责任制是中国特有的"压力型政治"的一种表现与实施手段。对于地方政府来说，其压力主要来自三个方面：首先是上级政府对于其发展的要求，这是一种自上而下的政绩要求压力；其次，在同一体制内应对相应级别城市赶超以及自己赶超其他城市的压力，这是一种水平方向的发展速度压力；最后，应对所辖区域内公众日益增长的需求，这是一种自下而上的需求压力。在经济增长这个目标上，三种压力实现了聚合。对于上级政府来说，保持经济持续增长是国家战略、政治任务；对于地方政府来说，只有实现经济增长，才能在与其他地方的竞争中保持领先优势；对于当地公众来说，保持经济增长与他们的就业和生活水平的改善有着直接关系。因此经济增长成为一种社会共识。尽管需要解决经济增长带来的各种问题，但经济不能停滞，必须保持增长。官方的话语用发展替换了经济增长，并将这个逻辑表达为：要在发展中解决问题，只有通过发展才能解决问题。但地方政府在行动中，却又把发展简化为经济增长。① 一个地区的经济总量与经济增长速度在很大程度上被认为代表了该地区的发展水平以及官员的能力和政绩，因而基层政府认为发展经济的工作最为重要，而经济的发展最终还要体现在 GDP 的总量以及增长速度上，所以基层政府为了经济增长不惜一切代价，却忽视了公共需求和公共利益。

（二）财政体制的现实制约

改革开放后中央启动以"包干"为核心内容的财政体制改革，这确实给地方政府带来了不小的压力。为了实现财政收入最大化，地方政府主要采取两种策略：一是围绕财政承包合同与中央政府讨价还价，通过地方减免税、预算内收入转为预算外和"藏富于企业"等做法与中央周旋；二是更加积极地介入地方经济的发展之中，地方官员甚至会像企业家一样直接参与地方企业的发展。在戴慕珍（Jean Qi）看来，在经济发展过程中，地方政府具有公

---

① 杨雪冬：《压力型体制：一个概念的简明史》，《社会科学》2012 年第 11 期。

司的许多特征，官员们完全像一个董事会成员那样行动，并通过各种行政手段介入企业的经营运作，以获得更多的利润。[1] 对于那些工业基础比较薄弱的地方政府来说，它们有更为强烈的财政刺激，通常会用更强有力的行政手段介入地方经济的发展。地方官员往往把公有企业当作一个具有多种市场取向的公司来管理，地方官员成了市场取向的代理人和行动者。[2]

1994 年新的分税制代替了过去的财政包干制，改革在很大程度上改变了中央与地方的财政格局，但没有改变财政体制下地方政府通过发展经济以追求财税最大化的行为取向，这种行为取向甚至比以前更加明显了。正如周飞舟所言，从这个意义上讲，1994 年以前的财政分权体制与 1994 年以后的财政集权体制对地方政府行为的影响实质上是相同的。[3] 由于分税制之后，中央政府的财政集权程度明显提升，日益增长的支出与缩小的财税收入使得地方预算压力空前扩大，地方政府必须尽一切办法实现财政收入的最大化。财政分权也形成了一种特殊的激励和压力机制，通过明确划分中央税和地方税，地方政府被授予地方经济发展的主要责任，地方政府只有大力发展地方经济才能实现税收的最大化。[4] 从图 4-1 可以清楚地看出，分税制之后，地方财政支出在总支出中所占的比例一直居高不下，尤其是 2000 年后，地方政府的财政支出比重呈现明显上升的趋势，到 2010 年，地方财政支出占全国财政总支出的比重高达 82.20%，地方政府的财政压力可想而知。改革开放之后，地方政府之间旨在争夺流动性税基的财政竞争日趋激烈，这种竞争在初期体现为地方保护主义，体现为重复建设、地区大战和市场分割，[5] 之后逐渐发展为地方招商引资大战。与过去一样，地方政府仍然有一种强烈的动力关注其财政收入渠道中预算外的部

[1]　Qi, Jean (1992), "Fiscal Reform and the Economic Foundation of Local State Corporatism in China", *World Politics*, 45 (1), pp. 100–122.

[2]　Andrew G. Walder (1995), "Local Government as Industrial Firm: An Organization Analysis of China's Transitional Economy", *American Journal of Sociology*, pp. 263–301.

[3]　周飞舟：《生财有道：土地开发和转让中的政府和农民》，《社会学研究》2007 年第 1 期。

[4]　Jieming Zhu (2004), "Local Developmental State and Order in China's Urban Development during Transition", *International Journal of Urban and Regional Research*, 28 (2), pp. 424–427.

[5]　张紧跟：《当代中国地方政府间横向关系协调研究》，中国社会科学出版社，2006，第 46~51 页。

分以及其他未经批准的各种税费，同样有着对地方企业掌控的冲动，以及使用其他一些地方资源，如租赁用于商业活动的土地等，因为这可以为地方政府提供财政收入。[1] 近年来，随着城市化和工业化的快速扩张，土地对地方政府具有越来越巨大的财政诱惑力，土地成为地方政府汲取财政收入的一个越来越重要的对象，土地收入对于地方财政的意义越来越重大，日益成为地方政府的"第二财政"，地方政府非常热衷于推动地方房地产业的发展。

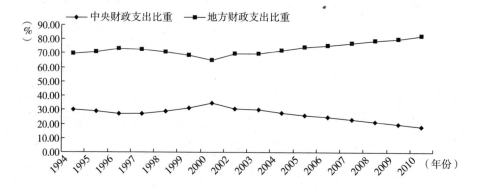

图 4－1 分税制后中央、地方财政支出比重情况

资料来源：根据相关统计年鉴整理。

就基层政府来说，2006 年农业税的取消加重了乡镇政府原本沉重的财政负担。我国乡镇财政收入中，农业税所占比重相当大。由于我国地区经济发展不平衡，各地对农业的依赖程度不同，越是经济落后的地区，乡镇财政收入对农业税收的依赖程度越高。一般来说，乡镇财政的常规收入来自三部分：一是财政部门收取的农业税费部分，主要以农业税为主体；二是地税收入，包括地方工商税收和企业所得税、个人所得税等；三是国税收入（增值税）的留存部分，一般占国税收入的 1/4。在以农业为主的地区，农业税一般占当地财政收入的 30% 以上。[2] 农业税取消后，以农业为主要产业的乡镇的财政收入大幅度减少，并且随农业税搭车收费的非规范

---

① 〔美〕托尼·塞奇：《盲人摸象：中国地方政府分析》，《经济社会体制比较》2006 年第 4 期，第 97~104 页。

② 瞿蓉：《乡镇政府公共服务供给困境及对策研究》，上海交通大学 2008 年硕士学位论文。

性收入也完全取消,因而其财政压力大为增加。在这种情况下乡镇财政很难满足日常办公的经费需要,"保工资、保运转"成了乡镇政府最主要的工作,根本没有心思也没有能力为农民提供公共服务。因此,乡镇政府不得不把主要精力用于直接的经济活动,一些乡镇政府喊出"发展是根本,招商是重点"的口号,这直接导致了乡镇政府行为的异化。

一方面,基层政府本身面对巨大的财政压力,另一方面,更为雪上加霜的是我国中央政府与地方政府在基本公共服务供给中责任不清晰,在农村义务教育、公共卫生、基础设施建设等方面,哪些应由中央负责哪些应由地方政府负责,在法律上没有明确规定,这使得处于庞大政府系统"输出"终端的乡镇政府深陷行政事务向下层层递增的"漏斗效应",上级政府本能地将治理压力和治理责任层层下压,同时抽取下级政府的优质税源、优良资产和能产生较大效益的行政审批权等治理资源,下级政府处在行政事务递增与治理资源递减的矛盾之中。① 而这其中的治理成本则由百姓买单。

(三) 特殊的考核指标体系

在压力性体制中,实行的是严格的目标管理模式和"一票否决"式的绩效考评机制。根据指标的完成情况,进行经济、政治方面的奖惩。物质激励主要体现为工资和直接的物质奖赏,非物质激励可能是职位提升、政治回报等。作为政府官员,政治权力的最大化是其追求的核心目标,在中国式的党国威权政治体系中,乡镇政府的绩效评价和干部个人的升迁掌握在上一级,而不掌握在乡镇政府的服务对象手中,这使基层干部为了自身利益与升迁之路不受影响,会努力迎合上级政府。事实上,自上而下的干部考核机制向地方官员表明了中央政府意志和政策的优先性,地方官员往往根据中央的政治激励所传达的信号来解读上级的意图。他们会对政策的执行进行理性选择,确保首先完成带有一票否决性质的硬指标,而忽视那些约束力不强的软指标。这种干部考核机制形成的政治激励在很大程度上会扭曲政策执行的结果,干部为实现在经济增长方面的政绩忽视其他方面

---

① 曾凡军:《GDP 崇拜、压力型体制与整体性治理研究》,《广西社会科学》2013 年第 6 期。

的政策执行。这背后的逻辑则是实现个人效用而非社会整体福利的最大化。

对于一些具备"政治性"的任务和指标采取的评价方式往往是"一票否决制",即一旦某项任务没有完成就视其全年成绩为零而受到惩处。"一票否决"作为一种责任承担机制可以凸显某项工作的重要性,鞭策下级依法执行落实,促进高质量地完成工作,在一定程度上也促使有关部门调整资源与人员分配方案,向这些任务倾斜,以保障任务完成。但是其弊端也是显而易见的。在 S 镇,严禁秸秆燃烧属于"一票否决"的事项,一位受访者说:"烧秸秆本来是一个小事情,但现在变成一个社会问题,很严重的一个环境问题,这个高度就升高了。你看,到了麦收季节,从 5 月初到 7 月初,其他事情我们基本上都放到一边了。省里定下调子,要抓'第一把火',要处理人,处理乡镇领导,市里也来这调子,全市'抓第一把火',抓到谁,都要处理的。谁也不愿意惹这个事情,宁愿把其他工作放一放。"用政治手段通过层层压力来推动各级部门解决问题,不仅不符合一个现代国家政府运转的常态,也不符合市场经济的运行规律,会产生多方面的消极后果。

三 "后发赶超型"均等化服务的基本特点

后发赶超地区的基层政府的基本公共服务供给具有受上级政府压力的被动色彩。在压力型体制下,公共服务供给过程中,上级政府直接给下级政府下达公共服务指标,下级政府被迫按照上级的指示或者是变相地完成上级的任务。在此压力型公共服务模式下,县、乡一级政府在文化教育、公共设施、公共医疗、环境保护和社会保障等领域的公共服务意识带有明显的被动色彩,将这些领域的公共服务视为一种政治任务来实施和完成,下级政府对上级政府规定的公共服务政策指令的理解上的偏差,也必然给其公共服务的供给带来质量和数量上的偏差。总体来说,如果政府将公共服务理解为一项政治任务,其在执行上必然带有被动性,只是将其视为一项任务。在此模式下,政府的公共行政管理缺乏创新性和主动性,将所有关注点放在如何完成上级传达的政策指令上,而没有将自己视作真正意义上的以"公共行政管理"为己任的政府行政管理员，因此也就缺乏对公共服务的设计创新、统筹规划、科学运行机制和长远发展机制，其主要精力都用在完成"数量"指标上了，由此，政府公共管理必然无力顾及公共服务的质量运行体系。①

(一) 公民需求导向的缺失

合理的公共服务供给模式的建构应该包括不断健全、完善和扩大民意表达机制，着重培育公民的民意表达意识。在当前的基层治理中，压力型体制下的目标责任机制使得某些地方政府在成本效益的理性分析基础上追求工具理性的"成本收益计算"，这种对政绩导向和工具主义理性的追求，容易导致地方政府行为的失范，滋生华而不实的政绩冲动，偏离公共管理的终极目标。虽然中央政府三令五申要求下级政府转变政府职能、为公众提供优质的公共产品，但是目前的绩效考核机制不能对基层政府提供公共服务产生足够的内在政治激励，而民意表达机制的缺失与公众参与的缺席使公共服务提供的外在压力不强，因而对中央政府自上而下的非常规性力量的行政压力，地方政府大多以"弱者的武器"给予相应的形式主义回应。② 基层政府在追求经济发展与绩效的同时，应该将解决公民需求放在工作的首位，注重公平、正义、责任、公民权利、人民主权和公共利益等价值的实现，充分体现基层治理的公共性质，这也是对公民在基层治理中的主体地位的肯定。建立和完善民意表达机制，改变以往只对上级负责的工作方法而采取对公民负责的方式，是现代政府提升对公民诉求回应力的必然选择。

(二) 供给主体的单一化

在经济较发达的地区，市场在公共服务的供给中发挥重要作用。由于市场机制完善、现代化程度高，发达地区公共服务的供给和生产主体趋向多元化，形成由市场引导为主，企业、民间投资者等多个主体共同参与的竞争格局。在市场化的公共服务运营格局中，各个主体本身的资金状况、

① 陆道平：《我国城乡公共服务均等化：问题与对策》，《江汉论坛》2013 年第 12 期。
② 曾凡军：《GDP 崇拜、压力型体制与整体性治理研究》，《广西社会科学》2013 年第 6 期。

信誉等级等要素成为进入市政服务市场的首要条件，与此同时，它也规范着公共服务朝着群众满意的方向发展。政府则可以拥有更多的时间与精力来加强对公共服务生产的监督和管理，实现由行政管理向合同关系转化。而后发地区市场经济起步晚、发展程度低，这直接导致后发地区公共服务处于弱势地位。缺少市场的辅助，政府不得不独自承担公共服务的提供，这不仅加重了政府的负担，也不利于改善公共服务产品的质量。

第二节 "后发赶超型"均等化服务模型：
L市P镇

在"后发赶超型"均等化服务模式中，基层政府往往把大部分精力放在实现经济快速成长这一核心目标中，而忽略了来自基层民众对于公共服务的现实需求。在经济快速成长的过程中，忽略公共服务而产生的问题逐渐凸显，有关社会民众在公共服务方面的需求开始被重视，L市P镇就是这样的一个例子。

一 P镇基本情况概览："后发赶超型"的历史与现实

L市是具有悠久历史的东海古城，也是近海开发的龙头城市。优质的港口是其核心发展资源，年集装箱吞吐量稳居全国前十。近年来，随着国家深化改革开放战略的逐步推进，L市正面临前所未有的发展机遇：中东西合作开发示范区、国家创新型城市试点、"一带一路"的重要交汇点，借海发展已经成为L市的基本策略。东西线陇海铁路、沿海高铁、连霍高速、沿海高速和沈海高速等交通要道逐一被打通，为L市未来的繁荣和腾飞奠定了重要基础。独一无二的地理优势和千载难逢的政策机遇弥补了L市相对薄弱的经济基础和城市规模。

P镇位于L市西郊，与城区隔河相望，原属于L市D县，2008年3月1日划给L市X区，是典型的城郊镇。镇区西距L民航机场20公里，东至港口40公里，310国道、陇海铁路、新牛公路横穿东西，同三高速公路、204

国道纵贯南北，境内有高速公路出口两个，市区 11 路公交车直达镇政府驻
地，内河运输直达京杭大运河，交通十分便利。蔷薇河、新沭河、乌龙河、
鲁兰河、淮沭新河经境内流入黄海，为全镇工农业生产提供了丰富的水源。
全镇土地面积 108 平方公里，辖 18 个行政村、1 个社区，总人口 5.6 万人，
耕地面积 8.8 万亩。工农业基础较好，农业形成花卉苗木、蔬菜、水产三大
产业。工业有硅产品、机械、建材等门类，经济开发区、现代服务业集聚区
位于境内。P 镇行政村基本情况见表 4 - 1。

表 4 - 1　P 镇行政村基本情况一览

村别	组数	户数	人口（人）	劳动力（人）	耕地面积（亩）	流转面积（亩）	集体收入（万元）	债权总额（万元）	债务额（万元）
合计	66	12314	49017	25940	65801	17400	1008.84	1475.94	391.54
TP	3	1409	5478	2786	2233	2192	168.96	968.52	
XT	3	535	2110	892	2866		43.40		
BT	4	819	3100	1700	3698	300	60.05	15.91	
PB	3	920	3745	1980	3700	850	57.87	17.32	
TD	3	530	2039	1121	2805	400	28.69	8.77	37.92
WX	5	613	2496	1327	5180	700	34.79	21.88	23.47
CS	3	545	2180	1090	3850	2200	35.10	0.52	3.18
XW	4	836	3310	2578	3234	1300	57.02	18.95	13.40
XJ	5	746	2682	1510	5077	1100	51.49	21.49	7.43
JP	6	898	3265	1520	6120	4600	110.50	27.81	16.55
LP	5	775	3050	1570	5760	2033	48.75	25.77	89.34
GY	3	416	1619	728	2793	146	39.67	29.36	41.48
XA	3	659	2798	1402	4636	304	36.74	15.79	
PN	3	680	2680	1340	3989	962	37.17	66.70	69.75
PW	3	614	2670	1235	4640		69.53	14.87	
XW	2	324	1524	915	803	120	25.20	63.54	
FA	2	507	2168	1104	1913		52.49	129.52	49.41
YX	6	488	2103	1142	2504	193	51.42	29.22	39.61

资料来源：根据相关资料整理。

2012 年，P 镇被列入 L 市首批城乡统筹试点镇。2013 年 3 月 9 日，L 市前任市委书记来 P 镇调研，提出了 P 镇城乡统筹要以"农村社区化、农业园区化、农民市民化"为发展方向。按照"三化"构想，P 镇以规划设计为引领，以项目建设为抓手，以机制创新为动力，建设"一个新镇区、两个新社区、三个农业产业基地、三个特色园区"，计划用 3～5 年时间，将 P 镇建设成为苏北经济强镇、江苏现代农业示范区、国家级生态镇。自 2013 年 7 月全面开工建设以来，P 镇城乡统筹建设 29 个重点项目已完成总工程量的 70%。文体中心、商业中心一期、新社区、基地管理服务中心、环湖道路、道路桥梁等一系列项目竣工。共计 520 户农民迁入新社区。城市优质公共服务资源逐步向乡村延伸，全镇生态环境持续改善提升。2013 年，全镇完成财政总收入人民币近 1.9 亿元，规模以上工业总产值 14.9 亿元，农民年人均纯收入 15300 元。

经过多年的努力与发展，特别是近几年的超常发展，P 镇面貌日新月异，已经成为全市第一工业强镇，连续多年综合目标考核位居前列，被市委、市政府评为"经济增长优秀乡镇"和"财政十强乡镇"。表 4-2 列出了 P 镇 2003～2013 年财政收支情况。

表 4-2　近十年 P 镇财政收支情况统计

单位：万元

年份	预算内收入	预算外收入	预算内支出	预算外支出	决算财政收入	决算财政支出
2003				559	2187	439
2004	2670	1518	485	1693	2303	681
2005	2485	2997	666	1679	3372	
2006	5177	6000	1993			
2007	8266	5000	4283	5000	12000	8189
2008	5800	1200	7603	1200		
2009	2625	1000	1900	900		
2010						
2011	5000		2500			
2012						
2013	18000	950	8700	950	15100	8881

数据来源：P 镇历年政府工作报告和财政预决算报告，空格表示缺失数据。

二　"后发赶超型"的治理成效

在现有的赶超经济发展过程中，清晰的量化指标比较很容易演变为竞争。在同一体制内竞争，那些具备创新思维、宽泛人脉网络、解决问题能力强的领导能够强势表达自己的政治诉求并主导治理过程，也更容易做出成绩。而关系网络窄、规则意识强的地方领导者更愿意采取保守的跟随策略。在急需把握发展机会而又没有现成政策依据的情形下，上级政府如果给予适度授权，有胆识的基层官员往往会自发地突破旧体制，试验一些新的替代性制度；这些创新的机制再由上级政府先是善意地"疏忽"，继而善意地响应予以认可，并加以政策推广。在压力体制下，任务层层分配，下级政府完成任务的情况对于上级政府的绩效考核至关重要，谋求生存和争取更多的资源成为上下级政府的共同目标。地方官员为了赢得竞争，同时规避风险，一方面将考核指标分解下达划片负责，另一方面也会抱团取暖，构成分担重任的集体减压阀机制。因而，上级政府对下级为完成考核指标而采取的打擦边球行为基本持默许与鼓励的态度，与下级政府"共谋"治理。P镇在经济相对落后的L市，凭借早先发展较好的工业基础和与市区毗邻的地理优势，在新一轮城乡统筹中获得了率先发展的特权，创造了上下共谋同治的良好成效。

（一）书记挂帅

试点和授权是具有中国特色的重要政策方法工具，在乡镇基层治理中运用得尤为普遍。所谓试点，是在执行不熟悉的新政策时，面对不熟悉的新情况，通过实地调研，先选择恰当的小范围进行小规模尝试，以避免大的失败，少走弯路。在改革开放后，随着"实事求是"思想路线的确立，"政策试点"的理论和实践价值得以重新显现。[①] 与各种试点相配套的政策支持，在纵向政府关系中则主要表现为授权，尤其是倾斜授权，即将特定权力有选择地授予某些地方政府或下级政府。[②] 在乡镇一级的基层政府中，

---

① 周望：《中国"政策试点"研究》，天津人民出版社，2013，第28页。
② 薛立强：《授权体制：改革开放时期政府间纵向关系研究》，天津人民出版社，2010，第138页。

将试点和授权相结合的管理机制就是所谓的"管片和包村"。无论干部负责的是片还是村,通过将特定治理单位划分不同区域,授权给掌握着不同行政权力和资源的干部负责管理,一整套"试点"的治理逻辑得以贯穿其中。在推行城乡一体化建设中,2012 年 L 市通过设立城乡统筹试点工程,采取"以点带面"的基本策略,将试点乡镇划分给 L 市各级各部门领导负责。P 镇凭借早先发展较好的工业基础和与市区毗邻的地理优势,成为首批城乡统筹乡镇,并由 L 市前任市委书记直接负责。书记挂帅为 P 镇的发展带来了各种政策优惠和资源便利。

> 离不开上级,这不是说好听话啊。离不开上级领导党委政府的关心以及部门的各种支持,这个很重要。[①]

其他乡镇若想得到上级"部门支持",只能通过常规的正式渠道,分别与各行政部门打交道。这种方式在中国"熟人社会"的文化传统中,是相对高成本低效率的。但 P 镇是由书记直接挂帅的试点镇,在争取政策支持方面,P 镇领导通过与上级政府,尤其是直接与上级"一把手"个人建立亲密无间的合作伙伴关系,无形中拥有了许多便利条件。

> 我们这个点,也不瞒你说,是我们 L 书记挂的,是我们市委书记一把手挂的这个点。他挂了这个点以后呢,相关部门,包括市里各项政策的支撑啊,资金的支持啊,我觉得还是很给力的。[②]
>
> L 书记作为一把手,他挂帅,相对来说资源更优质一些。L 书记每次来视察,各个部门规办局的一把手都要跟着来,特别是几个强势部门,国土规划建设这些部门都要跟来,L 书记在调研过程中遇到什么问题,直接就在现场交代,建筑规划局抓紧把它的什么方案提交,通过以后就可以实施了。这个就可以超常规来实施操作,效率就高了。[③]

---

① L 市 H 区 P 镇镇书记访谈记录,2014 年 8 月 29 日。
② L 市 H 区 P 镇镇书记访谈记录,2014 年 8 月 29 日。
③ L 市 H 区工作人员访谈记录,2014 年 8 月 30 日。

书记挂帅，使上级政府不再等同于相互割裂、高不可攀、僵化迟滞的各个分管部门，而是将上级政府的关心和支持直观地变为一对一的每周汇报、每月调研，其治理的优势不仅仅体现在效率上，而且在争取国土指标、应对更上级政府检查的各种事务中，都能获得隐形却关键的支持。

（二）规划先行

2008 年，L 市经历了一次行政区划调整，P 镇原工业开发区上升为区一级开发区，而 P 镇自己却从东海第一的工业强镇变为弱镇。经过近 4 年的徘徊和摸索，在 2012 年被列入城乡统筹示范镇后，P 镇抓住了机遇，规划先行，从镇域居住、产业、生态等多方面谋划城乡统筹。

2012 年，P 镇委托南京知名设计院完成《L 市 H 区 P 镇总体设计规划（2012～2030）》《P 镇新镇区控制性详细规划》等 22 个规划编制和 38 个项目设计，形成了覆盖全镇域的规划体系，对镇域居住、产业、生态等从空间上进行总体布局安排。城乡一体化建设过程中，路桥等基础设施是前提和基础。在这方面，P 镇以打通交通瓶颈为突破口，建成三座大桥，新修道路 23.5 公里，提升完善镇域交通网络，实现主城区—新镇区—生态农业区交通一体化，从而使 P 镇历史性地融入城区。

从区域功能来看，全镇由东向西渐次为城市拓展区、产业发展区、生态农业区。根据新一轮 L 市总体规划，将 P 镇 204 国道以东部分作为城市建设拓展区；将 204 国道以东、乌龙河以南、郁州西路以北规划为 4 平方公里的新镇区。新镇区与老镇区毗邻，便于基础设施与公共服务互相衔接。在镇村居民点布局规划方面，按照"适度集聚、节约用地、有利农业生产、方便农民生活"的原则，P 镇规划形成三级镇村体系等级结构：1 个城镇、2 个中心社区和 11 个新社区，形成新镇区—中心社区—新社区集中居住格局。新社区建有十有基础设施和十有公共服务设施。① 目前已建成民居 220 套。多层楼房户型面积为120 平方米；阳光排屋面积为 320 平方米，院落式房屋面积为 230 平方米。

---

① 十有基础设施，包括电视、电力、自来水、互联网、消防、太阳能综合利用、天然气、电子监控、污水处理和垃圾处理；十有公共服务设施，包括两委办公室、党员活动室、文体活动室、矛盾纠纷调解室（警务室）、服务大厅、日用品超市、农资超市、农民健身广场、卫生室、村史室。

在产业布局规划方面，坚持城镇与产业互动，产城融合，以产业化支持城镇化。合理安排城镇与产业发展空间布局，按照"农业园区化"要求，规划设施蔬菜、花卉苗木、特种水产养殖三个农业产业基地，总面积约5万亩，配建管理服务中心，实现连片开发，道路、水系、电力通达以及信息化和智能化。规划建设农产品加工集中区、中小企业园、休闲观光园三个特色园区。同步推进沿310国道、204国道发展现代服务业集聚区、浦南农贸市场、浦北物流园。推动实现城镇与一、二、三产业协调发展，产业与城镇良性互动，促进农民在"家门口"充分就业，为"农民市民化"提供载体支撑。

（三）土地整合

如果说产业发展是城乡统筹的支撑点，那么土地整合则成为实现产业发展、推动规模经济的重要步骤，是科学规划的基本出发点和最终落脚点。前者部分解决了钱的问题，后者则解决了城乡统筹中的土地问题。目前，对于发展较快的乡镇来说，土地整合的任务在城市不断扩张时就已经完成，但在大多数乡镇中，一方面是土地分散、抛荒、闲置现象十分普遍，另一方面是国家每年土地指标十分有限。这给基层政府资源整合带来了制度性约束。但是由于"后发赶超型"基层政府拥有上级"一把手"的鼎力支持，所以，无论是政策还是指标都不会成为制约经济发展和未来规划的问题，以P镇为例，除了手续上可以非程序化操作外，还可以争取更多土地指标。在土地用途方面，即使用来造公墓也没有问题，甚至当上级政府检查时都可以一一摆平，轻松解决。

> 打个擦边球，土地上都是先斩后奏，先把东西做出来，过后补手续。①
>
> 国土指标上，我们指标是很紧张的，我们全市一年能转化为建筑性的指标两千亩，两千亩的话一般我们区分到二三百亩就不错了。L书记挂帅的话，他可以优先考虑，因为这个是L书记的点嘛，可能正常给你新浦区三百亩，也许可能因地方上需求比较紧迫，单独的点呢

---

① L市H区P镇镇书记访谈记录，2014年8月29日。

给它二百亩、一百亩，特别关照了。①

　　我们打算几个村集中起来搞一个公墓。现在农民坟墓啊，到处都是，埋在这里，埋在那里。但是说实话，一直没有找到国家政府的一个支撑，地方上呢就想办法打一个擦边球。再者呢，公墓呢，需要国家农业部批的，对吧？但是你不这样搞的话，那很乱啊，老百姓看到哪里空的，就往哪里一埋，对吧？农村不可能说还有多少钱去买公墓啊？这样我们集中起来，搞园林式的一片，栽树为主，下面的搞一块碑，（用手比画）挖一块。上面看就是一个园林。但是通过这样一来，把老百姓安葬的事情解决了。②

　　刚开始破土动工以后，没有一个月就停了，省里面就来查，我们就开始诉苦，市里面支持。后来就把土地指标争取过来，解决了……要市领导关心。③

（四）招商引资

　　在当今全球经济一体化的时代，一个国家、地区引进资金和技术等发展性资源的能力越强、数量越多，其经济的发展速度就越快、发展水平就越高。④ 因而科学的招商引资是 P 镇实现跨越式发展的重要手段。Z 局长刚刚上任时，P 镇市场经济水平较低，企业规模较小，竞争力不强，很难完全通过市场竞争和企业自身的力量创造竞争优势。这需要政府在招商引资方面发挥积极的作用，发挥自身在组织能力以及市场意识方面的优势，积极主动走出去，依照本地经济社会发展的需要，有意识、有计划和有组织地引入资金、技术和人才，帮助企业搭建平台，提供信息，开辟渠道，给予政策支持。在这个过程中，地方领导的素质能力是关键因素。那些能主动抓准企业的投资需求、了解企业的投资顾虑、给企业投资信心，在激烈的市场竞争下能把企业引到本地的官员便是"能人"。他们一般具有较

---

① L 市 H 区工作人员访谈记录，2014 年 8 月 30 日。
② L 市 H 区 P 镇镇书记访谈记录，2014 年 8 月 29 日。
③ L 市 H 区 P 镇镇书记访谈记录，2014 年 8 月 29 日。
④ 张晨：《"动员—压力—运动治理"体制下后发地区的治理策略与绩效——基于昆明市 2008～2011 年的发展经验分析》，《领导科学》2012 年第 11 期。

广的社会关系网、较强的沟通能力以及对市场需求和企业需求的准确把握。相比较个别试点地区或者是享受中央政策特殊照顾的特区,一般地方政府招商引资的成败关键在于地方政府官员的能力。表4-3对近年来P镇的重点招商引资项目情况进行了简单呈现。

表4-3 P镇近年来招商引资重点项目及进展情况汇总

项目名称	总投资	项目内容
农产品加工	2亿欧元	农产品加工、冷链物流
蔬菜深加工	500万美元	蔬菜深加工
果蔬加工	人民币0.5亿元	年产3万吨农产品加工
水产养殖	人民币0.5亿元	开挖3000亩连片鱼塘,鱼虾混养
农业观光旅游	人民币1.5亿元	流转土地3000亩,集农业观光旅游一体的综合农业开发
农业观光园	人民币0.1亿元	建成90亩的农业综合观光园
生态农业综合利用光伏项目	人民币10.8亿元	需要连片鱼塘5000亩
风力发电	人民币10亿元	建设100MW规模的风力发电项目
蓝莓电子商务园区	人民币4.8亿元	占地220亩的电子商务园区
电商物流园一期	人民币2.2亿元	一期占地60亩,建二栋2.5万平方米的平房仓储;二期占地4亩,二栋2万平方米的平房仓储
310物流园	人民币2亿元	半滩村310沿线400亩土地,建现代物流园区
电商物流创业中心	人民币0.5亿元	规划占地20亩
连云港交通技工学校	人民币1.3亿元	一期占地240亩,驾校培训
建材市场	人民币2亿元	以建材为主的综合性市场
新材料生产	人民币1亿元	占地100亩,碳化硅材料生产
水表厂搬迁及新建	人民币1亿元	因城市发展需要,原厂址面临拆迁问题,需重新选址落户
新型建材	人民币0.4亿元	占地100亩,新型建材生产

资料来源:《P镇招商引资工作情况汇报》。

P镇历年的政府工作报告显示,招商引资都是其中不可或缺的重要内容。在农业方面,提出要进一步加大农业招商引资力度,吸引农业龙头企业入驻,发挥龙头企业的带动作用;通过企业带动、农户入股的形式,逐步推进包青路以西养殖业的发展。同时不断强调要牢固树立大招商、招大商的理念，以招商引资促进经济发展，利用良好的服务和优质的资源，促进高新企业加快入驻园区。对于 P 镇的干部来说，"白加黑""五加二"是工作常态，很少有私人闲暇时间。

> 现在我们全身心投入这两个项目中，找投产，找就业。不然怎么弄啊，没钱怎么弄啊。还是要大力发展项目。大项目不放过，小项目不错过。①
> 我从到 P 镇，一个地方没去过，没出去过，真的没出去过。到南京还是当天来回的，没办法。现在不好意思开口请假。②

三　基层民众需求的失语："后发赶超型"的社会阵痛

尽管从经济发展的角度来说，P 镇确实取得了巨大的成绩，但是这种经济的单方面发展与基层民众的现实需求显然并不太一致。

（一）基层需求的被动式输入

尽管乡镇政府是最贴近民众的政权组织，普遍被认为应该最了解民心、民意和民声。然而，在现实中，受到体制性强制约束，在上下的双重压力之下，普通乡镇往往只能被动地处理来自民众的需求。主要表现为两种情况：一是涉及民生社保、医疗、养老、教育等方面公共服务和资源的，主要应对上级政府的检查指标和考察压力；二是应对在特定事件中利益受损的农民采取上访、举报、投诉等，有可能危及社会局部稳定和基层干部考核评审情况的抗议行为。在这两种情况下，基层干部为了完成上级任务，或尽快平息不良事件，不得不采取各种措施满足基层需求。这也是近年来，大多数乡镇都疲于应付"上访"，将大量精力投放在"维稳"工作中的原因。但是这两种情况，在受到政策特殊关照的书记挂帅镇，却有着另一番图景。在这里，基层的需求不再受到自下而上和自上而下的双重输入，基本只受到自上而下，从政府到民众的单项式输入，民众在确定自

---

① L 市 H 区 P 镇镇书记访谈记录，2014 年 8 月 29 日。
② L 市 H 区 P 镇镇书记访谈记录，2014 年 8 月 29 日。

身利益和需求方面显得尤为被动,几乎丧失了话语权。

和全国大多数地区的农民一样,P镇的农民并不了解征地、修路、村庄整洁的重要性。与直接能带给他们看得见摸得着实惠的社保、养老、就业、收入、教育和医疗等公共资源和服务相比,这些并不是他们关心在意的。甚至像禁止焚烧秸秆这样的政策,对于大多数传统农民来说,更是难以理解。于是许多政策在基层中难以执行,遭遇上访闹事的现象屡见不鲜。但是在P镇,乡镇干部通过调动各种资源,采取一系列措施,实现了政府意志在基层的执行和落实,成功地将政府发展需求转化为民众需求。对于许多乡镇十分头疼,要花费两个多月精力,以高强度运动治理模式进行的秸秆禁烧,在P镇能够实现"零火种"。为转变农民长久以来堆积杂物的生活习惯,P镇通过动之以情、晓之以"利"的方式,推动了农民生活习性的现代化发展。

(二) 基层服务的发展式导向

基层公共服务的基础是有效、可靠、可持续的财政保障。自农业税全面取消后,大多数乡镇缺乏财政收入,负债较重,沦为吃饭财政。但对某些乡镇来说,财政情况也不像想象中那么艰难。有的乡镇经历了产业的转型和升级,通过过去的招商引资,在财政收入这一块有了较为稳定的来源。有的乡镇正在经历产业转型和招商引资的发展,尽管还没有建立稳定的财政收入体系,但是在发展过程中得到的政策支持、专项资金和优惠贷款却是其他乡镇无法比拟的。然而,在这个过程中,将原本用在直接改善民众生活上的资金也投入到基础设施建设方面,则成为妨碍农民切身利益的重要原因。为了实现某些有利于未来乡镇发展的建设和工程,乡镇干部有可能铤而走险,挪用公共资金,一旦事发,很可能引起民众强烈的不满和对基层政府的不信任。

> 道路亮化、墙面美化这一块,咱们投入将近300万了。这个镇里面肯定不补贴,自己筹资金还得一部分啊。村里资金有限,就利用移民资金有补贴这一块,用一个手腕,搞一点出来。①

---

① L市H区P镇村干部访谈记录,2014年8月30日。

可想而知，在公共服务供给的资金投入原本就不够充分的情况下，民众的基本补助还无法得到完全保障。表4-4列出了2007年P镇的财政预算执行情况，从表中可以看出，P镇在公共服务方面的支出总体上并不理想。因此，要真正落实公共服务均等化，道路还十分漫长。

表4-4　2007年财政预算执行情况

单位：人民币万元

收入栏		支出栏	
预算内收入		预算内支出	
财政总收入	12000	上解县财政教师工资	666
		收入增量支出	
国税	6174	农业	943
		企业挖潜改造	328
		文体广播计生事业费	180
地税	4601	其他部门事业费	60
		抚恤和社会福利事业费	81
企业所得税	1900	行政管理费	680
		行政事业单位离退休人员	41
个人所得税	980	公检法司	38
		开发区基础建设	5702
财政	1225	政法综治经费	38
		其他	98
预算外收入		预算外支出	
土地租赁和出让	5000	民办教师、镇聘教师工资	40
		开发区基础设施	1200
		开发区拆迁	1100
		农民征地补偿	1150
		农村基础建设	210
		新农村建设及农村改水等惠农政策	410
		行政管理	600
		其他	290

第三节　P镇基层政府均等化服务的问卷调查

一　调查概述

本次调查前后共计两个月有余，从 2014 年 7 月 20 日开始，至 2014 年 9 月 30 日结束，本次调查将 P 镇作为"后发赶超型"的典型，调查主要包括三个方面的内容：一是 P 镇市民对基本公共服务的满意度；二是 P 镇市民对基本公共服务重要性的认知；三是 P 镇市民对基本公共服务均等化程度的评价。试图通过调查发现 P 镇在基本公共服务均等化方面存在的问题并提出对策。本次调查共计发放问卷 300 份，回收 271 份，经数据清洗剔除无效问卷后，得有效问卷 255 份，问卷有效率达 85.0%，样本总数和有效样本比重符合数理统计业界要求。剔除系统缺失值后，全部有效样本的性别、户籍、年龄、政治面貌、文化程度及职业分布情况见表 4 - 5。

表 4 - 5　受访者基本情况的描述性统计（剔除系统缺失值）

特征	类别	频数	%
性别	男	189	75.6
	女	61	24.4
年龄	16~35 岁	42	18.5
	36~55 岁	173	76.2
	56 岁及以上	12	5.3
文化程度	小学及以下	21	8.6
	初中	118	48.2
	高中/职高/中专	77	31.4
	大专	25	10.2
	大学本科及以上	4	1.6
户口性质	城镇户口	13	5.4
	农业户口	228	94.6

续表

特征	类别	频数	%
政治面貌	非党员	219	87.3
	党员	32	12.7
职业	高级白领	12	4.7
	中低阶服务人员	27	10.7
	体力劳动者	110	43.7
	失业/无业/退休	6	2.4
	其他	97	38.5
	样本数总计	255	100

二　基础数据分析

本次调查问卷的设计①主要包括四个部分，分别调查居民对当地十项基本公共服务的满意度，居民对十项基本公共服务重要性的基本认知，居民对当地基本公共服务均等化的主观感受和评价，以及居民的基本身份信息。通过收集的数据，将报告分为三大部分，首先对居民对十项基本公共服务的满意度评价、重要性认知和均等程度的感知进行基础性描述。其次将均等程度的感知与满意度评价和重要性认知分别进行二维分析，进一步说明城乡间差异，并根据户口属性差异对城市居民和农村居民的二维分析结果进行比较。最后根据方差分析不同人群对十项基本公共服务满意度评价、重要性认知和均等程度感知的差别。

（一）基本公共服务的满意度

对基本公共服务的满意度分析可以帮助决策者找到市民反映强烈的公

---

① 需要说明的是，为了方便被访者真实有效地表达意见，调查问卷中的选项被设置为五度变量，即"非常满意""满意""一般""不满意""非常不满意""不了解"；"很重要""比较重要""一般""不太重要""不重要""不了解"；以及"没有差别""差别不大""一般""差别较大""差别很大""不了解"。其中，"不了解"与"一般"合并，赋值分别为5、4、3、2、1。最后得分取均值，得分越高、表示满意度越高、均等程度越高、重要性越高。

共服务项目，进行针对性提高。图 4 - 2 表明，根据调查，市民对 L 市基本公共服务的满意度排序由低到高依次为医疗卫生、住房保障、环境保护、公共安全、公共教育、人口计生、公共文化、社会保障、就业服务、基础设施，得分为 3.06 ~ 3.33。但是，总体上来说，公众对于基本服务的满意度都比较低，最高的基础设施的满意度也只有 3.33，显示政府在满足公众公共服务需求与期待方面依然有较大的距离。

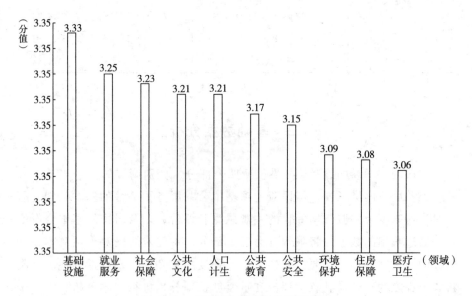

图 4 - 2　十项基本公共服务的满意度

（二）　基本公共服务的均等程度

市民感知的均等程度是进一步提高 L 市城乡基本公共服务均等化的一个可行的参考。如图 4 - 3 所示，本次调查结果表明，市民感知的 L 市基本公共服务均等化程度由低到高依次为住房保障、医疗卫生、基础设施、公共教育、环境保护、社会保障、公共安全、公共文化、就业服务、人口计生，得分为 2.63 ~ 2.9 分。与 S 镇相比，P 镇的公共服务均等化程度有较为明显的落差，居民对十项公共服务的均等化感知度均比较低，最高的人口计生服务只有 2.9，而住房方面的均等化程度排在最后，只有 2.63。理论上来说，人口计生、公共安全等具有较为强烈的非排他性的特征，在均等化感知方面应该是比较明显的，但是在 P 镇的实际情况却并非如此。因此，可以认为 P 镇在公共服务均等化的供给过程中存在着较为明显的问题。

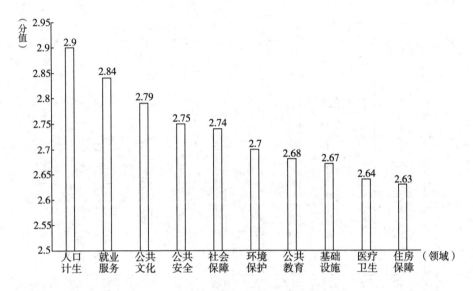

图 4 - 3　十项基本公共服务的均等程度

（三）基本公共服务的重要性

基本公共服务对于不同的市民有着不同的效用，市民感知的公共服务重要性可以反映需求的优先级，可以体现公众对公共服务的具体期待。本次调查结果表明，市民感知的 P 镇基本公共服务重要性由低到高依次为人口计生、住房保障、公共文化、基础设施、环境保护、就业服务、社会保障、公共安全、医疗卫生、公共教育，得分为 3.75 ~ 4.34 分（见图 4 - 4）。公共教育的重要性被放在了首位，这有点让人感到意外。因为作为基础性的义务教育来说，由于国家实行免费政策，学杂费被免除，在基层，公众上学难的问题大大缓解，公众对此的感知应该会下降。原因可能有两个方面：一是外来务工人员子女教育问题依然比较突出，上学难的问题依然没有得到有效的解决，从而让公众产生了较为强烈的公共教育服务的缺失感；二是学前教育，也就是幼儿园教育的问题，一些乡村公立幼儿园建设依然滞后，很难满足本地学前教育的要求。同样，住房保障的重要性排在了倒数第二的位置也让人感到意外。正如前面分析的那样，由于市场化竞争所导致的分殊，那些在市场竞争中失利的人会对住房产生较为强烈的感知。

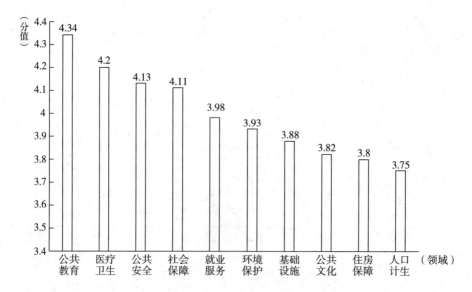

图 4-4 十项基本公共服务的重要性

表4-6汇总了10项基本公共服务的满意度、均等程度和重要性得分，以及相应的排名。总体来看，重要性排名越高，而满意度和均等化程度排名越低的项目更应该得到关注，但L市十项基本公共服务的重要性、满意度与均等程度匹配程度不高。其中，社会保障和就业服务的三个排名在前5名，说明基层政府在社会保障和就业服务方面下了大功夫，并且得到了老百姓的认可。此外，社会保障在三个方面的排名中都位列前五。医疗卫生、公共安全和公共教育为急需改进的项目，这与前面分析统计的结果相吻合，市民认为医疗卫生服务比公共安全更为重要，但是对医疗卫生的满意度却不如公共安全，而且认为在这个方面城乡间均等化程度较差。换言之，无论在城市还是在农村，政府在医疗卫生方面做得可能都还不够。得到满意度差评的还有住房保障和环境保护，但市民认为其重要性较低。住房保障与其他方面相比，重要性偏低，满意度和均等程度排名都垫底，可能是随着城市化进程和

拆迁等工作，市民的基本住房条件得到改善，但离其自身的期待仍有差距，需要政府、社会多方联动，引起重视。值得注意的是公共文化，在之前的城乡比较中发现，城乡居民都认为这项服务基本是不重要的，而均等化和满意度却是较高的。

表 4 - 6 十项基本公共服务的得分与排名

	满意度	排名	均等程度	排名	重要性	排名
公共教育	3.17	6	2.68	7	4.34	1
医疗卫生	3.06	10	2.64	9	4.2	2
公共安全	3.15	7	2.75	4	4.13	3
社会保障	3.23	3	2.74	5	4.11	4
就业服务	3.25	2	2.84	2	3.98	5
环境保护	3.09	8	2.7	6	3.93	6
基础设施	3.33	1	2.67	8	3.88	7
公共文化	3.21	4	2.79	3	3.82	8
住房保障	3.08	9	2.63	10	3.8	9
人口计生	3.21	4	2.9	1	3.75	10

根据对 P 镇 255 份有效问卷的分析，我们可以对 P 镇基本公共服务均等化的现状得出以下基本结论。

首先，从基础性描述来看，公众认为十分重要的基本公共服务，即排在前五位的是：公共教育、医疗卫生、公共安全、社会保障、就业服务。其中，公共教育的均等程度和满意度都排名中等偏下；医疗卫生方面，老百姓评价和感受不甚理想，满意度也不高；公共安全方面，均等化程度相对较高，但满意度相对较低。

其次，重要性与满意度、均等程度的二维分析表明，公众认为目前急需改进的基本公共服务是公共教育、公共安全和医疗卫生。次要改进的服务是住房保障和环境保护。社会保障相对而言是目前 L 市较有竞争力的公共服务，群众重视、满意度较高，但均等化程度有待提升。

最后，根据不同属性人群诉求的不同，十项基本公共服务的详细分析表明：其一，城乡差距较大，在所有基本公共服务的各项测评指标得分中，农村户口受访者的满意度、均等程度和重要性得分在较多项上低于或显著低于城镇户口的受访者；其二，从性别角度看，性别不是显著影响因素，男性与女性对满意度、均等程度和重要性得分无显著差异；其三，从年龄角度看，除就业满意度外，年龄不是显著影响测评的因素；其四，学历和职业有时会构成对满意度、均等程度和重要性得分的影响因素。

三　二维象限分析

将一个复杂的问题转化为两个维度分析，往往能化繁为简，直观地发现问题，提高工作效率和管理效果。二维象限法就是将两个重要属性作为分析的依据，进行分类分析，找出解决问题的一种方法。对于决策者而言，在有限的资源束缚下，找到资源能够产生最大效率的项目至关重要。我们同样可以通过二维象限法来分析 P 镇的公共服务均等化状况。

（一）基本公共服务的满意度和重要性

以重要性得分为横轴，满意度得分为纵轴，做出图 4－5。以重要性得分均值做横轴参考线，以满意度得分均值做纵轴参考线，可以把图形区域分为 4 个，高重要性－高满意度区为竞争优势区，高重要性－低满意度区为急需改进区，低重要性－高满意度区为锦上添花区，低重要性－低满意度区为次要改进区。竞争优势区的基本公共服务仅包含社会保障。急需改进区的基本公共服务包括公共安全、公共教育和医疗卫生。锦上添花区的基本公共服务为基础设施、人口计生、公共文化和就业服务。次要改进区的基本公共服务包括住房保障和环境保护。调查结果表明，L 市目前做得比较好的公共服务是社会保障，需要继续保持。需要得到改进的内容主要是公共安全、公共教育和医疗卫生三个方面。显然 L 市市民对政府在这三个方面提供的服务不够满意，同时认为这三方面对提高居民生活质量产生了重要影响。因此，政府加大这三方面的投资力度和政策支持是必要的。另外，住房保障和环境保护方面，尽管老百姓认为与公共安全、公共教育和医疗卫生相比没那么重要，但同样不是很满意，因此政府也需要加以重视。

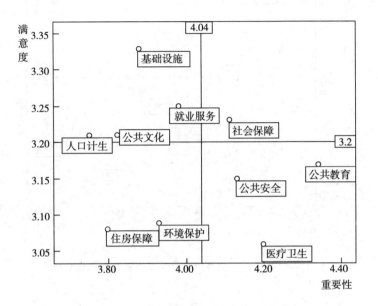

图4-5　基本公共服务的重要性和满意度二维分析

（二）基本公共服务的均等程度和重要性

以重要性得分为横轴，均等程度得分为纵轴，做出图4-6。以重要性得分的均值做横轴参考线，以均等程度得分均值做纵轴参考线，也可以把图形区域分为4个，高均等程度-高满意度区为竞争优势区，高均等程度-低满意度区为急需改进区，低均等程度-高满意度区为锦上添花区，低均等程度-低满意度区为次要改进区。十项基本公共服务中，没有基本公共服务位于竞争优势区。急需改进区的基本公共服务包括公共教育、公共安全、社会保障和医疗卫生。锦上添花区的基本公共服务为人口计生、就业服务和公共文化。次要改进区的基本公共服务包括环境保护、住房保障和基础设施。与重要性-满意度的二维分析结果相似，对公共教育、公共安全、社会保障和医疗卫生的改变是迫切的，也是最有效率的。

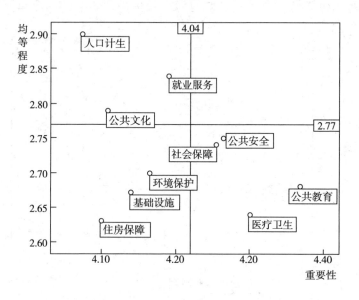

图 4 - 6　基本公共服务的重要性和均等程度二维分析

小　结

　　自 1994 年税费改革和 2006 年全面取消农业税以来，乡镇的发展越来越依赖于上级政府政策和资金的支持。纵观改革历程，我们发现改革的诸多成功都与上级政府"纵容"下级违规创新继而得到高层首肯推动转轨有很大关联。例如包产到户、苏南乡镇企业、民营化等后来认定的创举起先都不符合原有的法规，倡导者承担了巨大的风险。有胆识的地方领导者如果把握得当固然可以在下一轮地方竞争中占据主动地位与个人晋升的机会，但是也可能在事态恶化、民怨沸腾中被中央政府"枪打出头鸟"，或被上级政府问责，这可能意味着官员政治生命的终结。地方能人干部大胆创新的治理是具有较大政治风险的。当前中国已经进入全面深化改革的历史新时期，以往寄希望于"能人政治"以创造治理奇迹的发展模式，逐渐暴露其脱离实际、滋生腐败、人亡政息等潜在弊端。确保基层社会民众的参与和监督，对于改善民生、坚持反腐、推动创新等政府改革措施具有十分重要的现实意义。然而如何维护普通群众利益表达、政治参与和权力监督的基本权利，如何在明确权力边界、规范主体行为的基础上，构建政府、市场和社会多方协商的公共机制，这些问题的答案，无不指向法律体系的完善和法律政策的执行。

第五章 城乡一体化中基层政府均等化服务模型Ⅲ："内生综合型"模式

前面所提到的基层政府均等化服务模型不管是"双向应对型"还是"后发追赶型"，其中基层政府的角色都是处于被动的地位，基层政府是在来自上级政府的强大压力以及来自下级层面民众对公共服务强烈诉求压力下的一种被动行为。而这种被动性的行为由于与基层政府本身的目标可能存在着内在的张力，在公共服务的供给过程中就难免不会发生异化，甚至可能产生相反的效果。这与所倡导的服务型政府理念可能产生冲突。"内生综合型"是我国基层政府公共服务均等化的另一种模式，基层政府在其中呈现出更加积极主动的态度，通过充分发挥社会和市场的力量，建立新的内在机制，从内在职能转型和公众需求出发来思考公共服务均等化的问题。

第一节 "内生综合型"基层政府均等化服务的形成路径

与苏中、苏北相对不稳定的"双向应对型"和"后发赶超型"模式相比，苏南模式显然更善于把握政府供给和社会需求的平衡，在横向纵向上，都呈现出良好的发展面貌。横向上，多元主体之间协调发展，形成以政府为主导、以市场为基础、以社会组织为协同的稳定格局，为公共服务均等化提供良性的发展条件。不管是案例2中的S镇，还是案例3中的J街道，在社区场域中都已初步形成政府—市场—社会三元稳定格局。纵向上，自城乡二元格局的松动开启公共服务均等化以来，一场波澜壮阔的革命就悄然展开，以政府的强力推动为开端，在看似不平衡的动态中寻找唯一平衡的落脚点，继而将市场、社会强大的呼声反馈给政府，以此寻求新的平衡点，这样双向建构的步伐终于将城乡一体化中基层政府均等化服务之路一步步地开拓出来，将狭窄的羊肠小道走成宽广的康庄大道。

一　政府与市场的双向建构步伐：从蹒跚到稳健

政府的步伐始于改革开放，家庭联产承包责任制作为打破计划体制的先声，恢复了农村基层社会的生产关系，带动了生产力发展，农村的经济活力被激发，同时为乡镇企业的崛起提供了必要的条件。1985 年，统供统销体制被"合同订购"和"订购任务"等方式取代，供销体制的放开进一步鼓励了乡镇经济的发展。作为苏南核心城市的 S 市曾在 20 世纪 80 年代走出了著名的"苏南模式"。壁垒森严的城乡二元结构在苏南的实践中，通过"离土不离乡，进厂不进城"的工业化先行方式，发展乡镇地方经济，由此带来了"村村冒烟，户户办厂"的工业空间布局，以大量资源浪费、环境污染的代价换来了经济的繁荣，也实实在在地提高了广大农民的生活水平，尤其是"以工补农，以工建农"的政策让工业化成果得以反哺农民。① 乡镇企业在所有制上，是依托于集体土地所有制，以自然村落共同体为分界的，所以是一种集体所有制，但在供销两头是遵循市场化调节的，乡镇企业虽然并不是规范意义上的市场经济，但市场生发的空间已然出现，乡镇企业的历史作用不容小觑。②

而在城市体制改革中，由于其牵一发而动全身的连带关系，政府的行政策略显然更为谨慎和稳妥。然而，"总体性支配"作为全能政府时代的基本特征，其路径依赖一直在延续，计划经济体制的惯性短时间内仍然会

---

① 夏永祥：《"苏南模式"的演进轨迹与城乡关系转型思考》，《苏州大学学报》2011 年第 4 期。

② 渠敬东、周飞舟、应星：《从总体支配到技术治理——基于中国 30 年改革经验的社会学分析》，《中国社会科学》2009 年第 6 期。有学者认为，农村工业化变革了原有的城乡关系，尽管城市化的道路尚未开启，但城乡联系的增多已经在实质上使二者相互为对方开放，由 S 市基层政府强力发动的自下而上的城乡一体化进程在这个阶段已经启动。

作用于政府行动，尤其是在对待国有企业的问题上。1983 年，在遭遇承包制的"滑铁卢"后，政府采用"利改税"来克服困境。确实，"利改税"作为政府调节政府与企业利益关系的经济手段，有利于改善政府对企业的直接控制关系，让企业有更多的市场化空间。然而，财税管理体制的不完善给了企业管理者钻制度漏洞的机会，自利性倾向让国有企业对上报账时出现了连续 22 个月的下滑。① 直至 1986 年年末，企业改革才重新步入正轨，财政承包制再次出现并成为企业市场化运作的一大推力。同时，国有企业和乡镇集体企业也交往密切，国企通过外包的方式将一些初级产品交给乡镇集体企业，在价格双轨制下，通过计划和市场的差价来赚取利润，或将有价值的资产转移到集体企业来暗箱操作。②

经济学家这样概括以价格双轨制为主的制度安排，并将此理解为中国渐进式改革的典型特征，即在计划经济还占统治地位的情况下，国家既保护和封闭存量（保护既得利益者），又培育和发展增量（培育市场和新生力量），从而依靠后一种力量的持续发育来渐进推展市场化改革。③ 而这一特征在 S 市显得尤为突出，"苏南模式"的发展运行了与国有企业完全不同的增量逻辑，属于市场化探索的范畴，与"温州模式"相比，私营企业比重明显低于"温州模式"，乡镇集体企业才是其发展对象；政府作用的强度也明显高于"温州模式"，对乡镇企业的直接控制性让政府更容易"培育和发展增量"，可以形象地称政府官员为"制度企业家"④。政府政策的演进式建构无疑是成功的，至少对 S 市而言，短时期内推进的工业化，虽然有种种弊端，但整体而言，它为后续经济增长方式转变积累了足够的资本，造就了"苏南模式"的"可持续"发展，为 20 世纪 90 年代的"新苏南模式"蓄积了力量。对 S 镇的政府而言，企业经营的市场增量，也确立了自身隐形产权的合法性，从而在原有财政分权的基础上逐渐掌握

---

① 张卓元、郑海航编《中国国有企业改革 30 年回顾与展望》，人民出版社，2008，第 33～34页。

② Jeffrey D. Sachs, Wing Thye Woo & Yang Xiaokai（2000）, Economic Reforms and Constitutional Transition, CID Working Papers 43, Center for International Development at Harvard University.

③ 张军:《双轨制经济学：中国的经济改革（1978～1992）》，上海三联书店，2006。

④ 周其仁:《产权与制度变迁：中国改革的经验研究》，社会科学文献出版社，2002。

更大的权力。①

1988 年，物价双轨制逐渐退出了历史舞台，"物价闯关"的强令带来了社会震荡，渠敬东等认为，1988~1989 年的危机充分说明，改革 10 年后中国社会经济所遇到的突出矛盾，根本不是价格问题，也不是单纯的宏观经济问题，而是二元结构矛盾，必须通过社会经济结构重组才能解决。②1992 年，市场一体化的方向正式提出，市场改革更加深入，进一步解放了社会生产力。改革的具体策略则显得主次先后分明——以经济发展为第一优先，GDP 则成为官员绩效的唯一尺度。经济增长的实现主要依赖扩大地方投资规模，在财政包干制下，地方政府纷纷利用各种行政资源兴办地方企业，享受短时间内的 GDP 猛涨的甜蜜后，很快就尝到了地方投资过热带来的苦果。随着双轨并轨、价格管制放开，市场经济渐趋成熟，企业开始按照市场的原则生产产品，国有企业的福利制结构却让其难以负荷遵循市场规律所付出的代价，而这在财政包干制下，强化了国有企业向地方政府讨价还价的能力，甚至强化了地方政府向中央政府讨价还价的能力。

对政府与企业的关系产生根本性影响的则是分税制改革，不仅改变了中央—地方财政关系，而且利用地方政府自利性倾向，推动了进一步的市场化改革。地方政府受到财政压力，缩减了对地方企业的扶植支出，渐渐退出地方企业的管理运作，而通过征税和收费的方式调控地方企业，以企业利润为税基的企业所得税成为支撑地方政府财政的重要支柱。乡镇企业想要应对当时的市场化环境的竞争压力，必然要通过产权转化来实现转制。S 市作为 20 世纪 80 年代市场经济浪潮中的弄潮儿，其曾经引以为豪的乡镇企业在 90 年代初期却不可避免地在日新月异的政策环境、市场环境下难以自处，而 S 市紧抓机遇，大胆改革，乡镇集体企业应时改制，乡镇政府产权完全退出乡镇企业，乡镇企业大多转变为民营经济加入市场化竞争中；同时把握比邻的上海浦东新区开发的机遇，主动改善投资环境，争取各类投资项目，大力发展外向型经济。S 市政府设立了新加坡工业园区

---

① 渠敬东、周飞舟、应星:《从总体支配到技术治理——基于中国 30 年改革经验的社会学分析》，《中国社会科学》2009 年第 6 期。

② 渠敬东、周飞舟、应星:《从总体支配到技术治理——基于中国 30 年改革经验的社会学分析》，《中国社会科学》2009 年第 6 期。

和高新技术开发区来改善招商引资环境，改制后的企业也遵循市场导向的原则，逐渐在工业园区、开发区聚集。而开发区征用土地的过程则是新一轮的城市化，不同于 80 年代"苏南模式"的工业化先行，"新苏南模式"中城市化、工业化并举，还有市场化的大力推动，长久以来形成的城乡二元格局被彻底打破，城乡发展一体化的要求应运而生。在原有的工业基础上，S 市自发探索出了"以工促农、以城带乡"的机制。随后，党的十六大明确提出统筹城乡发展的战略思想，在此指导之下，S 市的城乡一体化发展进入新的快速推进阶段，政府战略主导和市场内在驱动互相耦合——政府战略主导城乡一体化的目标、规划、公共服务制度和城乡二元制度改革，通过对农村土地、住宅和集体资产的产权界定来构建农村市场经济的微观基础，使市场成为城乡要素流动和配置的基础、成为城乡一体化发展的内生驱动力量。① 对于现阶段的 S 市而言，政府与市场的良性建构步伐，已催生出城乡一体化的自我演进之路，S 市城乡一体化的未来发展更值得期待。

二　内生驱动出的良性建构力量：从弱小到强大

20 世纪 20 年代席卷世界的经济危机宣告了自由主义经济理论的破产，"市场失灵"带来国家角色的转变，政府开始全面干涉经济和社会事务。然而，这种"大政府"却带来了不尽如人意的后果，服务质量不高、效率低下，财政危机频发，越来越失去公民的信任。② 20 世纪 90 年代，随着新公共管理运动的蓬勃发展，治理理论应运而生。世界银行在 1989 年的报告《撒哈拉以南非洲：从危机到可持续增长》中首次提出了"治理"一词。随后，1995 年联合国全球治理委员会发表了《我们的全球伙伴关系》的研究报告，该报告认为：治理是各种公共的或私人的个人和机构管理其共同事务的诸多方式的总和。治理有四个特征："它不是一整套规则，也不是一种活动，而是一个过程；其过程的基础不是控制，

---

① 朱喜群：《中国城乡一体化演进中的政府与市场的合力驱动——以苏州为例》，《学习论坛》2014 年第 6 期。

② 徐丹：《西方国家第三部门参与社区治理的理论研究述评》，《社会主义研究》2013 年第 1 期。

而是协调；既涉及公共部门，也包括私人部门；它不是一种正式的制度，而是持续的互动。"① 治理理论为学术研究提供了新的知识背景和话语体系，也成为现代化建设中核心行动者的理论来源之一。尤其在基层社区中，治理理论被广泛用于处理"社区失灵"的困境。

随着城乡发展一体化的深入，社区越来越成为城乡基层单位，S 市的"三置换"政策明确将农民农村住房置换成社区住房，且集中在新型社区中。基本公共服务均等化这个内生于城乡发展一体化的命题也就成为社区的主要任务，是实现"善治"的内在要求。以往对城市社区治理的研究，认为治理模式的基本方向为：由行政型社区（政府主导）向合作型社区（政府推动与社区自治的合作），继而向自治型社区（社区主导与政府支持）发展。而目前我国的城市社区建设，正处于第一阶段（行政型社区）向第二个阶段（合作型社区）转变的时期。② 然而，通过对这一转型阶段的分析，桂勇认为，在社会转型期的城市基层社会中，国家与社会的关系既非国家丧失控制力的"断裂"状态，也不是国家向邻里强力渗透的"嵌入"情景，更多的是一种介于两者之间的"粘连"状态。③ 何艳玲则提出了"权变的合作主义"，即指基层政权、社区自治组织、市民团体、市民个人之间所形成的根据具体不同情景而缔结的不同程度非制度化的合作关系。④ 大多数学者受到治理理论的影响，认为通过政府负责提供公共服务、市场提供商业服务、非营利组织提供公益服务三者的互相嵌入可以实现社区自治，⑤ 通过相互协调的合作治理实现"善治"。"善治"所要求的国家—社会关系中，必然少不了社会组织的存在，社会组织在沟通联系、承担公共服务等方面发挥重要的作用。

改革开放以来，政府与市场彼此建构的过程给社会组织带来了生发孕育的空间，集权的传统带来了我国"强政府、弱社会"的格局，"政府失

① 俞可平：《治理与善治》，社会科学文献出版社，2000。
② 魏娜：《我国城市社区治理模式：发展演变与制度创新》，《中国人民大学学报》2003 年第 1 期。
③ 桂勇：《邻里空间：城市基层的行动、组织与互动》，上海书店出版社，2008。
④ 何艳玲：《西方话语与本土关怀——基层社会变迁中"国家与社会"研究综述》，《江西行政学院学报》2004 年第 1 期。
⑤ 杨宏山：《合作治理与城市基层管理创新》，《南京社会科学》2011 第 28 期。

灵"要求我国政府转变职能，将部分公共职能让渡给社会承担，以促成"小政府、大社会"的社会改革目标。我国的社会组织就在这样的社会背景下诞生和成长，因此我国的社会组织从出生起就必然带着浓重的政府扶植色彩，而非市民社会自然生发。尽管是政府一手扶持，政府依然对社会组织的发展壮大抱有谨慎态度，在管理非政府组织时，存在着维稳的行动逻辑，以防止社会组织的不可控会危害政权，破坏社会稳定，威胁国家安全。作为结果，社会组织的自主成长也就变得分外艰难。

最为国外诸多社会组织诟病的，当属我国的社会组织双重登记管理，《社会团体登记管理条例》要求社会组织在民政部门注册前，必须找到一个政府部门作为业务主管单位，并进行前置审批。在日常管理中，对业务主管单位的职能、权责缺乏具体规定，随意性大。对于社会组织而言，不仅其成立有较高的门槛，而且无法摆脱对政府部门的依赖。随着社会改革的深入，独立自主的社会组织越来越成为协调政府工作的必要存在，"伴生模式"①的互动关系阻碍了社会组织的进一步发展。登记条例不变的情况下，备案制改革成为协调社会组织的调节剂，2005 年 12 月出台的《关于促进慈善类民间组织发展的通知》中提出："在农村乡镇和城市社区中开展这些活动的慈善类民间组织，不具备法人条件的，登记管理机关可以予以备案，免收登记费、公告费。"这实质上是放松了社会组织的准入条件。

在公共服务领域，"总体性支配"的路径依赖在市场经济和全球化进程中逐渐凸显，政府包办社会服务，带来了不计成本、不讲究投入与产出效益、服务质量和效率不高等弊端。② 为了应对此种困境，"政府购买服务"的概念被引进，社会组织越来越成为政府平等的合作伙伴而不再是附庸。社会组织登记的放开势在必行，2013 年 3 月十二届全国人大一次会议通过《国务院机构改革和职能转变方案》，明确将开展社会组织直接登记。目前，民政部门正在积极协调国务院法制办修订出台《社会团体等级管理条例》等行政法规，制定《四类直接登记社会组织认定标准》和《全国性

---

① 刘传铭、乔东平、高克祥：《政府与社会组织的互动模式——基于北京市某区的实地调查》，《经济社会体制比较》2012 年第 3 期。

② 许芸：《从政府包办到政府购买——中国社会福利服务供给的新路径》，《南京社会科学》2009 年第 7 期。

社会组织直接登记暂行办法》。据悉，民政部将采取分类指导、分步实施、分级推动的方式，推动社会组织直接登记工作的开展。[①]

S市的城乡一体化进展到目前阶段，社会组织的作用越来越凸显。X镇在招聘物业管理企业时为何会遇到重重矛盾？为何服务导向性的基层政府仍有市民"不买账"？X镇社会组织力量薄弱是出现这些问题的关键原因。X镇的社会组织正在培育之中，虽然起步比起S镇和J街道较晚，但在S市的政策环境以及X镇的社会需求下，发展潜力巨大。T市在2012年就专门制定了《T市"三社联动"实施计划》，提出到"2015年全市万人拥有社会组织数达10家以上，备案的社区社会组织数达城市每个社区10个、农村每个社区5个，登记社会组织达30%以上；城市社区社会工作者职业化水平达80%，农村这一比例达50%，城市社区志愿者注册率占居民人口总数15%以上，农村这一比例占10%以上"。[②]T市作为S市"政社互动"的试点，率先在培育社会组织、政府购买服务、公共服务均等化等方面进行试验，成功的"政社互动"经验为全国提供了示范。J街道在借鉴T市成功经验的基础上，在培育社会力量上实现了进一步的制度创新，以"草根能人库"设计带动社区资源，为基层民主的实现提供了值得期待的路径选择。

第二节　"内生综合型"均等化服务模型中的基层政府：S市3个镇/街道

S市作为苏南地区的核心城市，也是长三角城市带上的中心城市之一，地理位置优越，东临上海，南接浙江，西抱太湖，北依长江。全市面积8488.42平方公里，其中市区面积2742.62平方公里。2013年年末全市户籍总人口653.84万，其中市区332.90万人。全市流动人口登记人数653.85万，其中市区309.14万人。2013年全市户籍人口出生率10.36‰，

---

① 《法制日报：全国直接登记社会组织约三万个》，http://mjj.mca.gov.cn/article/shgz/201410/20141000712461.shtml，2015年3月10日。

② 徐允上、高振华：《"政社互动"还权于民——苏州太仓》，《苏州日报》2012年4月27日。

人口自然增长率 3.52‰。① S 市下辖 6 个区、4 个县级市，其 4 个县级市均居全国百强县前列。2014 年，S 市全市预计完成地区生产总值人民币 1.35万亿元，增长 8%；地方公共财政预算收入 1443.8 亿元，增长 8.5%。② 作为"苏南模式"的开创者和典型代表，S 市以其资源优势、制度创新、科学规划和稳健作风，在城乡一体化的进程中、在基本公共服务均等化实践中，始终走在全国前列。2008 年，S 市成为江苏省唯一的城乡一体化发展综合配套改革试验区；2009 年和 2010 年，S 市先后被国家发改委确定为中澳管理项目（CAGP）"消除城乡一体化的体制障碍，促进农民富裕与城乡统筹发展"主题试点城市，列为城乡一体化发展综合配套改革联系点以及中澳管理项目试点城市。同年，《长江三角洲地区区域规划》正式提出将"建设 S 市城乡一体化发展示范区"。城乡一体化和基本公共服务均等化逐渐成为 S 市深入发展的不竭动力，成为新时期、新阶段 S 市最大的发展特色，其形成机制和模式经验，为苏南地区乃至全国城乡一体化中推进基层政府服务均等化提供借鉴。学界有不少对于该模式的分析，或着眼于乡镇财政制度的改革，③ 或立足于合理的城市规划，④ 或关注科学的政策供给。⑤ 本文通过对 S 市 3 个四级行政区划的基层政府的实证调研，认为协调各种要素、内生综合才是 S 市成功实践的实质。

一 案例一：X 镇的动迁安置

（一）基本概况

X 镇位于 S 市的西北，距市中心约 10 公里，水陆空交通便利，沪宁城

---

① 《中国苏州·苏州概览》，http://www.suzhou.gov.cn/szgl/szgl.shtml，2015 年 3 月 1 日。

② 《中国苏州·2015 政府工作报告》，http://www.zfxxgk.suzhou.gov.cn/sxqzf/szsrmzf/201501/t20150126_511787.html，2015 年 3 月 1 日。

③ 成涛林：《城乡一体化背景下乡镇财政管理制度探讨——基于苏州情况的思考》，《经济研究参考》2013 年第 65 期。

④ 于海云、夏永祥：《苏州市城乡一体化建设综合配套改革的制度创新》，《宏观经济管理》2010 年第 4 期。

⑤ 张明：《城乡一体化与社会管理体制改革——以江苏省苏州市为例》，《苏州大学学报》2010 年第 11 期。

际铁路、沪宁高速公路、312 国道、京杭大运河均穿越镇区；一小时可直抵东西北向的上海虹桥（浦东）国际机场、光福机场和无锡硕放机场。从历史沿革来看，X 镇始建于秦朝，新中国成立后行政区划几经调整。1988年，X 镇重新划归 S 市管辖。1992 年，X 镇分出 6 个行政村来兴建 X 镇经济开发区。此后，X 镇经济开发区不断壮大，X 镇保留的行政村逐渐减少。2005 年，X 镇响应"撤村建居"工作的号召，又撤销了 80 个行政村，至2015 年，X 镇治下共有 7 个社区 5 个行政村。

　　作为著名的江南"鱼米之乡"，X 镇总人口 5.1 万人，其中农村居民2.7 万人，城镇居民 2.4 万人；辖区总面积 45 平方公里，拥有耕地 4.8 万亩，山地苗圃 5200 多亩，鱼池 1200 多亩，主要农作物有水稻、三麦和油菜。X 镇自 1985 年被列为江苏省首批对外开放镇以来，先后制定了《X 镇基本现代化建设总体规划》、《X 镇古镇区开发建设总体规划》和 X 镇国民经济和社会发展"九五"及"十五"计划。尤其是划归 S 市高新区后，又制定了《X 镇新一轮经济发展规划》，并邀请全国著名规划大师阮仪三为X 镇古镇区开发改造进行规划，为全镇的开发建设提供了决策指导和实施依据。X 镇既是 S 市的工业卫星镇，也是沪宁线上的工业重镇。镇区有县属以上企业 50 多家；私营企业和中外合资企业 400 多家。2003 年 6 月，经 S 市高新区党工委、管委会研究同意，由 X 镇与苏高新集团共同组建"S 市新浒投资发展有限公司"，高起点、高标准、高要求地规划了 2000 亩的模具产业基地，首期开发 408 亩，X 镇工业园将成为融电子产品、汽车零配件等产业链于一体的全国一流的模具产业基地，为全镇经济的发展注入强劲的活力和巨大的潜力。

　　此外，古运河畔的 X 镇旅游资源十分丰富。坐落于镇西的阳山，古有"吴中普陀"之称。镇南运河旁的文昌阁建于清乾隆年间，与三里亭、兴贤桥等古迹一起被中国国际旅游总社列为古运河游览景点。①

　　作为苏州的城郊，X 镇的发展意味着苏州城乡一体化实践的发展，它的每一步都具有探索性。大刀阔斧的拆迁项目造就了今日的 7 个社区 5 个村，而政府的供给能力和基层社会的需求能力从一开始就紧密地纠缠在一

---

① 《苏州国家高新技术产业开发区：浒墅关镇》，http：//www.snd.gov.cn/xsgz/xsggk/200505 28/003_ 86416f36 – dd35 – 4f9d – bc80 – d11f9e67bb1b.htm，2015 年 2 月 20 日。

起，彼此牵制又彼此建构。遥远的"市里人"，说起西北角的 X 镇人，他们习惯性地摇头评价："爱走野路子，太蛮了!"这仿佛是一种乡镇气质，烙印在 X 镇人身上，不低头，不让步，倔着劲往前冲。在动迁的补偿上、在失地农民的就业上，他们自然而然地与政府站在了一种不同寻常的"对立面"，带着老百姓特有的狡黠和对手谈生意一般地谈着自己的条件。从最初强硬的拆迁态度，到腻歪的补偿，再到失业农民的就业，再到如今的物业管理，政府一次又一次无奈地向后让步，X 镇人则习得了更多与政府沟通的技巧，底气也越来越足，一种良性建构的力量始终主导着 X 镇的发展。

（二）动迁——城乡一体化发展的第一步

动迁是城乡一体化发展的第一步，而为人所津津乐道的 S 市模式中，"三置换""三集中"的重要举措之一就是将农民农村住房置换成社区住房，且集中在新型社区中。因动迁而引发的集体行动在全国范围内层出不穷，可见，动迁确实是城乡一体化进程中一个突出矛盾所在。而这矛盾的背后，显然可以看到政府强有力的身影。可以说，基层政府自身所携带的不稳定性在城乡一体化初期阶段的这个重大举措上被引爆了。

首先，动迁作为一项强制性政策，农民对此没有任何话语权，只能被动地接受。刚从"全能型政府"的角色定位上退下来，政府角色的转换才起步，路径依赖也好，市场发育不足也罢，在这种"制度性的供给"格局中，政府与公众之间的不平等关系处于峰值。[①] 其次，此阶段的政府具有"强制性""单一服务""随意服务"等特征。[②] 正是由于政府的独断地位，动迁过程中，从开始确立政策到提供所谓的基本公共服务具有明显的强制性，而服务的供给来源也只有单一的政府，农民不能有任何违抗，也没有任何其他的选择。没有竞争、没有监督，就无法保证服务质量，政府的"随意服务"可想而知。其次，市场没有发育完成，社会需求尚未释放，供给没有收到来自社会需求的刺激和反馈，也就无法提供有针对性的优质

---

① 〔美〕珍妮特·登哈特、罗伯特·登哈特：《新公共服务：服务而不是掌舵》，丁煌译，中国人民大学出版社，2004。

② 燕继荣主编《服务型政府建设：政府再造七项战略》，中国人民大学出版社，2009。

产品，政府的"随意服务"不受约束。最后，政府本身存在着双重身份特征，在乡镇这个场域内，政府"总负责"地位根基深厚，尤其城乡一体化发展的初期阶段，社会资本尤其缺乏，只有"总负责"的身份才能带动资源和要素的配置流通。然而，基本公共服务只能依赖于政府，也只能来源于政府，政府的提供者身份特征十分突出，这也就形成了提供者本身的利益诉求。政府在履行提供者职能时，难免自发性地追求自身利益，对于由此带来的违规操作，甚至违法行为，也会受其总负责身份的影响，而难以被严格监管和有力惩治。①

这一时期的基层政府行为具有强烈的家长主义特征，但对于尚未形成现代公民意识的广大农民而言，对"拆迁"政策本身的反抗心理是很小的。"不患寡而患不均"，农民主要在政府供给分配不均、政策执行监管不力等方面会有强烈的对抗情绪。X 镇比邻的 T 镇就爆发过暴力流血事件，X 镇也有不少农民不同程度地参与进去。正是在这样的对抗中，现代公民意识逐渐孕育生发，农民渐渐习得了谈判的技巧和手段，理性维权的呼声和行为不断增多。基层政府也从中吸取了不少教训和经验：

> 其实最好的方式就是实物补偿，让他们自己去买，这样就融入高素质人才群体之中了。②

市场的重要性被凸显，基层政府在动迁过程中尝尽了没有市场参与的苦楚，也在后续的城乡一体化建设中享受到了市场发挥作用的甜蜜。

（三）就业——失地农民的现实困境

如果说动迁是个大难关，那么动迁后的城乡一体化建设就是一个水磨工程，是一场艰难的持久战。首先就是失地农民的就业问题。尽管"三置换"中明确表示，农户把集体资产所有权、土地承包经营权分别置换成股份合作社股权、城镇社会保障权；S 市农村也广泛形成了三种合作制度形

---

① 杨弘、胡永保：《实现基本公共服务均等化的民主维度——以政府角色和地位为视角》，《吉林大学社会科学学报》2012 年第 4 期。

② 访谈记录 Z20141217。

式：农民社区股份合作社、土地股份合作社、农民专业合作社。但在实践中，X 镇遇到了纷繁复杂的各种情况。

> 我们有的是以股份制提供养老这块。[①]

股份合作社的收益并不能够满足失地农民的生存需求，尤其是 X 镇政府主要将这部分投入到养老保障之中。那么失地农民该如何生存呢？在动迁之初，X 镇政府对失地农民进行了一次性货币补偿，即"一脚踢"式的货币安置。货币安置和其他安置方式相比，具有风险小、稳定性强、见效快而且容易被失地农民接受等特征，最令各地政府、企业乃至集体经济组织青睐的是其操作成本低、周期短的特征，尤其符合基层政府的"政治锦标赛"需求。所以，当前中国绝大部分地方采用货币安置的方式。然而，货币安置却并非就业指向性的安排，它能让失地农民得到暂时的喜悦和满足，也能在短期内维持甚至提高生活水准，却很难让失地农民成功地实现再就业。在现实生活中，相当一部分失地农民有"接受统一安置—下岗失业"的经历。[②]

对于没有非农业技能、没有生产资料、没有学历文化的失地农民而言，剥夺了他们赖以生存的土地的基层政府，必须承担起这个责任。这也确实是城乡一体化发展中必须考虑到的严峻难题。X 镇政府的对策主要是劳务输出、劳务派遣，将失地农民安排至基层政府认为合适的岗位。但失地农民在就业上还有各自的利益诉求，处理不好就极其容易引发矛盾。

> 我们有做啊，但是老百姓的就业期望和就业岗位有落差。S 市本地农民自我意识相当强。要面子，不愿去做保安。这个群体的利益诉求是多方面的。每个公民个体的尊严很难衡量，但是在考核的时候又要衡量，每个公民的尊严你又都得考虑到。[③]

---

① 访谈记录 Z20141217。

② 翟年祥、项光勤：《城市化进程中失地农民就业的制约因素及其政策支持》，《中国行政管理》2012 年第 2 期。

③ 访谈记录 Z20141217。

S市作为一个移民大城市，外来人口与本地人口之间的冲突从未彻底消弭，本地人口的"尊严"需求随着外来人口的涌入更为强烈，本地人对就业岗位百般挑剔。然而就业形势却是更加严峻，就算政府政策一再照拂本地人口，本地失地农民的竞争优势也并没有随之增加多少。没有非农业技能、没有生产资料、没有学历文化的失地农民处在这样的困境中，不得不再次将希望寄于征收他们土地的基层政府身上。

> 农民认为我拆迁，把这块地让出来，那么这块地上建的企业就应该为我提供就业机会。这不，找我们，让我们主持公道，可是他又什么工作都干不了，怎么谈？
> 我们有的老百姓一年去12次北京，飞机、火车都去的。有的还会说我："你坐在这里看看电脑喝喝茶水，我也会的，只是我没这个机会。"我们有的上访访民实在是很难沟通的。[①]

基层政府在维稳压力、上访困境中，无法无视失地农民的声音，对于基层社会的需求必须予以有效回应，服务导向的原则也就越发明显，而失地农民的现代公民意识也不断加强，尤其是权利意识。随着市场化浪潮的推进，"个人私有财产""物权"等概念深入人心，X镇的失地农民不断适应新的社会环境变化，或许"责任意识"仍有些许淡薄，但"权利意识"的生长是显著的。

（四）生活服务——交给业委会和市场

基层政府提供了农民由农民身份向市民身份转化的一切硬件条件，但软件上的转化尚且需要给农民更长的时间，也要给基层政府一定的时间。现代公民意识的种子早就萌芽，也已浇上肥料，剩下的就是有限的照料和无限的自发生长。而这缓慢的转化过程或者说是成长过程则可以见诸动迁社区生活的方方面面。其中，矛盾冲突较为激烈的无疑表现在物业管理方面。

---

① 访谈记录 Z20141217。

（扣了物业费后）老百姓就问你，你凭什么扣我，我是动迁。

当时招标时承诺都很好。动迁社区的物业外包，可是这两天居民又反映来吵，说还不如以前那家。

我就是让他们业委会来选（物业服务企业），那选的不满意你换业委会。我们没有硬性规定，说业委会里必须有社区干部。①

对于物业管理服务的不理解在动迁社区中是屡见不鲜的，X镇也遇到了这个难题。随着市场化进程的深入，越来越多的动迁社区居民购买了商品住房，也逐渐理解物业管理服务存在的意义和作用，从而愿意为物业管理服务支付费用。但如何选聘物业管理企业，仍然是动迁社区的一大难题。难以筹集维修基金、居民支付能力不足、行政综合体制改革成本高、新增经济成本和社会成本大、布局零散带来人群少和无视规模效应等刚性约束，使得物业公司不愿意接管或进驻动迁社区。② 面对这样的情况，基层政府往往会利用现有的行政以及自治资源，进行自我供给。然而，来源于此的物业管理往往会有更多的问题，即资金短缺、非专业化、服务覆盖领域小、为获得更多利益而过分追求营利性项目等"失灵"问题。③ 在"市场失灵""政府失灵"的双重困境下，X镇的基层政府及时地意识到了问题症结所在，他们主动将权力下放到社区业委会，让业委会这个基层群众自治组织进行选聘物业管理企业这一市场行为。在这一过程中，政府不断淡化动迁社区的行政色彩，这一举措无疑最切合、最有益于动迁社区的发展。

治理理论中的社区治理，强调基于市场原则、公共利益、社区认同、协调合作的治理过程，物业管理以市场化运作以及公共利益维护者作为主体特征，其规范化、专业化运作更强调社区认同和协调合作。X镇的城乡一体化发展到目前阶段，动迁社区的弊端依然显而易见，基层政府站在动迁社区的背后，让市场化的步伐到这里陡然变慢，专业化的物业管理企业进驻动迁社

① 访谈记录 Z20141217。

② 孔娜娜、陈伟东：《公民社会的生长机制：政府与社会合作——以老旧城区社区物业服务为解读对象》，《当代世界与社会主义》2011年第4期。

③ 孔娜娜、陈伟东：《公民社会的生长机制：政府与社会合作——以老旧城区社区物业服务为解读对象》，《当代世界与社会主义》2011年第4期。

区有重重困难。社会资本不足制约着动迁社区的发展，但市场化正潜移默化地侵入动迁社区，现代公民意识带动的社会力量也在此间壮大，X镇基层政府走对了路径，X镇城乡一体化发展的未来将更加值得期待。

基层政府在动迁社区的场域内，不仅逐渐退下家长主义的外衣，行政色彩日渐淡化，也宽容地接纳更多的社会力量协同发展，而且服务导向的原则更为明确清晰。

> 商品房还没有动迁社区的服务好，我们甚至广场舞的音响都是自己买的，给他们全部调试好，做的已经很好了。我总的感觉是政府现在倒过来了，政府不在乎花钱，只要老百姓满意就好啦，我们需要让老百姓知道政府做了多少工作，去年还引进了一个社会企业，有更好的服务了。①

X镇的城乡一体化发展至此进入成熟稳定阶段，政府公共服务均等化的供给平台基本搭设完成，可以承担更加深入、完善的公共服务均等化任务。主导X镇发展的良性建构力量并不单一来源于上级政策的硬性规定，或者单一地来源于基层社会的强烈需求，而是兼而有之，背后首先有政府与市场在八九十年代就一路建构出的制度环境，一路累积的足够多的经济资本。之后才有基层政府与社会通过不断地试探、妥协，甚至是冲突，自然而然地走出的一条道路。在此过程中，基层政府与社会都在不断彼此拉扯着，你推我一步，我拉你一把，两两扶持着前进。这条道路是艰难的，任何一方的任何一步没有走好、走对，两者之间的距离就会越走越远，难以平衡也难以持续。

二 案例二：S镇的社区服务

（一）基本概况

S镇位于T市②的中北部，全镇总面积132.14平方公里。辖20个建制

---

① 访谈记录 Z20141217。
② T市系属S市下属的县级市。

村（行政村）、8 个社区居委会，户籍人口近 9 万，常住人口约 16 万。S 镇的区位优势明显，地处"长三角"经济圈的中心，东距 T 港 13 公里，南距上海市中心 53 公里，西距 S 市区 60 公里。沿江高速、苏昆太高速穿越全境并分别设有出口；204 国道、锡太一级公路、沪通铁路将在 S 镇设站，交通极为便利。S 镇在近年来先后荣获"中国历史文化名镇""中国民间艺术（舞蹈）之乡""国家卫生镇""全国环境优美镇"，进入全国综合实力千强镇前列，成功入选中国世界文化遗产预备名单，获评国家 4A 级旅游景区。2010 年被列为省经济发达镇行政管理体制改革试点，S 镇迈入新一轮发展的快车道。[①]

S 镇始建于元末，历史悠久，风景独特，物产丰富，立足于地方特色，S 镇抓住"强镇扩权"的契机，努力"建设现代化新型小城市"，2013 年实现地区生产总值人民币 115 亿元；全口径财政收入 10.8 亿元，其中公共财政预算收入 5.11 亿元，增长 17%；完成全社会固定资产投入 42.1 亿元，增长 11.9%，经济和社会发展取得了显著成绩。[②]

这些成就离不开 S 镇城乡一体化中公共服务均等化的发展，作为全国城乡一体化中公共服务均等化的典范，S 镇的成功经验有其独到之处。S 镇卓有成效的制度探索和有益实践正是 T 市"政社互动"工作的重要组成部分。在总结 T 市"政社互动"成功经验的基础上，T 市已在全市推广"政社互动"的试点工作。辉煌属于过去，对于现阶段的 S 镇来说，它的基本公共服务均等化之路依旧任重而道远，在进一步的城乡一体化、公共服务均等化发展上，基层政府依然在"摸着石头过河"，本着服务导向的原则，回应基层社会的进一步需求，不断深化与市场、社会的合作。

（二）科教文卫体——政府与社会的合作 I

S 镇在基本公共服务的供给上，至少在政策层面已经很全面，"城乡

---

① 《太仓市沙溪镇人民政府：关于沙溪镇》，http：//www.jsshaxi.gov.cn/zsxx.asp？id＝8，2015 年 2 月 20 日。

② 《太仓市沙溪镇人民政府：政府工作报告》，http：//www.jsshaxi.gov.cn/zsxx.asp？id＝11，2015 年 2 月 20 日。

居民同等化""村镇服务均等化""村镇服务品质化""服务效用最大化"等方面都能在公开的政府工作报告上找到依据。① 从科教文卫体五个领域具体地考察S镇的公共服务供给,能清楚地看到基层政府的行为路径。S镇处于较为成熟的城乡一体化阶段,经过长时间磨合和融入,农民已经逐渐适应了市民身份,主要矛盾由城乡居民的矛盾让位给了大量涌入的外来人口与本地居民之间的矛盾,基层政府的职能转变也更加深入,与社会的合作更加紧密。基层政府公共服务均等化的供给不仅让农村居民享有更高的生活水平,也保障了外来人口的生活质量。在S镇,"均等化"所指涉的"平等"意涵更多指向外来人口,而非农村居民,这也是基层政府政策供给的出发点和着力点。例如,在文化教育方面,矛盾突出的并非是城乡教育资源的不均等,而是外地户口不能均等地享受本地教育资源。

> 我们镇上目前有公办的民办的,外地来的呢就是按照T市的规定,即八证齐全的,户口本、身份证、居住证(居住一年以上)、幼儿园的报告、社保证明(缴纳社保金)、符合计划生育政策,只要不是超生。
> 民工学校开给外地的,不能开放户籍,不然公办学校根本接纳不了。②

基层政府有意识地均等化本地人口与外来人口的教育资源,为此做了不少工作。

> 他们(民工子弟学校)那儿的老师一些是教育局派遣的,也有支教的,包括聘请的老师也要教育局批准的,学校的一些设施也是政府资金拨款的。所以并非完全民办,也是混合式的。③

---

① 杨新海、洪亘伟、赵剑锋:《城乡一体化背景下苏州村镇公共服务设施配置研究》,《城市规划学刊》2013年第3期。
② 访谈记录 Z20140918。
③ 访谈记录 Z20140918。

可以看出，公共服务的供给来源不再局限于政府，一些社会组织（如"支教的"）加入了公共服务供给者的行列，协同政府在 S 镇提供公益性的公共服务。不过整体而言，政府的主导地位依旧没有改变，把握着最根本的资金命脉。

除了文化教育方面，文艺体育方面的公共服务供给也出现了上述的三个特征：均等化需求对象转移，公共服务供给多元，基层政府主导供给。

基本上三分之一村社有图书馆，并且每个村社都有体育措施、锻炼器材等。

这个投资以镇上为主，也是镇上以项目的形式去体育局争取，大型的体育中心、全民建设中心由财政拨款。

我们体育方面的活动多，乡镇层次的活动丰富，参与度也很高。举个例子，比如我们的篮球赛一个乡镇可以打甲乙级联赛，我们的篮球赛甲级乙级各 8 支球队，包括村啊、企业啊、事业单位啊、政府啊等多支队伍。

对，（参加体育比赛）报名我们是有严格限制的。报名时不是本地的人或者拿出社保证明，本地人拿出身份证。

（举办活动的费用）镇上出一部分，然后我们会找一些赞助，如一些企业了。我们还有乒乓球、羽毛球联赛，今年还准备弄足球联赛。

向市里、省里以专项基金的形式争取，同时向公益的方向发展，争取一些社会组织的帮助。

（活动参与者）大多是本地人，志愿者也是以本地人为主。[①]

在 S 镇政府提供文艺体育公共服务时，以往所强调的城乡均等化概念被淡化，基层政府自动将"资格限制"的矛盾所在转移至本地人口与外来人口的差别性对待。外来人口的公共服务均等化需求显然更加强烈且必需。公共服务均等化需求对象的转移背后是城乡一体化发展阶段的升级变

---

① 访谈记录 Z20140918。

化，相对应的是，S镇的宽容政策和优质服务客观上吸引了更多需求主体加入，也由此推动S镇的基本公共服务均等化进一步发展和完善。

更多的市场组织、社会组织加入S镇的文艺体育事业建设，现在S镇的文艺体育活动有政府扶持、市场赞助、社会组织协助，多方协作的格局已经形成。值得注意的是，S镇基层政府的另一特质在此过程中也尤为凸显——以服务为导向。正是因为服务导向的内在行为逻辑，使得基层政府在政策供给和社会需求间把握得宜，真正做到了优质的公共服务均等化。

（三）老有所养——政府与社会的合作Ⅱ

养老问题，作为一个严峻的社会问题，考验着基层政府的公共服务均等化供给能力。随着城乡一体化发展的深入，S镇进入了政府购买公共服务的新阶段，基层政府积极探索与市场组织、社会组织的合作路径，以此作为应对诸多社区治理难题，比如养老问题的重要方法。购买公共服务的制度建构尚不充分，S镇的实践也只是制度实验，它尝试着回答"谁来购买？向谁购买？购买什么？如何购买？"这四个核心问题。[①]而这四个问题的答案的本质则是基层政府应该如何处理与市场、社会的关系？如何把握自己的战略主导地位？如何在复杂的竞争市场中选择合适的合作伙伴？如何充分发挥社会组织的协作作用？

S镇的基层政府在现实资金、资源有限的情况下，建立了切合实际需求的公共服务运行机制，S镇的基层政府提供场地和设施，建立了日间照料中心和托老所等。同时，扩大宣传以联系更多的社会组织提供免费的服务。

> 心理健康呢，我们聘请了SQ一中的，他是有心理辅导证的。他也是义务的，还没有退休，是副校长，有一点时间，其他几个老师呢，也是有证的，但是他们都在任教，没什么时间。副校长呢，有时间一点，他也高兴义务地来找他们谈谈心，聊聊天。
>
> 志愿者来的，像他们SQ中的学生也来的，学生定期地来看望困

---

① 常敏、朱明芬：《政府购买公共服务的机制比较及其优化研究——以长三角城市居家养老服务为例》，《上海行政学院学报》2013年第6期。

难老人，他们会带着水果，然后我们老年人到舞蹈室，我们把椅子排好，然后他们坐好，然后学生来表演节目来给他们看。老人都会觉得非常开心。

像市区里也有考社工证的志愿者，那些人就过来，定期的一个月两到三次，我们邀请他们来，陪老人一起玩玩游戏，折折纸，画点画，然后在这里一起活动一下。①

除了公益项目，S 镇的基层政府也会联系一些准社会组织、营利性市场组织购买服务，成本高且具有一定排他性的服务则根据需求程度的轻重缓急不同、资质条件的不同，分层为民众提供公共服务。

前天也是，有一个戏曲团，他们来的，也是政府购买服务的。这个戏曲团是 T 市的，他们知道这里有一个机构，然后他们联系了我，然后就来我们这里表演了。

这边呢，还有一个社会组织，也是政府购买服务的，他们每个星期五下午两点钟到这里，还有一个医生过来帮他们康复理疗。

服务的对象是 84 周岁以上的，政府给他们每个月享受 3 个小时的免费服务，每个月可以过去帮他们搞搞卫生，洗洗床铺。然后是五保对象、优付对象的，要看他们级别的，他们中有最多的是每个月免费服务 54 小时的，还有些 20 多个小时的，要看的，看服务对象的性质的。②

如果想要更加全面的服务，为了不增加政府的财政负担，民众根据自身具体情况自费或免费地在政府提供的场所、设施内享受第三方的服务。

退休干部是没有的，离休干部有，还有老抚育军人，还有五保对象，这些对象是政府补贴的，其他的都要自己出钱的。H 公司③现在

---

① 访谈记录 Y20140918。
② 访谈记录 Y20140918。
③ H 公司是 S 镇政府购买服务的企业。

还是在为这些政府购买服务的人服务。但是逐渐的，他们现在自己出钱购买服务的也有的。

费用的话分两块，供养是五保户，另一部分是寄养，家人照顾不了。前者是政府报，后者是 1000 块一月。住宿条件一般是两个人一间，特护是两个人三间房。[①]

在公共服务领域，对于可量化测度的服务，交由营利性市场组织来提供会更加有利于资源的合理配置，而对于不可量化测度的服务，非营利性的社会组织才能妥善地承担，而政府则转身成为一个合格的中介，一名严格的监督者和审核者。

三 案例三：J 街道的草根能人

（一）基本概况

J 街道地处 S 市 G 区的东北部，东起元和塘西侧，西至十字洋河江月路一线，南临北护城河一线，北接城北东路（312 国道）南侧一线，辖区总面积 3.78 平方公里，辖区总人口 3.26 万人，有 11238 户，其中户籍人口 17056 人，外来人口 15589 人。街道下辖 5 个社区，为苏锦一社区、苏锦二社区、光华社区、火车站社区以及新天地家园社区。

近年来，随着火车站地区综合改造工程、平江新城开发建设的启动推进，区域内路网框架日渐完善，J 街道区位优势日趋明显：火车站、汽车北站两大陆港都位于其间，京沪铁路、沪宁城际铁路穿境而过，轨道交通 2 号线、4 号线、人民路、广济北路贯穿南北。

街道以建设"现代商贸商务产业园"为契机，利用辖区区委优势、交通优势、楼宇集聚优势和行政资源优势，寻求在总部经济引进、创业孵化园建立、特色楼宇经济定位上取得突破，加快构建火车站地区以商贸商务和现代服务业为支撑的轨道经济核心圈雏形。[②]

---

① 访谈记录 Y20140918。
② 《苏锦街道·街道简介》，http：//sjjd.gusu.gov.cn/list.asp？classid=2，2015 年 2 月 20 日。

J街道虽与乡镇同为四级行政区划，却有别于乡镇，不能以招商引资作为经济增长点，而注重与驻地企业的配合。不仅如此，在火车站地区综合整改前，J街道是典型的城乡接合部，地区经济实力较为落后，汇聚了S市大量涌入的外来人口。从发展基础来看，J街的城乡一体化中公共服务均等化任务颇为繁重，但J街道的"政社互动"虽起步晚于S镇，却有着"后发优势"——更多的成功经验可以借鉴参考。

（二）项目入社——社会组织的处境

自S市市委市政府出台《关于在全市开展"政社互动"试点工作的指导意见》后，在全市范围内开展了"政社互动"试点工作，J街道的城乡一体化中的公共服务均等化进入了新的阶段。

J街道针对《关于在全市开展"政社互动"试点工作的指导意见》提出的八项推进"政社互动"试点的重点工作，充分发挥政府的战略主导地位，在与市场、社会的互动合作中，规范、有效地落实工作。

首先，在积极转变政府职能、梳理行政管理权力方面，J街道梳理并制定了当地《社会组织能够承接政府转移职能事项》和《能够承接政府转移职能的社会组织》两份清单，严格区分和界定了政府职能与社会组织职责。

> 清单外的职能上级部门如果要放到社区我们可以说不，可以不接受。上面的政社领导互动小组开会、批准通过的项目，才能接受。如果未批准的，那就是职能部门亲自去找社区商量，社区帮忙做事情我给你钱，这个样子。这个已经比较完善的。①

在实行契约化管理模式方面，J街道更多通过公开招标、项目发包、项目申请、委托管理等方式，与社会组织签订"项目协议书"，并按照"费随事转"原则将经费有效落实到具体组织身上。

> 我这边花钱多，钱从政府出，另外就是条线，根据工作量量化

---

① 访谈记录 Z20150119。

的。每个部门的不一样，每个部门都有一个指标，指标完成了，按照量化然后拨款。民政的条线的很多都是项目化的。比如我接到要有一个装修，街道垫付，做项目，然后根据情况给你一部分钱，比如你建了一个中心，然后市里面会有个财政政策，根据你这个活动项目的运行情况来进行拨款，有一定的条件的。①

2014 年成立的社会组织孵化园里，很多优秀的社会组织被 J 街道所青睐，很好地解决了基层政府以前的一些"老大难"问题，甚至有些做得好的项目申请了市公益项目。

> 我们有一个社区是失地农民集中地，生活习惯什么的都很难改变。原来我们花力气做却做不好。2013 年社会组织争取市公益项目，他们做的是很小的项目，就是原来小区阿姨喜欢在里面种菜，他们用资金种花，然后把阿姨集中起来搞一些活动。花地影响了其他居民，逐步扩大。现在效果不错。我们现在还在做的是托管项目。另外是以前有个村做板刷的，我们现在让板刷村的人来教残疾人，然后义卖，其实也蛮好的。

然而，随着越来越多的社会组织进入社区，问题也逐渐暴露出来。在社区场域内，多方利益集团的博弈不可避免，原本均衡的局势被猛然出现的社会组织打破。比如在人员资源方面，社会组织进入社区带来了社区工作人员成分的复杂化。如果是和社区整合的社会组织，那么他的工作人员就是社区原有的工作人员，以及一些志愿者。如果是委托第三方社会组织管理、购买第三方社会组织服务的，那么进驻社区的工作人员就是属于第三方社会组织派出的员工，由第三方社会组织支付工资。这些人员的工作范围、职权转移、任务分配都是需要斟酌考量的问题。因此，社会组织必然要明确自身权责，厘清与其他组织的利益界限，协调与其他组织的关系。在 J 街道，也存在这样的情况。

---

① 访谈记录 Z20150119。

我们发现两个极端。比如社会组织进来后什么工作都要社区做，第二种是社区觉得社会组织的项目与我无关，我没必要帮助你。当然，这都是比较极端的了。[①]

此外，有些社会组织并不是全然的公益组织，而是半商业化，带有营利目的。对于这一类社会组织，J街道的基本态度是不欢迎的，但如果与基层政府的需求相切合，则会谨慎地考虑购买它们的服务。就算是非营利性的社会组织，也有发生恶性行为的时候。不少社会组织迎合基层政府应付检查的需求，在多个社区挂牌，但平时并不为社区服务，这种圈地性质的恶性行为，挤兑了其他社会组织的生存空间，造成了资源的浪费，对此缺乏有效的监督和惩治。

（三）制度创新——"草根能人库"

"草根能人库"作为J街道首创的社区公益项目，成功入选了S市十大新生机制的候选项目。J街道在设计该项目时，颇有野心地将居民自治、基层党支部建设等都囊括其中。而"草根能人库"的这个制度创新确有其独到之处。

J街道通过内部挖掘，找出社区中的"能人异士"，不管是会手语的，还是会修水管的，不管是精通法律的，还是会修电器的，都是J街道需要的社区精英，全部登记在"草根能人库"中。入库的居民作为社区的一分子，都是潜在的志愿服务者，可以凭借自己的一技之长在社区中一展身手，帮助其他需要帮助的社区居民。

这样的制度设计，调动了社区人才和社会资本，不仅大大缓解了社区社工用人紧张的压力，让更多的社区居民享受到公共服务，而且加强了居民的社区认同感和归属感，构建了良好的邻里氛围。这也是对"政社互动"的有力补充，推动"政社互动"进一步发展。同时，积极参与社区服务也是现代公民意识培育的有效路径，尤其是在培育普遍淡薄的责任意识上有着突出的作用。积极的社区参与更是民主自治的发端，"草根能人库"

---

① 访谈记录 Z20150119。

的建设能在更深层次上让社区充分发挥城市基本单元的作用，承担起民主自治的重任，成为市民社会的基石。

　　在这个里面，老百姓会觉得很有成就感，上一次老百姓还专门搞了一个文艺演出，大概四小时，就是他们自己弄的。

　　在3月份的时候，我们就开始做社会主义核心价值观的培育和弘扬的工作了，又跟我们的服务制度结合起来。服务换积分，积分换服务，建立一个可持续的机制。①

每一次为社区居民服务都可以换取积分，而积分又可以换取别人的服务，一个长效机制就这么运转起来了。社区居民本身可以在实现价值、奉献社区中获得成就感，服务换取的积分又能享受更多的服务，从而形成一种互促、向上的良性循环。

"草根能人库"是J街道引以为傲的制度创新，它的发展面是广阔的，为了充分发掘"草根能人库"的制度潜力，如何进一步优化激励机制和绩效服务，如何进一步扩大"草根能人"的范围，将更多的社会力量覆盖进来，如加入"草根能人企业""草根能人社会组织"，是J街道下一步该思考的问题。

第三节　S市3镇/街道均等化服务的问卷调查

　　公众对于"内生综合型"服务均等化模型的感知如何呢？由于更加注重发挥市场与社会在公共服务中的角色，更加强调公众需求的内在导向，从理论上来说，公众对于基层政府公共服务职能的认可度会比前面两种模型中的高。为了更好地了解这一问题，我们同样对S市的3镇（街道）的公众进行了问卷调查。

---

①　访谈记录Z20150119。

一 调查概述

本次调查前后共计两个月，从 2014 年 7 月 20 日开始，至 2013 年 9 月 30 日结束。本次调查报告收集了来自 S 市 J 街道、X 镇和 G 镇①的数据，实地调查集中于 9 月 12～16 日。本调查同样主要包括三个方面的内容：一是 S 市 3 镇居民对基本公共服务的满意度；二是 S 市 3 镇居民对基本公共服务重要性的认知；三是 S 市 3 镇居民对基本公共服务均等化程度的评价。本次调查在 S 市 3 个调查地点共计发放问卷 1200 份，回收 1139 份，剔除无效问卷，有效问卷 958 份。全部 958 个有效样本的性别、户籍、年龄、文化程度及职业分布情况见表 5－1。

表 5－1 受访者基本情况的描述性统计（剔除系统缺失值）

特征	类别	频数	占比（%）
性别	男	542	56.9
	女	411	43.1
年龄	16～35 岁	424	45.8
	36～55 岁	455	49.1
	56 岁及以上	47	5.1
文化程度	小学及以下	51	5.4
	初中	285	29.9
	高中/职高/中专	251	26.4
	大专	221	23.2
	大学本科及以上	144	15.1
户口性质	城镇户口	500	52.9
	农业户口	446	47.1
政治面貌	非党员	225	90.6
	党员	893	9.4

---

① S 市的 J 街道和 X 镇是上文所涉的 J 街道（案例 3）和 X 镇（案例 1），G 镇是 S 市所辖乡镇之一。

续表

特征	类别	频数	占比（%）
	高级白领	104	10.9
	中低阶服务人员	318	33.2
	体力劳动者	67	7.0
职业	学生	32	3.3
	失业/无业/退休人员	66	6.9
	其他	371	38.7

二　基础数据分析

调查报告首先是 10 项基本公共服务的满意度、均等程度和重要性的描述，其次是重要性与满意度、均等程度的二维分析。

（一）基本公共服务的满意度

对基本公共服务满意度的分析可以帮助决策者找到市民反映强烈的公共服务项目，进行有针对性的提高。图 5-1 表明，目前，市民对 S 市基本

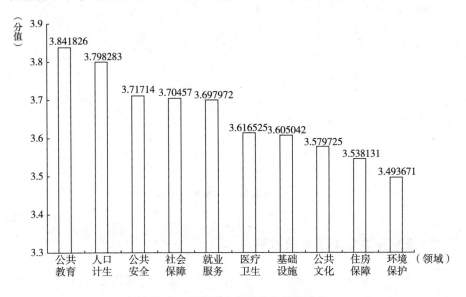

图 5-1　十项基本公共服务的满意度

公共服务的满意度排序由高到低依次为公共教育、人口计生、公共安全、社会保障、就业服务、医疗卫生、基础设施、公共文化、住房保障和环境保护，得分为 3.49～3.84。从中可以看出，公共教育、计生服务和公共安全都具有纯公共物品的性质，中央政府作为服务供给主体，总体上较好地满足了公众的需求。环境保护和住房保障是当前经济社会发展转型过程中日益凸显的两个问题，排在公众满意度的最后两位。

（二）基本公共服务的均等程度

市民感知的均等程度是进一步提高 S 市城乡基本公共服务均等化的一个可行的参考。本次调查结果表明，市民感知的 S 市基本公共服务均等化程度由高到低依次为人口计生、公共教育、公共安全、就业服务、社会保障、环境保护、基础设施、公共文化、医疗卫生和住房保障，得分为 3.44～3.74 分（见图 5-2）。从中同样可以看出，作为纯公共物品，且主要由国家统一供给的人口计生、公共教育和公共安全在均等化方面公众的感知度较高。

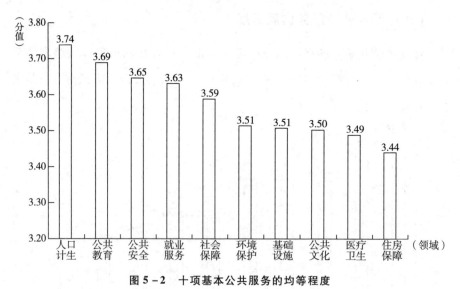

图 5-2 十项基本公共服务的均等程度

（三）基本公共服务的重要性

基本公共服务对于不同的居民有着不同的效用，居民感知的公共服务的重要性可以反映需求程序。本次调查结果表明，居民感知的 S 市基本公共服务重要性由高到低依次为公共教育、社会保障、医疗卫生、公共安全、就业服务、环境保护、住房保障、基础设施、公共文化、人口计生（见图 5 - 3）。

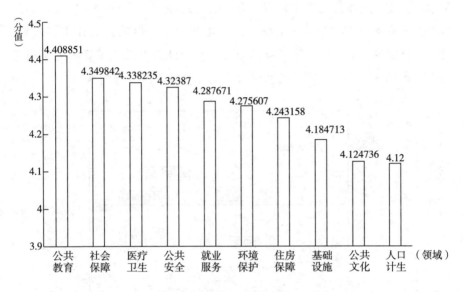

图 5 - 3　十项基本公共服务的重要程度

三　二维象限分析

（一）基本公共服务的满意度和重要性

以重要性得分为横轴，满意度得分为纵轴，做出图 5 - 4。以重要性得分的最大和最小值的均值做参考线 x = 4.26，以满意度得分的最大和最小值的均值做参考线 y = 3.67，可以把图形区域分为 4 个，高重要性 - 高满意度区为竞争优势区，高重要性 - 低满意度区为急需改进区，低重要性 - 高满意度区为锦上添花区，低重要性 - 低满意度区为次要改进区。

竞争优势区的基本公共服务包括公共教育、社会保障、公共安全和就业服务；急需改进区的基本公共服务包括医疗卫生和环境保护；锦上添花区的基本公共服务为人口计生；次要改进区的基本公共服务包括住房保障、基础设施和公共文化。

本次调查的结果表明，将资源投入医疗卫生和环境保护是最有效率的，它们在 S 市居民的认识中相对具有较高的重要性，同时目前的群众满意度还不够高，这两方面对提高居民生活质量产生重要影响。其次，住房保障、基础设施和公共文化是相对重要的改进项目，虽然 S 市居民认为其重要程度不及公共教育、社会保障以及医疗卫生，但同样对此不够满意，因此，政府也需要给予一定程度的重视。S 市目前做得比较好的公共服务包括公共教育、社会保障、公共安全和就业服务，需要继续保持。

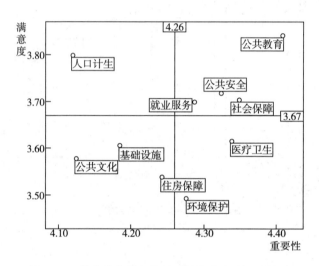

图 5 - 4　基本公共服务的重要性和满意度二维分析

（二）　基本公共服务的均等程度和重要性

以重要性得分为横轴，均等程度得分为纵轴，做出图 5 - 5。以重要性得分的最大和最小值的均值做参考线 x = 4.26，以均等程度得分的最大和最小值的均值做参考线 y = 3.59，也可以把图形区域分为 4 个，高均等程度 - 高满意度区为竞争优势区，高均等程度 - 低满意度区为急需改进区，低均等程度 - 高满意度区为锦上添花区，低均等程度 - 低满意度区为次要改进区。

竞争优势区的基本公共服务包括公共教育、公共安全和就业服务；急需改进区的基本公共服务包括医疗卫生、社会保障（均等程度得分为 3.588）和环境保护；锦上添花区的基本公共服务为人口计生；次要改进区的基本公共服务包括住房保障、基础设施和公共文化。

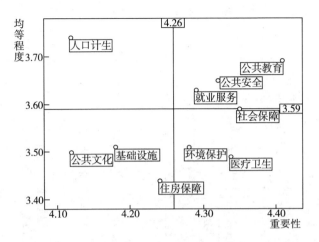

图 5 - 5　基本公共服务的重要性和均等程度二维分析

与重要性－满意度的二维分析结果相似，医疗卫生和环境保护的改变是迫切的，也是最有效率的。社会保障从竞争优势区到急需改进区的变化表明，虽然社会保障的满意度较高，但其均等程度仍有待提高。其余的公共服务项目均仍然在同一区域，表明了调查结果的稳定性。

（三）城乡基本公共服务的二维分析

从基本公共服务的均等程度和重要性的分析中可以发现，社会保障的满意度和均等程度有较大的变动。基本公共服务中最重要的城乡差别情况，在本次调查中的现状见图 5 - 6，上方两图为城镇地区状况，下方为农村地区。

从图 5 - 6 中可以发现，10 项基本公共服务中，有 8 项的所属区域没有变化，社会保障是唯一变动的公共服务，表明社会保障在城乡居民的主观感受中存在明显差别。不管是城镇居民还是农村居民，都认为社会保障十分关键，其重要性排在前五位，然而城镇居民的满意度评价和均等化感知都比较高（分列第三、第四），相反农村居民的满意度和均等化感知的评分则落到了均值以下，尤其是均等化的感知测评与前面四项存在明显差距。在城镇地区社会保障仍属于竞争优势区，而在农村地区，社会保障则成为急需改进的公共服务。值得一提的是，城镇居民和农村居民对公共教育的重要性、满意度和均等化程度评价比较一致，得分相对较高，说明 S 市的基础教育公共服务水平和均等化程度已经能够满足居民的基本需求了。

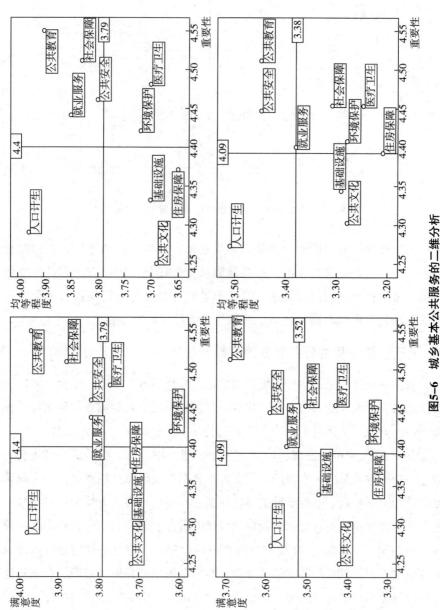

图5-6 城乡基本公共服务的二维分析

（四）数据分析小结

事实上，满意度和均等程度本身就是高度相关的，表5-2汇总了相关分析结果。相关系数在0.367～0.434之间，属于中低度相关，这符合调查的预期，满意度测量的是对公共服务的满意程度，而均等程度测量的是不同人群和城乡（本次调查不包括不同区域）之间的公平程度。显著性水平均在1%以上，表明做100次相同的调查，相关分析结果不一致的次数少于1次。这个结果显示居民对基本公共服务均等化的感知程度与他们对公共服务满意度的评价呈正相关关系，均等化程度越高，居民对政府所提供的公共服务的满意度就越高。

表5-2　公共服务均等程度和满意度的相关分析

公共服务	相关系数
公共教育	0.390 ***
就业服务	0.394 ***
社会保障	0.424 ***
医疗卫生	0.434 ***
住房保障	0.370 ***
公共文化	0.377 ***
基础设施	0.393 ***
环境保护	0.425 ***
人口计生	0.420 ***
公共安全	0.367 ***

注：*** 为 $p < 0.001$，表明相关的显著性非常高。

表5-3汇总了10项基本公共服务的满意度、均等程度和重要性得分，以及相应的排名。总体来看，重要性排名越高、其他排名越低的项目更应该得到关注。其中，公共教育的三个排名都很高，说明S市政府在提供基础教育方面的公共服务上下了大功夫，并且得到了老百姓的认可。此外，公共安全、社会保障和就业服务这三个方面在各项排名中都位列前五。医疗卫生和环境保护是为急需改进的项目，这与前面分析统计的结果相吻

合，其中，老百姓虽然认为医疗卫生服务比环境保护更为重要，但是对环境保护的满意度却不如医疗卫生，而且认为在这个方面城乡间的差异不是特别大。换言之，环境保护在城市和农村，政府做得可能都还不够。与环境保护一样得到差评，而老百姓觉得同样比较重要的还有住房保障。基础设施和公共文化与其他方面相比，重要性偏低，满意度和均等程度排名同样靠后。值得注意的是人口计生，在之前的城乡比较中发现，城乡居民认为这项服务是不重要的（分列第九和第十），而均等化和满意度也是相对较高的，其中人口计生的均等化在各项指标排名第一。

表 5-3   十项基本公共服务的得分与排名

	满意度	排名	均等程度	排名	重要性	排名
公共教育	3.84	1	3.69	2	4.41	1
社会保障	3.70	4	3.59	5	4.35	2
医疗卫生	3.62	6	3.49	9	4.34	3
公共安全	3.72	3	3.65	3	4.32	4
就业服务	3.70	4	3.63	4	4.29	5
环境保护	3.49	10	3.51	6	4.28	6
住房保障	3.54	9	3.44	10	4.24	7
基础设施	3.61	7	3.51	6	4.18	8
公共文化	3.58	8	3.50	8	4.12	9
人口计生	3.80	2	3.74	1	4.12	9

小　结

城乡一体化中基层政府均等化公共服务的模式在苏南 S 市无疑是成功的。作为江苏省率先发展城市，S 市借助其雄厚的经济实力、政策机遇，通过不断的实践摸索和制度创新，生成了值得借鉴的城乡一体化中基层政府均等化公共服务的模式。这种模式内生于 S 市 20 世纪 80 年代的资本积累，综合了 90 年代的政策机遇，使政府在建构与市场的关系中形成了科学的管理体制,社会力量在此间得以发展壮大,形成政府—社会—市场的良性互动。虽然在S市的满意度调查中,城乡差距依然存在,尤其是在社会保障这项公共服务的认知上,考虑到S市现代公民意识的基础,以及作为全国第二大移民城市,城乡人口的不断更新和流动,数据会存在一定偏差,但足以证明城乡一体化的进程仍有纵深发展的空间。在公共服务均等化方面,医疗卫生和环境保护可以作为深化改革的两个重要维度,随着"政社互动"的进一步推广和实践,越来越多的社会组织承担起医疗卫生的公共服务职能,环境保护相关的邻避冲突考验着社区治理,培育着现代公民意识,让社会组织有更多社会资本的支撑。"内生综合型"模式的分析研究,不仅有利于其他地区学习城乡一体化中基层政府均等化公共服务的经验,总结出因地制宜的发展模式,而且对于基层社会民主自治的生发有着重要意义。

第六章 西方国家的公共服务均等化职能：经验与启示

长期以来，发达国家在加速推进工业化、城市化发展的进程中，十分重视推进城乡一体化发展。从世界各国城乡一体化建设的历史进程和经验来看，不同国家城乡一体化模式的选择与各自的历史、文化、自然资源禀赋等有密切关系。伴随着城乡一体化的进程，公共服务的均等化也在不断推进，并积累了一些先进的经验和做法，这对中国在城乡一体化进程中实现公共服务均等化有积极的借鉴作用。

第一节 政府主导的公共服务均等化模式：北欧－瑞典

近几年，从国家竞争力、社会福利水平、国民幸福指数、市场自由度、社会阶层流动性、政府透明度等各类体现国家综合实力的指标来看，北欧国家几乎都稳居世界前列。在多数发达国家仍受国际金融危机拖累，经济复苏缓慢，财政失衡加剧，传统福利制度难以为继之时，北欧国家在应对危机过程中表现出蓬勃的生命力与竞争力，令世界瞩目。这种结果也使高税收、高福利的北欧国家模式再次受到全球关注。本节通过深入分析北欧－瑞典的公共服务体系，尝试借鉴其成功经验，努力为当前我国的政府职能改革提出政策建议。

一　北欧公共服务模式的发展历程

北欧国家的基本公共服务模式是在"大政府"的主导下进行的，主要为公民提供教育、医疗、就业和养老等生活各方面的基本公共服务。北欧国家政府以"人民之家"理念为依据，奉行普遍主义，将政府公共服务渗透每位公民生活的方方面面，自上而下地完善各层级公共服务相关政策，确保基本公共服务的公平提供和居民的平等享受。

在财政支出方面，北欧国家对于公共服务的支出非常大方，这尤其凸显在各国对公民教育、就业、养老和医疗的基本公共服务方面。以挪威地方政府为例，自治市政府的重要公共服务范围主要有以下三个方面：一是基础教育，为 7～10 岁的儿童提供全面的初等教育；二是为全体居民提供基本的医疗服务，包括对门诊病人的药物治疗和为年老者进行便利的家庭护理；三是社会福利，特别是对年老者进行照顾（包括家庭扶助和照顾老年特殊家庭）和一系列没有包含在通常的社会保障系统之内的项目。在这三个领域中各种活动通常都是以国家法令的形式来颁布和规范的，近几年在这三个方面投入的经费占到社区经费的 2/3 以上①，具体情况见表 6-1。然而，北欧国家是如何平衡财政收入和支出以负担如此"大方"的高福利制度呢？政府必须要为其普惠主义的福利制度买单，这就是北欧国家高税收的原因，国民税收是提供公共服务的一大来源，公民通过向政府缴纳高额税收来享受周到的基本服务保障。在这种社会大环境下，每位公民承担的社会风险被平均了，很大程度上缓解了工业化及快速经济发展导致的社会差距大、收入两极化等矛盾，为北欧国家的稳定均衡发展带来了相当大的优势。这从北欧国家的经济发展中就可以看出来：在 19 世纪晚期，北欧国家在欧洲的经济发展中的表现并不理想，但在经过 200 年的奋斗之后，由于注重全力发展经济和社会福利立法，瑞典、丹麦、挪威都一举成为世界上最富裕也最进步的国家。2008 年金融危机发生后，世界经济受到严重冲击。但这三国的经济增长率已于 2010 年基本恢复，位居当年欧盟前列，

---

① 〔丹麦〕埃里克·阿尔贝克等：《北欧地方政府：战后发展趋势与改革》，常志霄等译，北京大学出版社，2005，第 140～141 页。

2013～2014 年的增长率也远超法国、英国等西南欧发达国家，令世界为之瞩目，其社会模式也引来各国学者的争相探索。

表6－1 挪威自治市政府对不同类型公共服务活动支出情况（1980～1990 年）

单位：%

公共服务类型 \ 年份	1980	1985	1990
教育	30	27	23
健康服务	14	17	20
社会服务与社会保障	21	22	25
宗教和文化	5	6	5
发展和住房	16	14	12
其他	7	8	9

资料来源：〔丹麦〕埃里克·阿尔贝克等：《北欧地方政府：战后发展趋势与改革》，常志宵等译，北京大学出版社，2005，第140页。

从其公共服务模式的施行效果来看，北欧各国是世界上公认的平等程度最高的国家。在这种特殊的普惠型福利体制下，政府主导建设实施的公共服务体系更是处处体现"机会平等"这一理念。由政府统一收缴的税收为公共服务提供雄厚的经济基础，最大程度上对公共服务和资源进行统筹规划，自上而下地保障公共服务覆盖式的提供。

（一）北欧公共服务模式的起步

北欧国家公共服务体系的建立起源于 19 世纪中期社会精英对社会政策的一系列积极讨论，其中最主要的是涉及劳工政策与家庭政策的设计。针对当时社会矛盾最为突出的劳工问题，丹麦、瑞典和挪威都制定了相应的社会政策。丹麦、瑞典分别于 1891 年、1913 年建立起了国家养老保险系统，挪威作为一个后起的福利国家也于 1936 年建立相应制度。之后，为降低公民的失业风险，挪威和丹麦于 1906～1907 年进行了失业保险的相关政策制定，建立了国家补贴的失业保险体系。除劳工政策的讨论之外，对家庭政策的关注度以及有关矛盾也随着移民问题、人口减少和私生儿童的增加迅速增长。为稳定人口规模、强化人口结构，北欧国家一直将家庭政策的制定视为一项核心的议题，制定了一套完整的福利政策以保证国家的人口质量。

在北欧，社会政策被视为社会民主主义重要价值导向的体现。在制定了核心政策的基础上，瑞典社会民主党提出了"人民之家"的社会政策理念。他们主张将国家建造成人民的家，国家需要对人民的福利保障承担主要责任。"人民之家"的理念不仅得到了工人阶级的支持，还获得了农民阶级的广泛支持，甚至还有部分小资产阶级也认同这个理念，再加上之后女权主义的加入，拥护社会民主主义的队伍逐渐扩大起来，社会福利体系的建立得以起步。

（二）北欧公共服务模式的发展

在"人民之家"理念的主导下，瑞典社会民主党结合了进步主义理念和贝弗利奇的"福利国家理论"、马歇尔的"公民权理论"以及战后发展起来的社会工程主义理论，逐渐塑造出福利国家体系的理论模型，为社会民主党的政治主张提供了强大的理论支撑。在社会民主党的领导和统治下，福利不再是对极度贫困或急需救济的少数群体的社会救助，而是转化成以增进全民福祉为目标，带有浓厚社会普遍主义色彩的全民共享。福利也不再被理解为工资水平和收入保障，而是被在更为广泛的意义上理解为解决与人们生活方式、家庭结构、儿童出生率等相关社会问题的手段。[①]进入 20 世纪 80 年代以来，北欧模式发展进入"黄金期"。瑞典、丹麦、挪威三国的社会基础在这段时间发生了很大的变化：在政治基础上，其阶级关系产生了变化；在制度关系中，其公共部门都得到了不同程度的扩张和发展；在公民观念上，普遍周到的公共服务和强烈的公民权意识已成为意识形态的主流。这些都反映出北欧模式中社会政策与社会基础的良好互动。

（三）北欧公共服务模式的改革

在北欧模式"黄金时期"，政府的公共社会开支在 GDP 中的比重迅速提高。1975 年，瑞典和丹麦的这一比重分别为 27.4% 和 27.1%，而至 1985 年，这一指标上升为 33.2% 和 35.1%，提高了相当大的比例。然而，

---

① 林卡、张佳华：《北欧国家社会政策的演变及其对中国社会建设的启示》，《经济社会体制比较》2011 年第 3 期。

20 世纪 80～90 年代，一帆风顺的北欧模式遭遇了"挫折"，瑞典、丹麦相继出现了一系列的经济财政问题，政府财政萧条，GDP 出现负增长。虽然两国出现的财政问题都有其明确的原因，但当时有学者提出，是这种福利体系造成了政府财政赤字负担，这最终将会导致国家体制的失灵。面对严重的财政状况，北欧国家逐渐开始思考制定以私有化生产为导向的社会政策，由社会民主主义导向转变为自由民主主义导向，适度降低国家福利、削减公共开支、提高人民的就业积极性。此次公共服务政策的改革主要体现在补贴水平的下降、延长补贴等待时间、严控补贴资格条件审核、强调就业能力的培养、养老系统的改善以及提高地方政府在公共开支融资等方面的作用力。通过一系列积极的劳动就业政策，北欧模式在经济危机中成功地维持运转。在之后的世界金融风暴中也得以减损趋益，这不得不归功于其灵活的政策应变以及勇于改革创新的精神。正是这些努力，使北欧模式成就了今天的辉煌。

二 北欧公共服务均等化的典型个案：瑞典经验

瑞典的公共服务体系大致分为三个层次：中央政府、郡政府和市政府。中央政府主要负责公共服务体系政策法规的制定，确定公共服务的具体指导方针，并对今后的服务内容和模式等指导性决策做出规划；郡政府负责执行中央政策，并在中央方针指导下对各项政策措施进行细节性的补充完善，以便能够更好地将政策服务于公民；市政府是瑞典公共服务最基层的政府机构，负责一切中央、郡政府指导方针下进行的基础性公共服务，是公共服务最直接的执行者，也是公民服务的最大承担者。一般情况下，市政府还会设立社区管理处来帮助政府提供公共服务。

（一）瑞典公共服务模式的基本内容

瑞典政府认为，建设公共服务型政府必须把发展与公共服务直接相关的社会事业作为工作的着力点。① 在多年的不断完善下，瑞典形成了一套完备的均等化公共服务体系。

---

① 常修泽：《北欧国家做好公共服务建设和谐社会的考察分析》，《产权导论》2005 年第 4 期。

1. 教育体系：珍视平等、民主和儿童权利

瑞典政府对公共教育系统的建设极其重视，实行"举国免费"的体制，为每一位公民提供免费学习的机会。7～16岁儿童必须接受义务教育，也就是说从摇篮到高中，瑞典家庭无须花费一分钱用于子女的学习，政府甚至资助部分大学学费。同时，为支持和鼓励瑞典公民接受教育，政府为因工作或学习无法照看幼儿的家长发放托儿所或保育员日托补贴。瑞典1～5岁儿童中，85%的儿童上学前班或家庭日托班，在政府的大力财政支持下，他们的父母能够有充足的时间和精力学习和上班。瑞典政府每年有近一半的市政预算用于公共教育事业的建设，扶持教育体系的发展。

瑞典政府的教育均等化，一方面体现在每一位公民接受教育机会的平等，另一方面体现在任何人，无论其性别、种族、宗教信仰、残疾、性取向等如何，都有享受同等教育的权利，都有权享受平等的待遇。为保证消除种族歧视和机会不均，实现"机会平等"，确保每名儿童都能得到妥善照顾，瑞典政府单独为少数民族萨米人以及听障儿童设立了萨米学校及听障儿童的特殊学校，其教育责任大多由各地市政府承担。2009年，瑞典引入《反歧视法》，从法律意义上表明政府对教育平等权利的维护，反对以性别、变性身份或意愿、种族、宗教或其他信仰、残疾、性取向或年龄为理由的各种歧视。在瑞典，不管学生性别或宗教信仰如何、是否身有残疾，所有学校必须平等对待学生，学校还必须制定出确保学生受到平等对待的计划。如此，自上而下地从经济、法律系统保证了瑞典教育的均等，促进瑞典公共教育体系的建设，为国家发展提供了源源不断的高质量人才。

2. 推动就业：就业和收入为民生之本

瑞典政府认为，就业和收入为民生之本，"在缩小收入差距的同时降低失业率，促进全民就业"一向被瑞典放在相当重要的地位。因此，为实现全民就业，推动全国经济发展的目标，瑞典政府大力发展就业保障体系，为瑞典的每一位员工提供完善的工作福利及失业保险。瑞典2008年的员工人均月工资达到了28000瑞典克朗①，在瑞典完善的社会福利体系下，

---

① 1瑞典克朗（SEK）约等于1元人民币。

这些工资能够使一位员工过上相当富足精彩的生活。可以说在瑞典，拥有一份工作就是拥有了一份坚实的保障。

在瑞典，无论员工的社会地位、工资水平、工作性质如何，每一位员工每年都可享有 5 周的带薪假期，瑞典公民认为这是为国家做贡献的每个员工应当享有的权益。另外，如果员工及其配偶生第一个小孩，他们有权享有多达 480 天的带薪产假（共享），一年中有 120 天的育儿假去照看生病的孩子。截至 2015 年 1 月的最新数据，瑞典的失业率为 8.4%。为缩小收入差距，为瑞典劳动者减少失业带来的风险，瑞典的公共服务系统通过失业保险基金的形式向失业者进行补助。通过参加失业保险基金，瑞典员工可以在失业后长达 200 天内得到失业前工资的 80%，200~300 天内得到70%。如此高额的失业保险给瑞典员工减轻了因失业而产生的巨大风险，从而拥有足够的时间寻找下一份适合自己的工作。然而，完善的失业保险计划也极有可能造成"福利懒汉"，削弱国家劳动力。瑞典政府对此也采取了相应政策，从在职时上交瑞典失业保险基金会会费及失业后上交失业补助等方面防止"福利懒汉"的出现。①

3. 医疗卫生：让每个人都能承担起生病的风险

北欧国家极为重视人的生命健康，瑞典也不例外。为此，瑞典将建设发展医疗卫生体系提高到"人权"的高度，视为国家发展任务的重中之重，建立了一个分散式的、靠纳税人缴纳的税款支持的强大医疗卫生体系，在这样的体系下，每个人都能平等地享受医疗服务。

在瑞典的公共医疗卫生系统中，政府规定了每位患者每天的最高花费②，并限制医院的各种收费项目。再加上患者每年交予医院的费用及处方药费用均设有上限，几乎没有患者会因为疾病的治疗承担毁灭性的风

---

① 要享受全额的失业保险，瑞典员工必须加入失业基金满一年，并按时上交会费；失业者需要在 9 个月内自主上交补助申请，而补助金也不可能立即到账，需要至少 4 个月的时间处理手续，这个时间差使失业者在失业后必须积极寻找新的工作机会；另外，失业者必须在瑞典国家就业机构登记，积极寻找新工作，并愿意接受任何合适的工作安排，同时，失业者的健康状况应该满足每天至少工作 3 小时，每周至少工作 17 小时的条件才能够顺利领取失业补助。

② 每位患者每天的住院费不得高于 100 克朗，初级诊疗费据各省情况控制在 100~300 克朗，专科专家诊治费用最高 350 克朗。

险。为了减小每一位瑞典公民的医疗风险，缩小社会差距，各级政府共同承担起为公民提供各项医疗服务的责任。瑞典的地区议会①每年约有90%的工作集中在医疗服务的主题上，省议会承担为其居民提供高质量的健康和医疗保健服务的责任，自治市政府则进行照顾病患者、为学校等单位提供医疗服务等具体政策的执行。瑞典政府认为，只有最贴近公民生活的政府才能制定出真正符合人心的政策和制度，因此地方政府在这一领域享有很大的自由。瑞典各级政府在公共医疗卫生系统中分工明确，各司其职，为瑞典公民提供合适的医疗服务。

在瑞典国内，各级政府议会统筹全国各级资源，省、自治市议会相平行，在统一的指导方针下各自执行具体的医疗服务。同时，还建立了国家电子医疗服务信息网，实现全国的医疗信息化，使沟通更加便捷，交流更加顺畅，避免了很多由于信息闭塞造成的疏漏。国际上，欧盟各成员国在流动性愈加扩大的现实基础上达成了统一，各级医疗机构间积极沟通合作，充分最大化区域内医疗资源，大幅提高医疗资源利用率。为保证政府的医疗服务效果，也为了彻底贯彻落实政府出台的医疗服务政策，瑞典每年都会进行《国家患者调查》的测评，反应患者对医疗服务水平和质量的评价，通过《医疗晴雨表》来调查患者对政府医疗服务的期望和态度等。这些调查能够自下而上地反映人民的声音，政府了解了人民的想法之后再做出相应的改善，这就形成了一个良好的反馈机制。

4. 养老系统：积极应对"老龄潮"

同世界上其他发达国家一样，瑞典也即将迎来严重的"老龄化"问题。瑞典970万居民中，约18%已超过65岁这一退休年龄。到2030年，这一数字预计将上升到30%，严峻的情况让瑞典政府不得不更加重视养老服务。为了应对这种老龄潮，瑞典政府投入大量资金完善养老系统。2010年，瑞典的老年养护费用达959亿克朗，绝大部分都来自自治市税收及政府拨款，近3%的费用由患者支付。另外，政府2014年投资43亿瑞典克朗，用于改善65岁以上年龄组内体质最虚弱者的健康和社会护理工作，旨在改进针对老年人的家庭保健、老年护理、医院护理和保健中心护理之间

---

① 哈兰德（Halland）、斯科讷（Skåne）、西约塔兰（Västra Götaland）以及哥特兰市。

的协调配合工作，投资 10 亿瑞典克朗用于老年护理的专业培训。瑞典还有着全覆盖的养老体系，所有的瑞典公民在退休后都可以领取养老金。养老金来自于税收，将根据已缴纳税收决定养老金的多少。2012 年，国家退休养老金平均每月为 11428 瑞典克朗，65% 的退休人员收入来自政府提供的公共养老金体系。

2012 年被欧盟宣布为欧洲积极老龄和代际团结年，旨在引导以积极心态步入老年的欧洲文化。瑞典政府和机构围绕这一主题采取了许多举措，投入近 1 亿瑞典克朗来引导老年人口保持积极的心态和健康的身体。在瑞典，政府能够提供各种各样的服务，使老年退休人员尽可能在家里生活。为迎接老年人口这一逐渐庞大的社会群体，瑞典政府大力扶持红十字会、全国退休人员组织（PRO）等维护退休人员权益的社会单位。这些单位既能够弥补公共服务体系中的不足，又能够影响政府的相关决策，切实保障这一特殊社会群体的利益，这是瑞典政府对瑞典公民的承诺。

除了以上的公共服务体系所体现的"平等"理念外，瑞典在性别平等以及残疾人服务方面也颇有建树，是世界上性别最平等的国家之一。瑞典将"平等"的理念从社会福利提升到人权的层次，颁布各项法律，建立各种社会机构来保证"平等"理念的贯彻。高税收的经济模式让瑞典政府能够控制、统筹全国的经济资源。因此在瑞典几乎所有的公共服务都是机会平等的，所有的非均等都在历史的作用下逐渐消失，时间的不断洗礼产生了现在的瑞典模式——一个效率与公平俱佳的模式。

（二）瑞典公共服务均等化模式的特点

1. 建设廉洁的政府，提供高效的服务

瑞典的公共服务体系为众多的瑞典民众提供了工作岗位，却并没有像许多社会主义国家那样面临国家腐败问题。直接原因是瑞典完善的法律机制和无处不在的监察机制，根本原因在于瑞典具有普遍良好的社会价值观。

瑞典完善的法律体系可以用"法网恢恢疏而不漏"来形容，而其严密的监察机制则是"法眼"。瑞典各级政府每出台一项公共服务政策都会及时颁布有关的法律，形成针对该政策的法律体系，同时还会逐步建立起相关的公共部门、社会组织等来保障政策的贯彻落实、维护相关社会群体的

利益。瑞典为保证残疾人能够得到平等的公共服务，于 1994 年颁布了《为特定功能障碍人士（LSS）提供支持与服务法》，旨在为严重残疾者提供更多过上独立生活的机会，确保他们享有平等的生活条件，充分参与社区生活。不仅如此，政府还相应的在各种综合法案中（如《社会服务法》等）进一步完善有关残疾人的相关法律条文，以更好确保残疾人群体得到优待。"残疾人法网"建立的同时，国家特殊需求教育与学校署、瑞典残疾人政策协调署、瑞典有声读物及盲文图书馆（TPB）、独立生活研究院（ILI）等维护残疾人独立生活权益的社会组织和公共部门也相应建立起来，其他相关的社会组织部门也要针对残疾人政策进行相关调整，以确保残疾人的权益得到维护。如此缜密的"法网"和"法眼"之下，怎能有腐败的社会出现呢？

瑞典地处高寒带，人口稀少，长期以来民众形成了较强的国家意识、诚信意识、互助意识和个人自治意识。这种意识在社会上形成了一种平等、公平、共同富裕的社会价值观，让官员本身发自内心地认为腐败是一件令人羞愧、应当受到严厉诽责的事。这种价值观引导了整个社会风气，产生一种源自内心的原动力和强烈的自律精神，在很大程度上减少了腐败现象的出现。

2. 营造良好社会服务氛围

瑞典经历了数百年资本主义民主自由思想的熏陶，当发现过度地追求自由市场不能实现自由，还会激化社会矛盾的时候，瑞典政府放弃了部分新古典经济学理论，在社会主义思想的影响下，发挥务实主义精神，实行了凯恩斯主义经济学理论，抓住机遇实现转型，成功地将国家转型为一种走"第三条道路"的"粉红色国家"。瑞典的成功经验证实了协商民主确实是当代现代民主政治的正确选择。当代民主既需要适应市场化的灵活性，又需要如卡尔·波兰尼所主张的"去市场化"；既需要社会化，又需要道德伦理整体提升基础上的个性化人文关怀；既需要鼓励创新张扬个性的自由民主机制、奖勤罚懒机制，又需要普及教育、医疗、就业等基本社会保障的机制，以保证社会公平，削减、钝化社会矛盾。[①] 瑞典在这之中成功地找到了

---

① 汪浩：《北欧经验与协商民主》，《观察与思考》2014 年第 4 期。

符合其国情的平衡点。改革后的政府将协商民主的精神渗透公共服务的各个领域和阶层，通过不同形式的沟通和平等对话在实现监督机制的同时达成协商民主的社会契约，实现了瑞典独具特色的协商民主政治，为国家和社会的发展营造了良好的氛围。

3. 不惧挑战、抓住机遇、大胆创新

同其他国家一样，瑞典在历史上曾多次遭遇波折，但数次的危机为瑞典带来的不仅仅是挑战，更是机遇。二战后，瑞典的国家制度曾一度摇摇欲坠。当时，高福利的公共服务模式所产生的弊端似乎一夜爆发出来：巨额的公共部门支出、沉重的税务负担、庞大的财政赤字、恶化的通货膨胀以及持续下降的经济增长率让瑞典的国家竞争力持续下滑。在如此险境中，瑞典政府采取了一系列政策和行动来应对。面对国家的财政危机与20世纪70年代的经济不景气，瑞典政府大胆采取了与其他资本主义国家截然不同的财政扩张政策，大幅扩大社会公共服务力度。20世纪80年代早期，瑞典政府经济和社会政策都有了很明显的转变，开始朝所谓的新"第三条道路"前进。这既不是传统的凯恩斯学派理论，也不是新自由主义的主张。这也是瑞典的跨国公司维持国际竞争力时，受凯恩斯理论政策的导向而失败所造成的影响。

金融风暴中瑞典政府改革政府垄断的公共服务，引入了政府购买服务机制，政府在承担为公民提供公共服务责任的基础上开放部分公共服务的供给，鼓励第三方组织或机构提供服务，政府可以节约出行政管理的资金。在之后的发展中，瑞典又不断遇到各种挑战，但开放的国家精神和务实主义的价值导向让瑞典收获的不是逐渐萧条的趋势，而是更加蓬勃的新生。这是瑞典不惧挑战，抓住机遇，勇于创新的成功果实。

三　北欧公共服务均等化模式的运行条件

北欧国家政府主导的公共服务均等化模式与其特殊的国家体制和具体的经济社会发展情况有着密切的联系。以瑞典为例，主要体现在以下几个方面。

（一）政府体制与政府服务意识

瑞典的行政管理模式分为三级：中央、区域以及地方。在中央层级，经由国家议会来行使其立法权；在区域层级，瑞典在行政上划分为 21 个省；省议会代表由该省居民选举产生，选举与全国议会大选同天举行，每四年选举一次；在地方层级，瑞典有 290 个自治市。每一个自治市都有一个经选举产生的市议会，它对市政议题有决策权。[①] 在实行直接民主的领域，但凡涉及国家重要改革的方案均需要在"广大的范围内"进行讨论，所有公民都有政治参与的机会。养老服务的扩大投资、医疗卫生服务的提高、失业保险的改革，这些涉及每一个人切身利益的改革都要收集从地方政府到省议会再到中央政府的意见。同时，直接民主还与代议制民主、参与性民主、精英民主和合作民主等多种民主方式共存，确保平等的基本公共服务的实现。

瑞典拥有强大的干预型政府，直接受雇于政府及公共事业机关的人员比例远高于经合组织的平均水平。然而，如此繁杂的公务系统却能够避开腐败低效的弊病，发展成为世界上最廉洁高效的政府，这就要归功于各级政府完善的法律机制和严密的监督机制。政府在议会每通过一项政策之后就会有保证政策落实的相关法律文件出台，社会上也相应建立起各种各样的组织、协会来维护各类群体的权益，政府内部也会建立相关的公共部门来进行内部监察。例如瑞典就有萨米学校委员会、医疗卫生技术评估委员会、残疾人政策协调署、平等机会委员会、性别平等司等各类相关社会组织，北欧国家周密严实的监察机制造就了经典的先进的政府公共服务部门。在确保民主得到表达的同时，瑞典冲破了高福利国家的腐败难题。在政府机构严谨的自律精神和严密的监督机制下，政府的行为变得诚实而透明。具有高公信力的政府不仅能确保民主的实现，也激活了更多的"民主"。瑞典既摒弃了传统资本主义国家表面化的民主，又吸收了社会主义国家现代化政治民主的元素，将"公平的选择"落到实处，真正实现了全民"机会平等"，开创了属于自己的第三条道路，成为独特的粉红色国家。

---

① 周俊：《风险与应对：瑞典社会福利制度发展之研究》，复旦大学 2005 年硕士学位论文。

在北欧国家，政府官员的职责是服务民众。他们的生活相对简朴，他们的职位意味的是责任，而不是地位和身份。"如果政治家不骑自行车而是开豪华轿车，就应该受到指责。"① 北欧国家的福利制度源于对 17 世纪初英国《济贫法》的继承，起初是由教会来承担救助贫穷、教育等责任，后因教会无力承担高额的经济重担而将救助责任转移给了政府，政府有责任服务人民，解决贫困。工业革命后，北欧国家的经济快速发展，税收来源足以支撑一系列服务。瑞典的社会民主党执政后，为缓解劳资双方的利益矛盾，在以人为本理念的支撑下实行高福利的社会政策，以合作代替冲突。公共服务体系的一系列基础由此诞生。政府一直大力提倡高福利模式，然而，1976 年瑞典社会矛盾四起，社会民主党被迫下台，开始与其他党派展开长期竞争。由于国家福利是刚性模式，只能增加不能减少，各党派为争取更多的选票，纷纷承诺出台高强度的福利政策，北欧国家的公共服务系统由此愈加全面和完善，其"服务精神"也越来越浓厚。

北欧国家的公共服务改革中，处处彰显着公共服务精神。在人人机会平等的理念指导下，每一位公民都是大家庭中的一员，政府尽心尽力为他们做好医疗、养老、就业、教育等方面的每一项服务。

（二）强制性的高税收体制

瑞典实行高税收的制度，对个人征收高额个人所得税，税率高达 50% 以上，对许多发展中国家来说，如此高昂的税收似乎是不可思议的，瑞典人民为何能够接受这高昂的税赋呢？

二战前，在经济大萧条的冲击下，瑞典社会中劳资双方矛盾激化，失业问题成为严重的经济毒瘤。当时，社会民主党放弃了部分马克思主义和新古典经济学理论，采取斯德哥尔摩经济学派和英国凯恩斯学派有关国家干预的新理论，认为庞大的福利支出与赤字不但不会阻碍经济的发展，反而会促进需求和投资，并进而刺激生产、减少失业和增加国民收入。在这个理论架构下，社会民主党政府不使用传统控制进口关税以及紧急救济的方式来解决问题，取而代之的是借助国家干预，推行改良主义路线，在

---

① 北极光：《斯堪的纳维亚国家成功秘诀：重塑资本主义模式》，《经济学家》2013 年第 70 期。

"人民之家"理念的号召下，逐步推行膨胀性的经济计划以及积极的社会福利政策，瑞典二战时虽保持中立，但也受到战争的侵害。当时紧张的局势让瑞典人民团结起来，政府需要提高公共支出和税赋来应对外界危险。二战结束后，政府看到了改革的良机，提高公共支出和税收，用于发展国家经济。瑞典人民已经习惯高额税收，在全民一心的大背景下政府既大力发展了经济，又支撑起了完善的社会福利制度。上缴的税收都有合理的去处，人民自然没有意见，这便形成了瑞典家经济模式的良性循环。

北欧国家的福利政策方针是"从摇篮到坟墓"的全面福利，通过公共服务系统由政府给每一位公民提供包括教育、就业、医疗卫生、养老等方面的服务，协调统筹全国资源保障国民幼有所教、老有所养的健康幸福生活。其中大部分财政支持来自税收，因此国家必须实现及时、完善、全面、清晰透明的公共服务，对人民负责。在北欧国家，所有人都可以查看政府的官方交易记录，政府各部门的信息都可以在网上检索到，政府收缴的税收很大一部分都用于为公民提供公共服务。在政府提供的公共服务体系中，不管是教育、就业、医疗还是养老，其各项公共支出都有相关明细单，每位公民都能知道自己每一份税收的明确去向。

（三）有效的公共服务系统

在北欧五国高效的公共服务模式中，政府占据着不可取代的主导地位，是典型的"大政府"社会。但政府主导并不意味着政府完全控制社会，而是遵循"政府控制方向，社会提供动力"的原则。在北欧国家，大到劳资双方的矛盾缓解、中央和地方的权力分配、税收的收缴和使用，小到政府部门间的资源分配等社会问题基本都能够通过"协商和妥协"来解决，这与北欧社会文化中的"协商"精神密不可分。政府在制定国家规则的同时，必定会受到来自市场和社会的影响与监督，政府、市场和社会三个主体相互影响，形成了支撑北欧社会高效运行的"金三角"。

北欧的"大政府"强调的是政府统一管理，同时注重公开、公平、透明。政府统一管理并提供与社会保障相关的公共服务，同时绝不忽视市场对资源的配置作用。同一些信奉市场自由主义的发达国家相比，北欧的市场自由度并不逊色。北欧国家能从经济危机中率先复苏，就是政府与市场达到良好平衡的最佳证明。社会组织在北欧社会中具有举足轻重的地位，其中以工会组织为典型代表。工会成员占人口的相当比例，在促进就业等领域的讨论中拥有一定的话语权，能够影响政府的决策，维护工人的权益；雇主协会代表的是雇主方的利益，在政府的引导协商下同工会共同实现社会公平。在其他的公共服务领域也存在很多有分量的社会组织，政府鼓励社会组织的建立与发展。正是有这些具有话语权和社会地位的社会组织，政府的廉洁高效才能够维持，政府才能够根据人民的需求不断调整政策。政府与社会组织间的协商民主是北欧国家得以实现平等、共同进步不可或缺的因素。

四　北欧经验对我国地方政府均等化服务构建的启示

我国当前正在如火如荼进行政府改革，政府职能转型已经被提到改革的重要日程上来。但改革是一个长期、渐进的过程，必须反复强调公共服务精神的重要性。北欧的公共服务精神已经深入每一项政策之中，也渗透进每一个组织机构和每一位公民的理念中，成为一种社会导向的核心价值观。因此这种公共服务精神能够通过集体的意愿影响政府官员去制定和执行公共政策，从而达到反映群众需求、维护群众利益的目的。在北欧五国高效的公共服务模式中，政府占据着不可取代的主导地位。这种由政府主导的公共服务模式就是"大政府"的体现，这种模式是北欧在长期追求自由民主的基础上受社会主义思想影响而形成的。因此，北欧和我国的"大政府"有异曲同工之妙。我国可以借鉴北欧的成功经验，合理利用好"大政府"的优势，统一管理、均等分配社会资源，缓解社会矛盾，缩小收入差距。北欧成功的经验向我们证实，协商民主是政治民主未来发展的正确方向。北欧将协商民主运用到社会生活的每一处，切实将"公平的选择权"交给人民。大到国家政策的制定，小到社区管理办公室人员的任职，每一位公民都有权发表意见，表达诉求。只有大力发展协商民主精神，协调好政府与市场、社会的关系，才能为社会主义的发展营造良好的社会氛围，为社会主义的伟大目标提供源源不断的发展动力。

数次的挫折和挑战不仅没有击垮顽强的北欧，反而为北欧带去了新的希望。北欧人民对于新事物的开放精神与质朴的务实主义为他们带来了千载难逢的机会，他们抓住机遇一举成功地为国家选择了高福利－高税收的运作模式，这种勇于创新的精神值得我们学习。我国如今正站在全球化经济的浪潮上，未来的发展充满了机遇和挑战。当遇到冲击和挑战时，不能选择退缩，而应该借助这股力量发掘出适合我国国情的新制度，大胆创新，在现实实践的基础上稳中求变，将挑战化为机遇，开创出属于我国的新型公共服务模式。

第二节　政府－市场协作的公共服务均等化模式：北美－美国

公共服务是满足公共需要、实现公共利益的重要途径，有助于推进社会的可持续发展，是政府必须履行的职能。在传统国家，国家的主要职能是政治统治与社会管理，后者主要表现为治理大江大河、修建公共工程等，这类活动无法由个体或社区独自承担，可以说人类对公共服务的需要形成了政府。当然在当时，人们对这类"需要"并没有正规的表达渠道，更多的是统治者为维护统治秩序而做出的"怜悯之举"。在现代国家，政府合法性基础根植于公民的广泛认同及主权在民的理念，为治下居民提供更多、更好、更公正的公共服务是实现良治善政的应有之义。

在现实的政治生活实践中，各国政府所承担的公共服务职能的范围与方式既有共性的规律，也受各自政治体制、历史传统、政治文化、公民参与能力等各种因素的影响，然而"他山之石可以攻玉"，要解决公共服务均等化问题，既要深入分析我国公共服务体制和机制上的特殊问题，又要深入研究国外公共服务体制的构成和得失，这是研究北美公共服务的逻辑起点。美国和加拿大在成熟的市场经济体制下，其公共服务体系总体上满足了国民生存的基本需求，并不断促进社会公平，缓解了社会各阶层间的矛盾，这一目标也是我国积极构建基本公共服务均等化体系所追求的。由于政治制度与经济社会发展水平的差异，北美很少有我国"基本公共服务均等化"这种提法，涉及的直接研究也比较少。我们更多的是从北美国家有关公共服务的理论和政策措施维度来进行探究。

一 北美公共服务模式的形成与发展

20 世纪六七十年代以来，西方各国公共部门涌现出针对传统行政管理结构缺陷的新的管理理论与方法，促进了公共部门的改革，使其运作方式发生了引人注目的变化，尤其是对公共服务产生了很大的影响，导致了公共服务模式的变迁。美国和加拿大在公共服务领域更多地引进市场机制，形成了不同于其他国家的北美模式。

（一）传统公共行政带来的管理危机

19 世纪末，资本主义正处于上升期，整个社会崇尚自由主义，社会和政府的一切行为均以有助于促进社会最大利益为宗旨。在经济领域主张放任自由，认为只有通过市场机制实现以自利为基础的商品交换才能够最大限度地促进个人利益和社会的普遍利益，反对国家干预。在政治领域，国家的作用被限定为对外防御、对内保障个人利益和自由，被定义为"守夜人"和"警察"的角色。在公共行政方面，威尔逊提出应该将政治与行政严格分离，"行政处在特定的'政治'范围之外，行政问题不是政治问题，虽然政治规定了行政的任务，但是不能允许它操纵行政事务"。之后，行政学家古德诺对政治与行政二分思想做了进一步的阐释和发挥。他认为："政治是国家意志的表达，行政则是这种意志的执行；政治主要与政策制定有关，而行政则是对政策的执行。"如果说威尔逊理论中政治官员与行政人员的绝对分离只是一种假象，那么韦伯的官僚制理论则使假象变为现实。官僚制理论建立在韦伯的理性思想之上，强调严格的等级制，强调对原则的遵从和命令的遵守等。威尔逊－韦伯范式逐渐形成。该范式要求政府应该按照等级制原则进行组织，这才是提供组织正常运作的最佳方法。在具体政策领域内，政府通过官僚制组织结构成为商品和服务的直接提供者。在官员的任用方面，公共行政作为行政管理的特殊形式需要任用职业官僚。以威尔逊政治－行政二分法和韦伯的官僚科层制为基础形成的传统公共行政，抛弃人治与经验管理，追求以自身有限的规模与职能实现行政

的高效率，这与当时的经济、政治环境相适应，成为必然选择。然而到 20
世纪六七十年代，伴随着全球化、知识经济信息时代的到来，官僚组织集
权的等级制结构导致其僵化、迟钝，难以对日益变化的社会环境做出及时
的调整和适应。官僚机构严格按照规章制度运作，极容易产生目标置换，
对于组织规章制度的关注超过了组织目标的实现，从而难以满足公众的需
求。此外，终身任用制固然可以确保行政人员的独立性，但是激励机制的
缺失，使公务人员缺乏足够的工作热情和动力，导致效率低下。在公共服
务的提供方面，政府垄断、缺乏竞争，与处于市场竞争体制下的私营企业
相比，公共服务的供给效率很低。传统公共行政的集权管理、制度约束以
及信息控制模式既无法适应瞬息万变的经济生活，也不能满足信息时代知
识密集型社会的需要，政府机构臃肿冗杂，深陷财政危机，社会福利政策
难以为继，政府公信力日渐衰落，一时之间，"政府失败"论甚嚣尘上。

（二）福利国家制度引发的财政危机

20 世纪 20 年代，自由竞争的资本主义发展到垄断资本主义时期，尽
管创造出了巨大的社会财富，但严重的贫富差距、大量失业、通货膨胀、
经济萎缩等问题逐渐浮出水面，成为难以根治的社会问题。随之而来的是
经济危机的大爆发，社会陷入恐慌和无序状态。在美国，"凯恩斯革命"与
罗斯福新政应运而生，宣告了自由主义放任时代的终结。罗斯福新政运用
国家机器干预社会再生产，实施对国民收入进行再分配等一系列措施，这
使美国原本的社会矛盾得以缓和，社会生产力也得到恢复与发展。政府干
预经济风靡一时。二战后，美国政府被授予越来越多的经济职能，加之费
边社会主义思想和罗尔斯正义论的影响，政府承担的社会职能也在急剧膨
胀。一系列由政府制定和控制的公共政策、公共机构、公共项目产生，它
们抛弃了传统的政府不干预理论，在新的货币政策和财政政策的刺激下，
市场经济和社会发展经历了前所未有的增长，这种制度被称为福利国家。[①]
这一时期公共服务呈爆炸式的增长，为了满足公民的各种需求、保障其各
种权利，政府不断提高用于公共服务支出的比重，相应的公共服务机构也

---

① 孙晓莉：《中外公共服务体制比较》，国家行政学院出版社，2007。

不断涌现和扩张。由此引发了入不敷出的财政危机。政府失灵因此被提出，被认为和市场失灵一样严重。

（三）对市场机制的再认识

纵观公共机制与市场机制在近代的发展历程，两者往往呈此消彼长态势。或是因政府失灵而推崇市场机制，或是在市场失灵时归咎于政府干预，总之两者以替代的形式存在。福利国家制度失败后，新自由主义提出尊重市场、减少干预的呼声，并明确提出政府应该放权，把本属于市场的权利重新交付市场。再次的交替使人们认识到两者并非完全对立，而是存在统一与互补。政府的优势在于其可以通过权威制度保证公共物品与服务的充分、公平供给，劣势是难以实现资源的有效配置；市场的优势在于其能够带来多方竞争从而实现资源优化配置，劣势是很难在把握效率的同时兼顾公平，也无法减少负外部效应，实现帕累托最优。在分析政府与市场的各自利弊后，不应以固化的标准将政府与市场对立，而应科学合理地划分管理范畴，有限的政府才是最好的政府。政府作为宏观调控的掌舵者，应该努力为社会、公众搭建交易、竞争、合作的平台，制定法律，提供制度保障，以便所有人能更好地参与到管理、经济活动过程中来。而市场作为"划桨者"则通过竞争机制优选私营部门或第三部门来进行公共物品的供给，并且迅速高效地回应公民的需求与偏好，实现公共物品的合理配置。

（四）新公共管理理论的影响

新公共管理理论相信市场作为资源配置机制的效率，明确指出提高政府组织的效率、纠正政府失灵的最佳方法是在公共领域引入市场机制，以促进竞争，提高公共产品和公共服务的效率与质量。新公共管理理论认为，公共服务部门运转的呆滞性和服务的不可标价性使得官员自身具有将预算权最大化、扩张组织规模的倾向，而这往往使集体利益或者社会福利受损。该理论一方面倡导转变政府角色，打造"企业化政府"，即政府按照私人部门的方式进行运营，精简公共服务机构，在日渐稀少的经费与人力资源下带来更高品质的公共服务；另一方面，提倡实行公共服务的民营化，即通过合同外包、凭单、外部采购等方式更多地依赖民间机构去满足公众的需求。此外，在新公共管理者看来，政府不应是凌驾于社会之上的官僚机构，政府官员作为负有责任的企业家，公民是其顾客。顾客导向意味着政府要为居民提供高质量的服务，满足公民的不同要求，提供回应性的公共服务。新公共管理理论试图纠正政府过度干预的思想，转而确立起以市场为主、政府为辅的观念。在公共机构的组织模式和管理方式上，它更多强调商业管理的理论、方法、技术及其模式在公共管理领域中的应用。这一理论认为，公共部门和私营部门之间的差别不是管理体制和管理方式的差别，而仅仅是追求公共利益和谋取私人利益之间的区别。因而，私人部门中的管理方式可以被移植到公共部门中来，以提高公共部门的绩效。新公共管理理论对美国政府八九十年代的政府再造运动产生重要影响，奥斯本和盖布勒在其著作《改革政府——企业精神如何改革着公共部门》中为政府的企业化改革提出了十大原则，其中"大多数企业型政府鼓励提供服务者之间的竞争"和"它们不仅重视提供公共服务，而且激励所有的部门——公共的、私人的、志愿的——为解决其社区问题付诸行动"原则，为政府—市场协作的基本公共服务供给模式提供了原则性的框架与理论依据。

二　北美公共服务均等化模式的特点

美国的公共服务强调个人自助，以社会保险为例，其资金来源只是依靠被保人及其雇主以社会保障形式缴纳的保险费，国家和一般税收只用于社会救助方面的支出。[①]　而加拿大则更注重均等化问题，保障更为优渥。尽管两国公共服务模式侧重点不尽相同，但仍可将其特点归结为以下三点。

（一）公共服务的市场化

公共服务的市场化是北美国家公共服务模式最大的特点。所谓公共服务的市场化，是指政府筹集各种资源，通过民主政治程序设定社会需要的

---

① 顾丽梅：《英、美、新加坡公共服务模式比较研究——理论、模式及其变迁》，《浙江学刊》2008 年第 5 期。

优先目标。与此同时，又利用私营部门之所长，组织商品和劳务的生产。具体来说，即指政府通过政治操作制定决策，确定公共服务的供给数量和质量标准，然后以市场机制为杠杆，通过多种方式调动私营部门和非营利组织的参与，在竞争中完成公共服务的供给。其目的是在政府部门不放弃公共责任的前提下，通过引进市场机制，打破公共服务的行政垄断，允许多个公共服务提供者，挖掘社会可利用资源来提高政府提供公共服务的能力。[①] 20 世纪 80 年代以来，市场机制被引入公共服务领域以解决政府在公共服务领域投入不足、经营不善、效益低下、资源浪费等问题。一般来说，市场化的形式主要有以下几种。

1. 合同出租

合同出租是指政府以合同形式直接购买私人或非营利组织生产的某种服务。在该模式的运行流程中，政府首先确定公共服务的数量与质量标准，然后向有资质的私营部门招标承包，中标的承包商需要按照合同生产公共服务，政府则使用纳税人的钱购买。其本质是政府将原先垄断的公共产品的生产权与提供权向私人部门转让。在合同承包出去之前，政府在制定合约方面掌握主动权，但是合同成立后，承包商可以在合同允许的范围内配置资源，虽然政府可以根据合同对私有部门进行监督与规约，但是也无法保证公共产品完全公正高效的供给，仍然存在一定的局限性。但是以政府对承包商的合同管理代替原来行政组织内部的层层分派，有利于精简行政机构，部分程度上减缓了原来科层制造成的臃肿与繁复弊端。在美国，合同出租方式广泛地存在于环境保护、公共工程、监狱管理、道路交通等领域。

2. 用者付费

即政府对使用非完全公共产品的消费者收取费用的措施。不消费者不付费，多消费者多付费。这一方面遏制了搭便车的行为，消费者不会过度消费公共服务，造成浪费；另一方面在消费者享有充分选择权的情况下，会对公共服务的提供者施加压力，良性的竞争有利于提高公共服务的质量。用者付费制度的范围包括公用事业、垃圾收集、娱乐设施、公园、住

---

① 陈振海、杨恺杰：《美国公共服务的市场化改革》，《党政论坛》2004 年第 3 期。

宅服务等。

3. 公私合作

公私合作是指政府无须出资购买私营部门生产的服务，而是政府借助社会资源，通过政府特许等其他形式把中标者吸引到公共服务供给中来，同时准允其有投资收益权。政府与私人部门合作共同生产公共服务，双方分享利益的同时共同承担责任。此种模式因政府无须付费，且授予中标企业一定时期的经营权，在公益性强且资金需求量大的交通、污水处理、自来水供应等公共基础设施方面得到广泛运用。

（二）公共服务的分权化

公共服务的分权化，即主张地方政府在公共服务的生产和提供中扮演更多的角色。中央政府能够促进资源配置的有效性和分配的公平性，尤其可以解决分配上的不平等和地方政府之间竞争与摩擦的问题。但是，那些有益于全体国民的公共产品应由中央政府提供，有一些公共产品只是惠及某一阶层或是某些人，按照受益原则应由地方政府部分承担。从伦理的角度讲，为了保护个人的充分自由，政府的权力应当最大限度分散，因为管辖范围越小的政府单位，其决策结果与合理的决策越接近。因而，小规模的政府单位所做出的决策比大规模的政府单位所做出的决策往往更有效率。美国实行联邦制，行政上划分为联邦、州和地方（郡、市、镇、学区、特区等）三级，各级之间虽有层次之分但关系上是平等的，事权配置严格按照美国宪法，十分明确，即凡是法律没有规定属于联邦政府的权力都属于州政府。但这并非意味着联邦政府的事权一成不变，其随着社会历史环境的变化也会调整。州政府主要负责联邦事权以外归州管辖范围的事务，即提供本地受益的公共服务项目。美国各州经济规模、人口和面积差异较大，州政府可以依据法律程序建立地方政府，将许多公共服务的事权移交给地方政府行使并保留监督权，在不违背州法律的前提下地方政府可以行使自治权。它们负责狭小地域范围之内的事务，如街道的路面整治和路灯照明，保证供水，提供警察和消防服务、垃圾处理等等。但是近些年来出现不少联邦政府、州政府与地方政府权限交叉重叠的领域，各级政府往往采用合作方式，而并非是自上而下的强迫方式。

与中央政府集中提供公共服务相比，公共服务分权化的优点在于向地方分权可以选择更适合地方的服务计划，根据各地区偏好的不同提供不同的具体服务。由于赋予地方政府一定的自主权，提倡非集中式的公共服务可以促使政府探索更好提供公共服务的有关机制，有利于各级地方政府主动性和创造性的发挥。同时，公民"用脚投票"引发的不同地方政府之间的横向竞争也有利于公共服务质量的普遍提高。

（三）公共服务的社会化

公共服务的社会化是指对于一些社会需求较强的公共服务项目，政府鼓励各种非营利组织和社会公众参与生产与提供。在福利国家时代，"大政府"决定着公民的喜好、公共服务的种类与数量，管理社会的方方面面。但是"大政府"并不一定就是强有力的高效政府，相反，因承担过多职能常常难以实现有效的治理。建立一个小而强的政府才是解决问题的途径。"美国建立的是一套有限政府的制度，在历史上就限制了国家活动的范围。但在这个范围内，国家制定及实施法律和政策的能力非常之强。"①政府应当由唯一的公共服务提供者转为向社会主体释放活力、提供制度的保障者，并赋予作为公共服务消费者的公民应享有的参与权和话语权，形成以政府为主导、各种社会主体共同参与公共服务供给的格局，扭转政府在公共服务提供过程中承担全部责任的局面。政府、公众、非营利组织的参与意味着政府与社会关系、政府与公民个体关系的重新定位，政府不再是纯粹的管理者，更多的是服务者与监督者。

1. 非营利组织的供给

非营利组织是一种社会资本，它的兴起与发展有助于解决社会运行中的难题。作为一个相对独立的公共事务管理参与者，非营利组织在社会管理的一些新兴领域和一些传统上由政府从事活动的领域里常常比政府做得更好、更有效，发挥着政府难以起到的作用。非营利组织不仅能替政府解决很多社会问题，同时它的高效率也可帮助政府削减赤字。在美国，从20世纪80年代初期始，非营利组织与政府在医疗看护、教育与社会服务等领

---

① 〔美〕弗朗西斯·福山：《国家构建》，中国社会科学出版社，2007，第6页。

域建立了合作关系，在提供公共服务方面逐渐与政府、市场形成鼎足而立的格局，成为支持社会稳定发展、弥补政府失灵和市场失灵的重要社会组成部分。非营利组织在提供公共服务方面发挥作用并非一蹴而就，而是经过了较长的探索时期。在第三方治理理论出现之前，福利国家的理念认为，公共服务应由政府主导提供，并没有认识到非营利组织的巨大潜力。而非营利组织自身对于与政府的合作也持消极态度，认为依赖于政府的支持会扭曲非营利组织的使命，对其组织的独立性、目标以及偏好的运作方式存在严重威胁。后来出现的第三方治理理论则对国家与非营利组织各自的优缺点做出明确分析，并提出非营利组织也存在志愿失灵的现象，并非仅仅存在市场失灵与政府失灵。志愿部门不是替代国家与政府的，二者之间是合作与伙伴的关系。但是也应当认识到，在这一过程中政府的作用不容忽视，如果在政府缺席的情况下任由非营利组织大肆扩张，很可能会削弱民众对国家的信任度，导致不公平的现象产生。

2. 社区的供给

社会公共生活中的公众有着丰富的人格与多样化的需求，政府的集体供给难以兼顾个人需求的差异性。公众参与公共服务的供给，通过社区来满足自己需要的公共利益，其成本的补偿完全通过自愿或社区委员会依据民意的方式征收。这种方式把公共服务的提供范围缩小到一个以生活或工作为纽带联系的小集团中，更容易获得有效率的生产，也更容易将消费者的偏好与生产的数量和种类联系起来。在缺少足够的政府资金与技术来提供各种公共服务、民众对庞大的官僚体系普遍不信任与抵触的困境下，社区供给对迫在眉睫的问题做出了有效的回应。在美国式的政治逻辑里，国家与个体、公共部门与私人部门之间存在着根深蒂固的冲突，美国制度的优势在一些人看来在于其在国家的正式界限外，人们在追求公共目标时依然享有根据自己目标改善自己生活的权利，保留较大私人行动的空间。然而美国制度的缺陷在于忽略了国家对于个体发展的积极意义。如果个体不能接受良好的教育、医疗服务等基本社会保障就无法追寻真正的个人自由与良善生活。个体不能离开国家，国家提供的公共服务对于个人发展必不可少。社区供给模式使个人积极融入公共生活中，较好地协调了传统的公共与私人的冲突。

社区供给的典范是 20 世纪 60~70 年代在美国与加拿大兴起的"社区

警务"，这是以"治本为主，治标为辅"的警务发展战略。传统的专业化警务战略主要强调警察在接到报警电话后对案件做出迅速反应，依靠警察和装备的现代化提高工作效率，忽视建立良好的警民互动关系，因而常常是警察疲惫不堪，却效果甚微。面对这一情况，一些研究者将重点从强调警察的专业性转移到重视改善警民关系，发动群众广泛参与，利用社区资源共同预防犯罪，安全隐患由此大大减少。在警察与社区成员和当地政府的合作过程中，此战略对居民的主动参与并努力改善社区公共安全服务产生了正向的激励，使居民从原来被动的公共服务消费者成为主动的消费者，公共安全的维护有了事半功倍的效果。

社区提供公共服务的优点主要体现在：一是可以满足一些没有组织或问题较特殊人群的需要；二是这种服务具有很强的创新力，因为它贴近公众、更了解公众真实的需求。但其缺点也是不容忽视的。缺乏专业知识和相关技能的训练可能会带来服务的质量问题，而且社区供给的公共服务有限，规模较小可能会使成本过高等。

三　北美公共服务均等化模式对我国地方政府的启示

借鉴北美基本公共服务均衡化模式，地方政府将市场机制引入基本公共服务的供给需要考虑以下几点。

（一）既往制度存量的影响

改革开放以来，中国已经进入快速的现代化进程，由原来的生存型社会转变为发展型社会。随着中国经济和社会的快速发展，民众对于教育、医疗、社会保障、公共安全等基本公共服务的需求大幅增长，而政策主导的快速城市化则促进了产业集聚和人口集中，大量的人口迁移到城市，加剧了公共服务供应不足的现状。城市化带来的公共服务紧缺问题也曾存在于其他国家。但是在中国更有其特殊性。在发达国家，人口城市化以市场为导向，由农村的剩余劳动力向城市转移并最终融入城市，不存在制度障碍。基本公共服务通过政府供给、市场选择循序渐进地形成了相对成熟和完善的均等化机制，实现了公共服务在不同区域和不同人群间的公平供给。此机制不仅满足了国民生存的基本需求，而且促进了社会公平、缓解了社会各阶层间的矛盾，实现了社会的稳定发展。而中国的城市化受到计划经济体制、户籍制度、城市规划强制执行的影响，并非由市场经济自然演化而成，在一定程度上是政策主导的，这就使本身就不均衡的公共服务机制面临更严峻的挑战，首当其冲的是效率与公正的冲突。公共服务不同于一般的商品，它的存在既是公民权利的体现，也关系着社会的稳定与可持续发展。没有进行公共服务市场化之前，采用公众集体付费、政府统一提供的方式，一般来说消费者之间的差异不会太大。然而在中国由于体制的原因，单位制中的城市居民相较于农村居民普遍享有更高质量的公共服务，在政府集体提供的模式下就已经存在着不平等。若在已经两极分化的情况下进行大幅度的市场化，会导致公共服务不均等现象更为严重。因为市场生产者以盈利为目的，会选择生产有利于其获利的服务项目，使获利少但是又必不可少的服务供给不足，使一部分人无法被满足必要需求；而消费者也可以依据自身的经济能力与偏好选择不同层次的服务，富人选择高质量的服务。而穷人只能接受低于正常标准的服务，在这种被剥夺选择权的情形下，社会公正无从谈起。

（二）政府与市场合作的边界问题

引进市场机制的初衷在于打破政府对公共服务的垄断，克服官僚效率低下的问题，通过竞争降低公共服务的成本，提高公共服务的质量，从而提高公民对公共服务的满意度。从本质上说，只有一项公共服务存在多个供给者且供给者之间存在有效的竞争时，公共服务效率的提高才成为可能。但并不是每项公共服务都具备这个条件。首先，对于规模大、涉及标的资金多的公共服务项目来说，有能力与政府竞争、参与投标行为的公司或者非营利组织会非常少，最终获得政府合同的服务供给商可能只有寥寥几家，在这种情况下垄断的实质并未发生变化，只是垄断主体由政府转移到私营部门而已，这样引入市场机制的实际效果就值得怀疑了。其次，有些公共服务项目因客观安全因素应该慎重引入市场机制。即便私营公司具备相关资质，政府也能对其公共服务的数量、质量、规格、费用达成协议并有能力全程监管其提供公共服务的作为，但是关系民众安全的重大项目在任何一个环节出问题都可能以公共安全为代价。比如核发电、航天工程等。有些美国学者认为美国哥伦比亚航天飞机的失事与合同外包引发安全水平降低有关。在承包商负责训练飞行员与制订飞行计划的情形下，尽管机长和在太空中负责与飞行员联系的宇宙飞行舱通信员仍是 NASA 的雇员，但实际上已经是承包商在支配飞行任务的实施。私营部门具有追求利润的天性，其一味降低成本会带来巨大的安全隐患，这类公共服务应慎重引入市场机制。此外，在缺乏完善的竞争机制的情形下也不应大肆引入市场行为。我国将市场机制引入公共服务是为了提高公共服务的供给效率、降低公共服务供给成本、增加国民净福利，然而在公开透明的竞争机制以及对官员的伦理文化制约缺失的背景下，私营部门完全可能为了获得基本公共服务项目的提供权向政府官员输送物质利益，使竞标沦为走过场，名义上的竞争不过是掩人耳目，那么增进公民的福利便是无稽之谈了。近 30 年来，美国和西方国家公共服务民营化发展平缓，在经历了 20 世纪 90 年代的高峰期之后，目前总体上呈下降趋势，以"倒合同外包"为主要形式的逆向民营化的兴起成为公共服务提供的新取向。[1] 美国政府对公共服务市场化进行理性反思后，将以前外包了的公共服务重新收回，改由政府提供或是公私混合提供，多种形式并存，优势互补。对于我国来说不可对市场化一味顶礼膜拜，应当在公共服务供给现实的基础上超越市场与政府的二元对立，从单纯追求政府效率转变为兼顾公民的权利与偏好，同时运用市场、计划、民主参与决策等多种手段实现效率和社会最优这一新平衡。

（三）地方政府机构改革

地方政府作为基本公共服务提供的主导者，如何提供高效、优质、符合民众偏好的公共服务与政府内部机构的科学设置和良性运转密切相关。在西方国家新公共管理理论大行其道，对传统的公共行政范式大肆批判的背景下，我国作为一个长期实行计划经济体制的国家，官僚制并未完全建立，政府仍在很大程度上干预市场经济的运行，政府日常的管理行为中人治化、随意性的色彩还很浓厚。在市场机制不完善，公民社会步履蹒跚的

---

[1] 胡伟、杨安华：《西方国家公共服务转向的最新进展与趋势——基于美国地方政府民营化发展的纵向考察》，《政治学研究》2009 年第 3 期。

状态下完全仿照北美大举推行公共服务的市场化改革势必会引起公共服务供给的混乱。基于我国现状，首先应按照官僚制的基本原则对我国政府的机构进行改革。具体来说，在组织功能方面，我们要明确机构的职能和权限，确定各个职位的权利与义务，构建一个功能明确、结构合理的有效机构；在组织运行方式上，要通过规章制度的制约克服公共行政过程中的随意性；在组织人员配备上，使公职人员职业化，对他们进行技术培训以提高公共服务质量。在通过行政体制改革解决我国行政体制弊端的基础上，进一步推动政企分开、政社分离，大力培育和发展社区组织等"第三部门"，现代市场经济要求政府应当是以市场为主体的有限政府，这是对全球化挑战的回应。

纵观我国公共服务的改革，引入市场机制的原始动力来自体制的变迁，即计划经济向市场经济体制的转变，是对减少政府对社会的规制、促进民间组织发展的呼声的回应，但是不可为了追求市场化而市场化，引入市场机制是基于成本－收益的理性经济选择，是一种经济手段，而不是政治象征。

第三节　政府－社会协作的公共服务模式：日本

实现基本公共服务均等化是我国未来社会建设和社会发展的重要目标。近年来，理论界围绕这一议题展开了持续的分析与讨论，积累了相当多的研究成果。基本公共服务均等化研究具有比较明显的政策指向与实践导向。因此，使理论研究与政策实践有效地结合起来，推动理论的发展与实践的改善，是这一领域研究的关键。本节我们将以公共服务供给与分配的视角，结合日本对基本公共服务均等化的具体制度以及运行机制进行分析。

一　政府－社会协作的公共服务新模式

政府－社会协作的公共服务模式在一些地方也被称为公共服务的社会化。所谓公共服务社会化，就是根据不同公共服务项目的性质和特点，以社会需求为导向，鼓励各种非营利组织和社会公众参与兴办公益事业和社会服务，形成以政府为主导、各种社会主体共同参与的公共服务供给格局。

（一） 基本公共服务均等化的两根约束线

"基本公共服务是指建立在一定社会共识基础上，根据一国经济社会发展阶段和总体水平，全体公民不论其种族、收入和地位差距如何，都应公平、普遍享有的服务。"[①] 这一对基本公共服务的定义表明了公共服务的最终目标。首先，基本公共服务是以全体公民公平普遍地获得服务为最终目标，对这一目标的深入研究便是对均等化的理解，学者们对于基本公共服务均等化这一目标的共识是既要保证公民享受大致相同的基本公共服务，又要体现地区差异性的均等化，概念可以从居民享受的基本公共服务机会均等和结果均等方面进行理解，政府在提供大体均等的基本公共服务成果的过程中，要尊重某些社会成员的自由选择权。[②] 继而，对于基本公共服务目标实现路径的研究也就顺理成章地成为下一个研究对象。对均等化的研究就是对公共服务目标实现路径的研究，而对公共服务的约束条件的研究则是对均等化有效途径的分析。由以上定义出发可以发现公共服务均等化存在两个约束条件。第一，一国的公共服务是具有社会阶段性的，这是建立在普遍社会共识之上的。笔者认为，人们的社会共识是对社会管理等软性层面的概括，无论是压力型驱动、政绩激励导向，还是社会主体的回归，都是在这种软性层面上不断实践和积累，从而在社会范围内形成的规范操作，这些软性的体制共识是公共服务得以发展的一根约束线。第二，一国的经济发展水平是基本公共服务的另一约束线，基本公共服务的供给必然是在一国财政分配之下的。众多学者从西方的经济学路径，如福利经济学、区域经济学和财政学等不同学科角度对基本公共服务问题进行的研究中也都得出这样的观点。[③] 事实上，根据以往众多学者对于基本公

---

① 陈昌盛、蔡跃洲：《中国政府公共服务：基本价值取向与综合绩效评估》，《财政研究》2007 年第 6 期。

② 安体富、任强：《公共服务均等化：理论、问题与对策》，《财贸经济》2007 年第 8 期。

③ 马桑：《国外公共服务均等化研究的经济学路径》，《天津社会科学》2012 年第 1 期。

共服务均等化的研究可以发现，制度和经济的两条线也的确是公共服务均等化功能性研究的两个突破点。依据这两根约束线进行的原因分析和相应对策主要集中在公共服务体制和公共财政体制两个方面，其研究主体则体现为政府和市场。然而，市场机制理所当然地在私人活动领域发挥着不可替代的主导作用，但当市场存在着诸如市场势力、外部性和不完全信息时，亚当·斯密所说的那只"看不见的手"就显得无能为力了，这便产生了市场失灵。政府在公共活动领域发挥不可推卸的主导作用，但是诚如存在垄断和污染等问题时会出现市场失灵一样，政府的干预导致资源浪费，在公共服务供给和分配领域同样存在政府失灵的现象。

（二）社会主体的回归以及政府－社会均等化新模式

当今世界政治体系依然表现为社会主义和资本主义两大基本制度，这也代表两种意识形态，就其本质而言，有着公有制与私有制的差异。于是便有人提出了"第三条道路"。这个名词最早出现于 20 世纪初，由庇护十一世提出，他认为资本主义和社会主义都行不通，希望找到走在资本主义和社会主义中间的"第三条道路"，其后不断有人开始在这条道路上开拓。第三条道路不只是指走在中间，或只是一种妥协或混合出来的东西，第三条道路的提倡者看到了资本主义与社会主义互有不足之处，或者更确切地说看到了两种所有制的不足。偏向某一极端不是一件好事，第三条道路正是力图糅合双方优点、弥补不足而成的政治哲学。英国著名社会学家吉登斯 1999 年发表著作《第三条道路》，致力于寻求资本主义和社会主义之外的其他思想选择，以解决市场失灵与政治失灵问题。他认为，像老左派主张的那样过于依赖国家是不可行的，因为国家为了在全球资本主义时代保持竞争力，不可能大规模地增加公民福利；但是也不能如新自由主义那样完全依赖于市场，因为自由市场经济不可能照顾到弱势群体，只会导致贫富差距加大。因此，要在市场与政府之外找到第三种力量来推动社会的发展，这第三股力量就是社会。将制度作为正式规范对公共服务均等化进行外在变量并入，而观念和文化以及社会资本等作为非正式规范对公共服务均等化进行另一外在变量的并入，就形成了一个包含政府与社会、正式规范和非正式规范的基本公共服务均等化研究模式。"基本公共服务均等化状况的决定因素并不是单一的政治、经济、社会和文化因素，而是上述各项因素合力作用的结果。政治因素是基本公共服务均等化的主导，经济因素是基本公共服务均等化的基础，社会和文化因素是基本公共服务均等化的推力。"① 政府是公共服务资金的提供者和监管者，社会组织则是公共服务的提供者，两者的角色和分工虽不同，但双方地位平等。作为合作伙伴，社会组织保持自身独立性，与政府一样在公共服务管理和决策中享有发言权和决策权，并承担相应的责任。地方经济发展水平是政府与社会组织合作逻辑和机制形成的重要变量。

（三） 政府－社会协作模式在基本公共服务均等化中的供给与分配

确立了社会在公共服务均等化过程中的地位只是解决了政府与社会的二元主体结构，或者说只是拓宽了均等化的研究主体范围，但是如何在这个范围内让公共服务均等化却又是另一回事。从供给与分配的视角可以把基本公共服务分成两个部分来解决均等化的问题，即基本公共服务的供给均等化和基本公共服务分配的均等化，但是本节的供给分配视角并不是经济方法中的供给与需求，也不是通过公共服务供给与需求的运动变化找出最优均衡点。对于基本公共服务均等化中政府－社会协作模式，我们运用供给与分配的概念，是想解决政府和社会在公共服务的协作中如何在供给层面满足更多的社会的需求，以及在扩大了供给渠道后公共服务如何相对均等化分配的问题。政府与社会在公共服务领域的供给与分配合作机制是：一方面，政府为社会组织提供观念、资源、政策方面的支持，通过委托、政府购买等方式要求社会组织扩大公共服务的供给；另一方面，通过增加一般性转移支付规模等手段均等化分配公共服务，并依据相关法规以及所签订的契约对社会组织进行监督和规制；社会组织则在政府的支持下向社会提供公共服务，并接受政府的监管（见图 6－1）。政府购买公共服务是制度改革的产物，是将竞争机制引入公共服务供给领域的政府－社会协作，是扩大公共服务供给的有效途径；政府转移支付是财政分配均等化的产物，是将公平机制引入公共服务分配领域的政府－社会协作。因此，

---

① 刘志昌：《基本公共服务均等化的变迁及其逻辑：一个解释框架》，《社会主义研究》2014年第 3 期。

在关于基本公共服务均等化的政府－社会协作机制中，为增加公共服务的供给渠道以及分配的均等化，提出了政府运用购买和转移支付的方式。

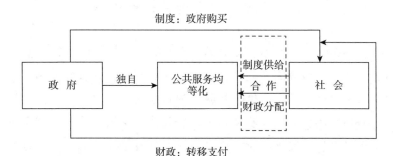

图 6-1　基本公共服务均等化的政府－社会合作模式

（四）政府－社会协作模式中的社会组织

关系着制度和经济两个层面，又通过制度供给和财政分配的方式达成公共服务供给分配平衡的新模式，无论如何都需要社会组织的桥接。首先，社会组织是社会与政府在公共服务供给方面的桥接，政府通过购买的形式与社会组织发生合作关系。其次，社会组织是社会与政府在公共服务分配方面的桥接，政府要平衡各个社会组织在各个地区公共服务供给方面的能力，从而通过转移财政的方式发生桥接。最后，社会组织也是政府购买与转移支付的桥接，政府购买与转移支付的直接受益体都指向了社会组织。政府与社会组织合作的逻辑和机制形成与地方基本公共服务发展水平紧密相关。换言之，地方基本公共服务发展水平是政府与社会组织合作逻辑和机制形成的重要变量。在基本公共服务发展程度越高的地区，政府不仅面临更大的职能和机构改革压力，而且面临复杂化和多元化公共服务供给的压力，在这双重压力下，地方政府很愿意选择社会组织作为"帮手"，并且基本公共服务发展水平越高的地方，财政能力也越强，因此就具备支持社会组织发展的资金条件。在地方政府支持下，社会组织得到快速发展，变得强大。而强大起来的社会组织不仅有能力和实力发挥其提供公共服务的应有功能，而且能够承接政府从职能改革中退出来的职能，从而使政府变得既精简又干练，可以说，公共服务领域政府与社会组织合作是一种一举多得的"双方共赢的合作"。

二　日本政府－社会模式中公共服务的供给
方式：政府购买社会服务

20 世纪 80 年代末以来，许多主要国家的政府都开始进行行政体制改革，探索提供公共服务的新途径，形成了政府购买公共服务的制度。政府购买公共服务制度是政府提供公共服务的新模式，扩大了基本公共服务的供给量。政府购买公共服务制度对于改善公共服务供给的效率和质量，推动政府职能转型以及促进政府－社会协作都具有重要的意义。一方面，我国政府购买公共服务的实践模式运行时间较短，在许多方面不够成熟，这就使我国基本公共服务的供给一直跟不上我国经济的发展速度；另一方面，我国的社会组织的发展却非常迅速。公共服务跟不上，公共服务的均等化就难以展开。日本政府在与社会协作解决社会服务均等化问题中，在购买公共服务方面进行了许多有益的尝试，形成了较为完善的制度，因此，日本政府购买公共服务制度对于我国进一步解决基本公共服务供给和均等化问题具有重要的借鉴意义。

（一）日本政府－社会协作模式中公共服务供给的特点

1. 制度供给源于规制改革

日本政府购买公共服务制度是其规制改革的一个重要组成部分，服务于规制改革的总目标。规制改革的总目标与基本公共服务的约束线是同步的，目的是在经济和制度两个层面提高基本公共服务均等化水平：在经济领域，导入并加强竞争机制，以此来降低产品价格、提高资源分配效率及生产效率、促进技术创新、扩大服务项目，最终推动经济增长；在社会领域，寻求必要的、最小规模下的适宜社会性规制。[①] 政府购买公共服务既涉及社会领域，又涉及经济领域，通过政府购买公共服务，建立了一种新型的政府和社会协作关系，加强市场主导、转变政府职能，实现"小政府－大社会"的基本公共服务均等化新模式。

---

① 韩丽荣、盛金、高瑜彬：《日本政府购买公共服务制度评析》，《现代日本经济》2013 年第 2 期。

2. 完善的法律依据

日本政府购买公共服务，有一系列国内国际相关法律法规为依据，如会计法、预算决算与账目公开条例、合同式商业交易法规等国内法律，同时日本是 WTO《政府采购协议》的签字国之一，政府购买公共服务的活动都遵守了该项协议的要求。① 除此之外，日本政府购买公共服务还有专门的法律依据，即 2006 年制定的《关于导入竞争机制改革公共服务的法律》政府购买公共服务的活动与政府采购的其他活动有着本质的区别。政府购买活动包括货物、工程项目、服务等内容，在购买的服务中，既包括为政府自身提供的服务，又包括为公共利益提供的服务。依靠政府采购的一般法律法规难以满足专门购买公共服务活动的需要。日本《关于导入竞争机制改革公共服务的法律》为政府购买公共服务提供了方针和指引，使得日本政府购买公共服务的活动建立在坚实的法律基础之上。

3. 公开透明的监督机构

为了保证公共服务供给的透明、中立、客观和公正，日本专门设立了官民竞标监理委员会，政府购买公共服务的活动都要通过委员会组织实施和监督管理。委员会成员是来自民间的企业家、经济学家等，他们负责审查供应商的资格，确定参加竞标者，确定中标的供应商。在整个采购过程中，日本政府采取公开发布信息的程序。在日本，获取政府采购信息有四种渠道：参加说明会、查询招标公告、查阅官报和上网查询。国内外供应商每年年初可以参加日本政府外务省集中组织的会议，以获得有关政府采购的信息；采购单位在采购前 50 天公布招标信息以供外界查询；日本政府用英文和日文摘要的方式在官报上刊登招标信息和评标结果；日本政府还开设了如日本贸易振兴会等政府采购网站向外界机构公布相关信息。

4. 健全的社会组织良性发展制度

在日本社会组织的收入来源中，政府资助是最大的资助来源，社会组织的资金有一半左右来自政府资助，政府资助显著地推动了社会组织发展。在政府最依赖社会组织提供公共服务的地区，社会组织的数量最大；

---

① 韩丽荣、盛金、高瑜彬：《日本政府购买公共服务制度评析》，《现代日本经济》2013 年第 2 期。

相反在政府最少利用社会组织的地方，社会组织发展程度也最低。社会组织良性发展制度体现为两大方面：一方面，完善促进社会组织发育发展制度，包括改革双重管理制度、登记制度等，放宽对社会组织的控制，实行直接登记制度，使社会组织获得合法地位，促使其快速发展；另一方面，完善对社会组织行为进行约束和规范的制度。放宽对社会组织的管理，并不意味着放任社会组织的行为，日本的很多经验已表明，缺乏有效的行为约束规则，社会组织很容易偏离原本的宗旨而干坏事。对于行为不良的社会组织要学会利用规则和制度来防止其干坏事，这就需要建立健全信息反馈制度、监督评估制度、惩罚退出制度等来约束和规范社会组织的行为。

（二）日本政府－社会协作模式中公共服务的财政分配

实现公共服务均等化，财政责无旁贷，财政应从五个方面促进基本公共服务的均等化：一是调整财政支出结构，把更多的财政资金投向公共服务领域，大力支持教育、医疗卫生、就业和社会保障、生态环境及司法能力建设；二是进一步明确中央和地方事权，特别要科学界定各级政府的基本公共服务支出责任，适当调整和规范中央与地方的收入划分，健全财力与事权相匹配的财税体制；三是增加一般性转移支付规模，加强对转移支付的管理和效果评价，加大对老、少、边、穷地区的转移支付力度；四是完善财政奖励补助政策和省以下财政管理体制，增强基层政府提供公共服务的能力；五是逐步增加国家财政投资规模，不断增强公共产品供给能力。这五点其实是从财政方面提出了基本公共服务的供给与分配。财政分权理论的传统观点认为，财政分权可以鼓励政府间财政竞争，促使地方政府更为关注本地区居民偏好，从而有利于改善地方公共服务提供效率，促进社会福利水平的提高。财政对公共服务供给的方式是扩大规模和增加投资，但这只是提高公共服务总量的问题，对于政府－社会协作模式可以通过扩大政府购买的数量和规模来达到，而公共服务均等化则需要转移支付来对财政进行分配，这种均等化的分配不仅体现在对老、少、边、穷地区的转移支付力度，而且还需要在各个社会组织中进行平衡分配。因此，政府－社会协作模式在基本公共服务的分配上可以通过财政的地区平衡分配，并进一步通过地区的社会服务项目进行平衡分配。在建立了完善的购买服务制度之后，财政的均等化分配也需要社会组织的跟进，毕竟财政最终的分配还是体现在对各个社会项目的分配上。一方面，转移支付的内在机制设计有助于公共服务均等化；另一方面，转移支付通过促进地区内部各个社会服务项目的均衡增长，客观上有助于公共服务均等化的实现。[①]日本公共服务均等化中财政分配的特点体现在以下几个方面。

1. 完善和规范的法律依据

日本各地以《地方交付税法》为依据筹集和分配资金，交付税的总额是根据所得税、法人税、酒税、烟税和消费税的固定比例自动分配的；交付税在地方政府之间的分配数额是根据一定的标准、公式和程序计算得出的。国库支出金中的各类转移支付也以相关的法律，如《义务教育法》《农业基本建设法》《土地改良法》《生活保障法》等为依据。尤其是对地方交付税的分配，中央政府每年要制定相关的分配政策和公布各地方的分配额，并不断提高分配的合理性和科学性。各种转移支付的分配也是遵循"因素法""成本效益法"，考虑到相关因素，进行科学的定量、定性分析，并经过严格的管理和审批程序，最后确定下来的。所以接受转移支付的辖区都在同样的公式下得到中央的拨款，所有测算公式都是公开运作的，公式设计比较科学合理，保证了实施过程中有章可循，大大减少了转移支付的盲目性、随意性，避免了中央政府与地方政府之间经常性的讨价还价，具有很高的透明度、公正性和可预见性。各地方政府不仅知道本地将得到多少转移支付资金，而且了解其他地区得到了多少转移支付资金，这样可以减少盲目的互相攀比。

2. 转移支付以公共服务的均等化为目的

日本实施转移支付的目标主要是使各地方政府在基本公共服务能力方面达到均衡，也就是达到基本公共服务的均等化。转移支付支出主要用于公共基础设施建设和教育。在协调地区政策、调剂收入差异方面，中央政府对地方政府的补助金主要用于帮助收入水平相对较低的地方，通过修建基础设施、增加教育投入，来使各地居民都可以享用同样或相近水平的公共产品和服务，而不是把款项用于生产经营领域，即转移支付具有明显的

---

① 刘德吉：《公共服务均等化的理念、制度因素及实现路径：文献综述》，《上海经济研究》2008 年第 4 期。

非生产性特征。这与我国传统体制下将补助资金大量用于生产经营活动形成强烈的反差。应该说将补助金主要用于基础设施建设或社会保障是转移支付制度本身的客观要求。

3. 转移支付以寻求政府－社会的协作途径

我国许多学者认为由于公共服务均等化的市场调节比较低效，政府调节就显得十分必要，在政府调节均等化的多种方式（如重新划定行政区域、实行不同的区域经济发展战略、地区间的财力转移、对不同地区上缴财政收入实行差别策略等）中，政府间转移支付具有便于校正辖区间公共产品外溢的现象、能更好体现中央政府的宏观意图与偏好、均等化效果更为直接、实施阻力相对较小等独特优势，因而是实现公共服务均等化最主要、最有效的方式。而在我国实践的转移支付中更多强调政府的主动性，忽视了转移支付在财政分配中促成政府－社会协作机制。日本政府通过平衡老、少、边、穷地区的财政分配来平衡地区在社会服务中的投入，各地区在平衡的财政分配的基础上又进而通过政府购买的形式在社会组织中进行分配，政府通过购买服务的形式与社会组织形成了持续性合作关系，最终实现基本公共服务均等化。因此，政府购买在第一层，转移支付在第二层。

4. 控制性分权结构下的"小政府－大社会"

日本是单一制国家，拥有中央、都道府县（相当于我国的省、自治区和直辖市）和市町村（相当于我国的市、县）三级政府，截至 2006 年，日本都道府县数为 47 个，市町村数为 1822 个①。日本在明治维新时期仿效德国模式建立了高度集中的财政制度，这一制度在二战期间进一步加强。二战后，美国在日本地方政府层面推行直选改革，基本实现了地方财政自治。1949 年占领期结束后，日本中央政府重新集中了许多政府职能，

---

① 市町村是日本的"基础地方公共团体"的总称，包括市、町和村，与"广域地方公共团体"都道府县相对。在日本，"市"与我国同样，是"城市"这一类地方政府的简称。但日本的市是狭域市，除了政令指定都市可以分区以外，不辖下级政区。"町"相当于我国的"镇"；"村"类似我国的"乡"，但在体制、法律地位上则略有不同。市、町、村和东京都的特别区四者之间，地位相互平等，没有隶属和领导或"指导"关系。1999 年日本有市町村 3229 个，但是近年来，日本政府推进了市町村合并以加强行政管理，从而使日本的市町村在 2006 年时减少到 1822 个，截至 2010 年 3 月 31 日，日本全国共有 786 个市，757 个町和 184 个村。市町村总数为 1727 个，加上东京都的 23 个特别区，共计 1750 个基础地方公共团体。

重新引入了许多控制机制，从而在中央政府和地方政府之间实现了"控制型分权"。从财政上说，日本中央政府控制了地方预算、地方税率和税基、地方借款及巨大的财政转移支付。虽然日本地方政府领导实行公选，但日本《地方政府法》明确了地方政府的代理代表职能，从而有效地保证了地方政府对中央政府政令的执行。

中日两国在文化传统、政治遗产等方面具有很多共同点和共通点，两国同为单一制国家，尽管存在体制与机制的差异，但中央与地方的分权同为中央控制型分权，这是两国实现经济快速增长的重要原因之一。作为控制型分权的结果，中央政府与地方各级政府间不可能实现财政联邦主义所强调的各级政府间清晰明了的职能分立，因此，体现在财政支出责任上就是重叠与分担，体现在财政收入来源上则是中央政府对地方政府实施巨额的财政转移支付。日本在此基础上探索形成了财政合作管理联邦主义，较为有效地解决了财力与事权的对应问题。中国基本公共服务差距悬殊的背后实际上是财力与事权的不对称。日本通过财政的分配寻求社会力量的介入，化解地方事权过重。日本的财政合作寻求政府 - 社会管理模式，可以作为我国构建新型基本社会服务均等化的有益借鉴。

三　日本公共服务均等化对我国的启示

健全的政府购买服务制度可以扩大公共服务的供给量，从而在总量上提高社会福利的总体水平，而且政府购买制度利用了闲散而又广泛的社会组织，这又提高了社会服务供给的质量，从而达到了精简政府职能、扩大社会功能的"小政府 - 大社会"效率。但政府 - 社会协作模式的前提是要制定完善的法律依据和建立公开透明的监督机构，使公共服务制度的规制改革和目标得以统一。而具体到我国目前的状况来分析，我国在政府购买公共服务的实践中虽然也积累了一些经验，但对政府购买公共服务项目的筛选还缺乏严格的程序，在民间部门提供公共服务的过程中，还缺乏强而有力的第三方机构的监督和管理。日本的这种模式给我们的公共服务制度带来新的思考。

另外，在政府与社会组织方面，单有政府或社会组织的主观愿望和独立活动是无法形成合作共强关系的，建立合理有效且稳定的合作机制是形成合作共强关系的重要保障。政府与社会组织合作机制的要素包括："（1）政府和社会组织都保持组织上的独立性，双方关系不是行政等级式而是平等协作式；（2）明确双方的权利和责任；（3）相互信任；（4）公共服务供给内容；（5）公共服务供给方式；（6）资金；（7）公共服务供给绩效考核；（8）采用协商对话方式解决矛盾和摩擦；（9）信息传递共享；（10）公开性和透明性。根据社会组织类型和公共服务类型的差异，十种要素中的每种要素都会有程度上的不同以及要素间组成方式的不同，从而形成不同的合作模式。"①

在我国现行的基本公共服务体系中，提供基本公共服务的职能主要由省级及以下政府承担，而收入则主要集中在中央政府的手中。由于目前我国公共财政转移支付制度尚不完善，许多地方政府根本没有能力去提供基本公共服务。鉴于我国现阶段在转移支付制度方面存在的这些问题，要实现基本公共服务均等化的目标，就必须加强对当前转移支付制度的改革，逐步建立以基本公共服务为导向的财政转移支付制度。我国的转移支付方式还不够规范明确，这样不利于基本公共服务均等化目标的实现，必须对其进行调整，改变现行转移支付的结构和数量，加大具有促进基本公共服务均等化功能的转移支付的数量和比例，使这样的转移支付成为财政转移支付制度的主体。财政转移支付是达成基本公共服务均等化的重要手段，而过程是寻求社会力量的介入以期形成政府－社会协作的模式。为了使财政转移支付在促进中国地方公共服务发展和均等化、提高全社会福利水平中发挥积极作用，就需要改变目前的财政利益分配格局，减少传统体制遗留因素的不利影响，完善转移支付结构，建立科学合理的分配模式。② 只

---

① 张文礼：《合作共强：公共服务领域政府与社会组织关系的中国经验》，《中国行政管理》2013 年第 6 期。

② 计毅彪等（2006）以云南省为案例，分析了转移支付制度在调节地区差距中的效率，提出了完善中央转移支付制度的一系列建议，比如建立一套相对合理的公共支出标准体系，进一步明确转移支付制度的目标，改革专项转移支付办法，进一步规范转移支付的路径，逐步取消税收返还和增加一般性转移支付的资金规模，积极推广省直管县和乡财县管的财政管理体制等。郭庆旺、贾俊雪：《中央财政转移支付与地方公共服务提供》，《世界经济》2008 年第 9 期。

有转移支付的目标明确合理、制度完整规范、措施得力到位，才能较好地兼顾公平与效率准则，减少地方政府的行为扭曲，促使地方政府的行为能够真正以本地区居民偏好为导向，最终建立"小政府－大社会"的公共服务制度。

小　结

分析单位对于社会科学中的实证研究至关重要。基层政府，主要指乡镇政府，是本研究基本单位。在以北欧－瑞典，北美－美国和东亚－日本为比较研究的参照系的时候，一方面将国家与地方层级中最重要的差异（具体表现为意志自主性和资源能动性）作为控制变量，在分析中尽量避免和削弱其中的差异性对均等化服务的目的、方式和结果的影响；另一方面，由于市场、政府和社会关系存在于任何公共行政事务中，本研究试图从国家层级公共服务的供给、生产和分配的模式中，抽象提取出具有一般理论意义的政府－市场－社会互动关系，以对不同单位的公共服务提供普遍借鉴。

综上所述，通过比较研究发现，北欧－瑞典模式、北美－美国模式和东亚－日本模式在均等化服务方面具有不同的社会历史背景，其特点、优势和存在的问题均是特定时空的产物。北欧－瑞典模式中对"大政府"的一贯坚持，北美－美国模式中对市场力量的肯定，东亚－日本模式中对社会资本的挖掘，对我国各级地方政府推进公共服务均等化都具有借鉴意义。理论的最终意义在于指导实践，对于我国基层乡镇政府来说，在市场和社会系统缺失、政府权威面临挑战的情况下，更需要理顺政府、市场、社会这"三元素"的关系，结合具体实践，发现和重建乡镇中政府－市场－社会的组织结构，这对于指导中国基层服务和城乡一体化建设具有极为重要的现实意义。

第七章 城乡公共服务均等化视野下的基层政府职能建设

　　为了适应城乡一体化发展的趋势，在中央政府的积极推动和倡导下，近年来各地在基础设施、基础教育、社会保障、医疗保险等各项领域相继实施城乡对接、城乡统一和城乡并轨的项目规划，取得了丰硕成果。然而，因为政府与民众对公共服务的重要性存在理解差异和信息不对称，特别是地方政府体制在治理过程中存在的种种弊端，使得基层政府在均等化服务职能的履行方面依然不尽理想。在以往对策性研究中，户籍制度往往被认为是导致城乡二元结构的重要因素，因此，深化户籍制度改革，提倡剥离户籍附加利益成为数见不鲜的对策建议。此外，推进财税体制改革，完善公共财政体系也是推进地方公共服务均等化的重要建议。然而，本研究认为，户籍制度和财税体制改革固然重要，但对于地方政府，尤其是乡镇级别的基层政府来说，在这两方面进行制度创新的空间十分有限。实际上，尽可能地扩大经济体总量，通过产业结构调整促进社会结构变迁，从而改变社会组织形态，进而推动人在观念和行为上的现代化；利用现代科技特别是现代社会中无孔不入的数字技术，通过建立个人信息数据库，实现公共服务在大数据时代一体化与个性化共存，通过技术确保通畅有效的政社互动，使政府及时掌握民意动向，百姓能更方便快捷地获取政策动态，从而彻底转变自上而下的供给式服务模式；通过制度创新实现基本公共服务均等化的可持续发展，这些具体领域才是地方政府层面能够切实展开行动、有效实施政策之处，同时这也是实现城乡一体化的关键性路径。

第一节　基层政府职能的动力转型：从外部压力到内部需求

当前我国基层公共服务均等化建设所面临的一大问题在于基层政府提供公共服务的内生驱动力并不强烈。对当前我国公共服务均等化建设的发展路径进行考察能够发现，政策的执行与推进逻辑基本上是依赖由早先制度矩阵塑造的自上而下的、从中央到地方的权力支配体系，延续了上级政府向下级发包任务、层层加码，下级政府应付上级检查考核的逻辑。应该说，中央运用这套自上而下的体制在全面启动基本公共服务建设方面发挥着积极的作用。首先，如果没有外部压力激活或开启地方公共服务的政策议程窗口，基层政府将鲜有动力将地方资源投入当地的公共服务建设，这一点是显而易见的。中央利用现有制度框架提供的工具手段对地方基层政府的施政方针进行强制性的调整，对地方基层政府来说，这种制度性的外部强制压力主要体现在两项机制上，即与公共服务政策相关的考核审查机制与晋升激励机制。在这两项制度性机制的作用下，尽管基层政府是在上级压力驱策下被动地履行公共服务职能，国家对基层社会民生事务的这种重视至少使各地区公共服务的基础硬件设施较过去得到不同程度的发展。根据统筹规划，江苏省在各社区、村落设立公共服务中心、卫生服务站等公共服务设施，各项民生保障规划得以创立。在公共服务体系建构的起步阶段，应该说通过自上而下的任务发包模式在一定程度上改变了早先基层社会公共服务严重缺失的局面。其次，由中央政府倡导与统筹也有利于各地政府在建设本地基本公共服务体系时拥有相关政策执行的标准性与合法性依据。在我国，一项政策的最终通过与实施可能是与这项政策相关的各政策制定、实施主体间相互并反复博弈、谈判的结果。在缺乏上级部门斡旋与政策合法性支持的情况下，跨部门间的政策协作行为往往难以形成。[①]中央政府通过各种中央文件三令五申地传达建构基本公共服务均等化的政

---

① 〔美〕李侃如：《治理中国》，中国社会科学出版社，2010，第188～190页。

策精神，在一定程度上减弱了地方与基层政府在推行公共服务建设政策时遭遇的阻力。此外，中央政府对基层公共服务均等化体系建设的支持还体现在对相关政策的财力分配上。由于基层政府在本地公共服务均等化建设中的部分事务责任是外生的，责任的赋予方——委托人，这里即中央政府，有必要对相关事务提供财政上的支持，这也缓解了基层政府在公共财政上的压力。

但是，如果基层政府在基本公共服务均等化上一味指望并依赖自上而下的外生压力推进，无法将外生性质的助推模式转换为以当地内生需求为主要推进力量的公共服务建构模式，就难以克服在政策实施过程中产生的一系列问题。在前几个章节中，我们分别考察了国内"双向应对型"、"后发赶超型"与"内生综合型"三种基层政府均等化服务模式。我们注意到，"双向应对型"与"后发赶超型"模式在供给能力、激励结构与政策导向上虽然有所不同，但实际上都是在压力外生的行政逻辑下形成的。也就是说，基层政府基于上级政府的激励模式，调动基层资源配合上级政府的政策意图，并在政策的执行过程中不断复制和再生这种上下级的联动关系，在彼此的行为反馈过程中形塑了当地基本公共服务均等化实施状况的特征。在这两种模式中，无论当地基层政府供给能力是强是弱，都存在一个显著的问题，即政府的公共服务供给时常与本地的实际需求存在脱节问题。在"双向应对型"模式中，基层政府往往迫于上级政府的考核压力以及地区资源的有限性，在公共服务政策的执行过程中弄虚作假，以表面上的政策执行应付中央政府的审核检查。而在"后发赶超型"模式中，基层政府在上级政府的授意与扶植下有意识地将本地区公共服务设施建设打造成为标榜自身执政政绩的突出"点"。大刀阔斧的规划带来的是技术专家对田野土地征收再造的强烈冲动，而一个以自身政绩为目的、缺乏当地居民参与的基层社会再造过程，往往忽略居民的实际需求，极有可能沦为当地执政官员的独角戏。在上述两种模式中，公共服务均等化供给的实际效能与可持续性都面临考验。

良性的基层政府均等化服务供给模式必然是完成了动力机制从外生驱动向内生需求的转变。可以将供给模式的产生与供给模式的延续视为两个不同的阶段，在基层公共服务均等化的起因上，其动力确实源自中央集权体制自上而下地发包，而在供给模式的延续方面，则应该尝试突破这一逻辑，寻找与政策受体利益密切相关的方式来实现。推动公共服务供给模式产生、变迁、延续的都是具体的行为者，所谓内生需求，就是将与基层公共服务利益关系最为密切的行为者的实际需求作为推进公共服务均等化供给延续发展的可能性动力。基层社会关系场域内部的行为者通过参与有关地方公共服务均等化设施规划与制度创制、延续的谈判、博弈，这将有助于达成服务需求量与服务供给量之间的匹配均衡。与此同时，将内生需求作为主要驱动力，更容易使相关行为者认可和接受现有公共服务供给的模式，使基层行为者自愿按照相关的制度规定进行决策并采取行动。

基层民众构成了公共服务的直接受益主体，公共服务在质与量上的提升符合其利益要求。有效的制度设计、充沛的财政投入与合理的分配规划又构成了基层公共服务品质提升的重要保证。但是，这一系列保证措施的创立与维持同样需要耗费成本，对于基层民众来说，最大的难题在于如何克服集体行动的困境。可以这样认为，公共服务供给动力机制的内生化过程就是基层民众克服集体行动困境、改变基层政府公共服务政策激励结构的过程。而激励结构的变迁归根结底是行为主体间权力结构的调整，是各利益相关行为主体从自身目的出发调动资源展开协商、谈判、博弈乃至分割利益的斗争过程与结果。因而，基层政府公共服务均等化模式的建构是一个关涉基层整体政治生态全局性、系统性的工程，而不仅仅局限于基本公共服务均等化的单一议程上。实际上，造成公共服务中供给与需求脱离的主要原因往往是基层社会中委托人与代理人关系上的错位。在基层社会中，当基层民众无法通过制度化的集体行动途径实现委托人的权益时，作为公共服务供给代理方的基层政府则缺乏由基层民众给予的相应激励来回应民众的需求。即使基层政府受上级压力或内部领导指会试图去把握民众需求，但由于委托人表达公共服务需求方式有限造成的信息阻滞，往往无法保证政府被动或自觉的政策目标能够长久地与民众意志保持一致。

从外部压力走向内部需求动力机制的变迁，其试图解决的是政府公共服务供给与基层民众公共服务需求不相对称的问题；所需要纠正的是基层社会中政府、民众间委托与代理关系的结构错位问题；所要求激活的是基层民众参与政府政策决策、执行、监督过程的制度化集体行动能力。

第二节　基层政府职能的观念体系建构：从补助
导向走向权利导向

　　与公共服务供给相关的政治文化之维同样也是当下基层政府均等化服务模式建构中需要重塑的重要一环。在推进公共服务完善供给的过程中，政府作为政策主体起着主导作用，但公共服务均等化又不仅仅是一个单纯的政府行为。在国家与社会的互动过程中，影响政府公共服务供给政策实施状况的因素除了物质条件、政治体系、制度安排、政策规划以外，还应该包括特定政治文化对那些与公共服务供给相关的政治体系结构与政治角色行为的影响。按照阿尔蒙德的观点："政治文化影响着政治体系中每一个政治角色的行动。"[①] 政治文化具有历史继承性，通常是在长期历史交往过程中形成的，通过一系列政治社会文化途径因袭给特定政治共同体中的人们，是对一定政治对象产生稳定认识、情感与评价的体系。就当今中国的历史过程而言，两千多年的帝国传统以及新中国成立后的计划全能模式塑造了我国特有的政治文化基因，这一系列文化基因仍然塑造着当今中国社会各种政治角色在对整个政治共同体以及自身角色上的认知方式，同时也建构了各种政治角色判断和确定彼此之间关系的一套观念模式或价值标准。

　　按照历史制度主义的观点，早先时间点上发生的事件，由于自我强化机制的作用，可能会成为一股驱使人们当前行为的力量。[②] 而文化作为传承社会非正式约束的重要载体之一，[③] 同样拥有自我强化机制的作用。一个政权自觉地致力于向其社会成员履行公共服务供给方面的职能并非是必然性的。塑造出一种适合时代发展要求以及人民群众认同的政治文化将有

---

① 〔美〕阿尔蒙德、鲍威尔：《比较政治学：体系、过程和政策》，曹沛霖等译，上海译文出版社，1987，第 29 页。

② 〔美〕保罗·皮尔逊：《时间中的政治——历史、制度与社会分析》，黎汉基等译，江苏人民出版社，2014，第 24 页。

③ 〔美〕道格拉斯·诺斯：《制度、制度变迁与经济绩效》，杭行译，格致出版社，2008，第 51 页。

利于整项公共政策的贯彻执行。在中国已有的政治文化资源中，并非不存在有关政府部门应该向基层民众提供公共服务、推进基本公共服务均等化的政治文化要素。恰恰相反，这些政治文化资源根深蒂固且影响深远。首先，就传统政治文化而言，就有源远流长的"民本"思想。"民本"即以民为本，要以社会中百姓生活的安定与幸福作为政权统治者获得政权并长期执政的根本保障。所谓"得民心者得天下"，孟子认为，"民为贵，社稷次之，君为轻"（《孟子·尽心下》）；荀子认为，"君者，舟也；庶人者，水也；水则载舟，水则覆舟"（《荀子·王制》）。这些观点充分反映了中国传统政治文化中对国家与社会交往方式的独特认知。在古代中国，一个被认为是贤明的君王需要按照一套符合德政的道义标准约束自己的行为，励精图治，时刻重视百姓民生，有效缓解民间疾苦。而且，不只对最高统治者提出时刻要为百姓勤政的要求，地方官员也背负着为当地提供公共服务的义务。如顾炎武认为，称职的地方官员应该做到"土地辟，田野治，树木蕃，沟洫修，城廓固，仓廪实，学校兴，盗贼屏，戎器完，而其大者则人民乐业而矣"（《郡县论》三）。政府在灌溉、修路、治水、赈灾等公共事务方面负有责任。赵鼎新认为，古代中国政府所承担的民生职责常常是其他国家古代社会不具备的。[①] 另外，中国早先的工业化过程塑造了人们对城乡公共服务差距的基本认识。由于通过计划经济模式优先推动了重工业的发展，使得有必要将大量公共资源集中至城市，这就造成了城市与农村公共服务资源的非对称性。改革开放之后，市场交换机制逐渐替代了科层行政指令模式，成为资源配置的主要手段，但仍然没有改变城乡之间在物质、观念上的差异。这种对城乡差异由来已久的认知以及城乡间的现实差异使中央在公共服务政策的制定方面有意识地力图弥补城乡之间的差距。中央政府有关"以城市反哺农村，以工业带动农业"的方针政策，正是体现了这种试图弥补城乡差异的政治文化逻辑。

但是以上两种独具特色的政治文化对我国深化公共服务均等化而言仍然是不足的。虽然"民本"思想能够鼓励、鞭策执政者勤政爱民，将执政人员引导到为当地人民服务的路径上来，但这并不是一种基于现代公民身

---

① 〔美〕赵鼎新：《"天命观"及政绩合法性在古代和当代中国的体现》，《经济社会体制比较》2012 年第 1 期，第 19 页。

份权利的政治文化观念。将当地民众权益的保障仅仅放在执政者的德行品性上，这种道德上的维系与约束是相对柔软和脆弱的。强调城乡差异以补偿农村公共服务缺口的政治文化，在当下我国实现基本公共服务均等化的历史阶段中具备一定的合理性。中国社会的巨大矛盾之一就是城乡之间的现实差距。但是，这种把公共服务的供给视作历史补偿性质的政治文化就如同"民本"文化一样，不利于现代公民身份观念的形成，也不利于现代公共服务体系的完善与深化。

芬纳在其有关国家五个特点的论述中认为，第五个特点——一个国家的人口组成一个共同体，其成员共同参与责任和义务的分配和共享——是最近某些现代国家才出现的现象。①共同体的社会成员共同参与责任和义务的分配与共享，意味着国家的财产从根本上属于全体国民，而不仅仅属于某个个人或集团。在承担责任与义务背负共同体命运的同时，要求社会成员拥有同等权利的呼声也越来越强烈，公民身份的政治意识如影随形。民族国家建构的过程是国家积聚和动员资源能力的过程，除了使用以武力为后盾的强制力量外，利益交换与情感说服不失为一种较为有效的获取辖域民众服从与忠诚的方式。社会权利兼具物质的利益性和平等的价值性，因而成为一项由政府与公民认可的、值得追求的重要权利观念。公民身份的养成是现代国家建构的一部分，公民身份的核心是公民的权利。马歇尔（T. H. Marshall）认为，公民身份是一种由共同体的全体成员共同享有的地位，这一地位赋予所有拥有者平等的权利和义务。②公民身份包括三方面的内容，即公民权利、政治权利和社会权利。其中社会权利是指"从某种程度的经济福利与安全到充分享有社会遗产并依据社会通行标准享受文明生活的权利等一系列权利。与这一要素紧密相连的机构是教育体制和社会公共服务体系"③。可见，公民身份三个要素之一的社会权利，正可以与当今政府推行的公共服务供给政策，以及当局建构和完善社会公共服务体系

① 〔美〕萨缪尔·芬纳：《统治史（卷一）：古代的王权和帝国——从苏美尔到罗马（修订版）》，华东师范大学出版社，2014，第3~4页。
② 〔英〕T. H. 马歇尔：《公民身份与社会阶级》，载应奇、刘训练编《公民身份与社会阶级》，江苏人民出版社，2007，第15页。
③ 〔英〕T. H. 马歇尔：《公民身份与社会阶级》，载应奇、刘训练编《公民身份与社会阶级》，江苏人民出版社，2007，第8页。

的努力对应起来。公民身份理念成为公民争取和捍卫自身权利，表达社会公平正义诉求的重要依据。我国应该将公共服务均等化作为一项民族国家建构的历史使命来对待，将公共服务政策的时代特征性与历史使命性相联结。

第三节　基层政府职能的制度建设：从粗疏应对走向精细管理

与动力机制外生性相关的是现行基层政府基本公共服务体系运行中存在具体制度安排粗疏的问题。由于大多数民众在基层公共服务政策博弈、谈判过程中缺席，权利的受益者很难拥有改革现有制度、重塑制度尊严的意愿，时常从自身利益出发选择性地歪曲或虚化已有制度措施。在"双向应对型"与"后发赶超型"模式中，政府通常采用各项手段异化、虚化上级下派的公共服务任务，时常在公共服务政策的执行过程中将部分政策实质歪曲、解读为符合其自身利益的内容。在这种情况下，不仅基层民众所享受的公共服务权益难以保障，更甚的是基层民众已有的利益还会因此受损。

通常认为，制度是人类社会生活中的重要组成部分，制度塑造着组织与个人的行为方式。制度的影响非常之大，一个好的制度安排能够实现人民福利的增进，有利于社会民生的进步。推进制度创新不仅是深化社会主义改革的重要内容，同时也是保证改革成果为全民共享的重要手段。基层政府在城乡一体化背景下深入推进基本公共服务均等化，必须要以一定的制度建设为依托，在保证拥有可持续性的前提下，努力形成一套人民满意、低廉高效、惠及全民的公共服务供给机制。目前最重要的制度建设具体包括地方公共财政建设、社会治理方式创新与公共服务供给保障等内容。

公共服务供给的均等化与可持续化首先依赖于公共财政的长效投入。一个完善的公共财政体系是落实服务型政府职能的前提保证。推进公共财政建设，在继续调整和优化公共服务支出结构、保证财政公共性、不断加大对民生支出和重点项目的保障力度的同时，还要继续完善预算法治和财政民主制度。预算规定了一个政府在未来一段时间内准备做什么和将会花多少钱。预算的制定、执行与落实必须建立在管理科学、法制规范的基础之上。按照 2014 年十二届全国人大常委会第十次会议通过的《全国人民代表大会常务委员会关于修改〈中华人民共和国预算法〉的决定》规定，政府的全部收入与支出都应当纳入预算。通过建立健全公开透明的预算制度，可以使政府的收支行为始终处于立法机关与人民群众的监督之下。公共财政制度的完善不仅能够保障人们当家做主、公民民主监督权利的实施，也可进一步督促政府在公共财政的支出结构问题上始终以满足社会公共需要为依据，与此同时也为实现公民与政府之间的良性互动创造了沟通与交流机制。

在经济高速增长背景下的城镇化进程中，整个社会的运转方式、阶层间的利益结构、组织间的社会关系以及人们的思维观念都发生了天翻地覆的变化。由多阶段、多层次、多形态的变迁带来的社会复杂性导致原有单一的城乡二元社会治理模式不再适应城市发展的时代要求，社会治理方式的创新迫在眉睫。以文中 S 市为例，其推行了"三集中三置换"的资源配置机制，通过财政补助、土地换保障以及流转入股的方式，有效缓解了城镇化进程中激增的利益矛盾。但是，土地的置换与居住的集中并不意味着实现了人口与观念上的城镇化。对于那些由于土地动迁而形成的农夹居社区来说，如果在公共服务、社区治理上缺乏合理的制度安排，那么农民原有生活方式与思想观念同城市社区空间形态之间的错位，就极有可能造成社区生态的整体异化。① 这一点直接体现在社区生态环境的破坏、居住设施的消耗以及居民社区文化生活的空白上。该状况与城乡一体化、公共服务均等化的目标背道而驰。要帮助农民适应城市生活，转变思想观念，充分享受城镇化带来的公共服务红利，就必须从制度层面上实现社会治理方式的创新。在积极切实地鼓励居民参与社区自治的同时，应该规范政府行政管理方式，防止其对社区群众自治事务的横加干预，从而保证基层群众自治组织服务职能的履行，也为社区居民共同维护社区生态提供制度上的

---

① 张晨：《城市化进程中的"过渡型社区"——空间生成、结构属性与演化前进》，《苏州大学学报》2011 第 6 期。

激励。

公共服务供给的总量一方面与财政支出的结构有关，另一方面也与财政收入的总量有关。当前，那些能够在基本公共服务体系建设领域处于全国领先地位的地区，很大程度上是得益于当地的经济发展与财政汲取能力。但是，单纯依赖经济发展的持续增长并不是实现公共服务可持续化的可靠保证。设计一套有效的制度安排来规避或分散社会变迁过程中的风险，从而持续不断地向民众供给高效、均等的公共服务，是政府应对城镇化过程中瞬息万变的经济社会形势时的重要课题。以社会保险为例，2014年，S市市级财政社会保障和就业支出预算达到人民币 160887 万元，比上年增长了近 37%。面对城镇化激发的市民投保热情与支出持续不断增长的压力，唯有引入制度化的风险化解机制、双向责任机制，才能保证社会保障事业的良性发展，否则所谓的长期可持续就该画上问号了。另外，由于地区场域内资源的总量在短期内是有限的，通过细致的制度设计合理地分配资源是进一步深化公共服务均等化的重要方式。如在处理住房保障问题时，政府在推进扩大住房保障覆盖面的同时还应该逐步完善基本住房保障准入与退出机制的制度设计，进一步推进公共资源的合理化分配。在解决城乡公共服务均等化问题上，应该根据新预算法的精神设计完善转移支付制度，建立健全专项转移支付定期评估和退出机制，从而优化转移支付结构，提高公共服务支出的科学性、公平性和公开性。

总而言之，制度作为公共服务中极为重要的基础，其分配效用将对公共服务的具体供给模式产生深远的影响。在完善健全基层政府公共服务均等化模式中，制度的建构是重中之重。

第四节　基层政府职能的运行机制：
从"一元"到"多元"

合理的公共服务供给模式的建构和完善包含三个方面。一是不断健全、完善和扩大民意表达机制。尤其应着重培育农民积极健康的民意表达意识。人民群众的主体意识，不仅是民意表达的根本前提，同时也有助于公民在民意表达的过程中采用合理的方式，自觉、主动地追求合理的利益要求及权利维护。因此，一方面要积极教育群众树立健康的权利表达理念，同时也要努力在公民中营造表达的良好氛围，最大限度地激发群众的表达热情。面对高速发展的信息社会，网络表达诉求日益成为公众民意表达的新形式，网络载体极大地激发了公众民意表达的积极性。为了适应这种发展趋势的要求，各级政府机关必须主动借助互联网平台，努力形成快捷高效的民意表达渠道。① 二是上下合理分工，把压力型体制模式控制在"合理分配线"以下。所谓"合理分配线"并不是一条可以具体量化的分界线，而是由多个标准所组成的范围，它主要包括：下级政府有充足的时间和精力致力于辖区独立自主的发展；上级政府的考核应当是一个灵活多样的体系，不能对任何地区都搞"一刀切"，上级政府更多的是科学指导而不是强硬要求。要达到这样一条"合理分配线"，就必须明确划分各级政府的职能、权力、责任，将基层政府从诸多被动的指令中解放出来。② 三是在操作过程中政府体系可以分为三层结构：最高一层是中央和省级政府，核心职能在于通过财政转移支付来保障社会公平和地区均衡发展，制定全面的发展战略；中间一层为地方主管政府，主要职能在于制定本地区内的具体实施方案，给予基层政府充足的财政支持以及统筹整个地区内的整体公共服务，如公交、消防、医疗、教育等；最下面的一层为基层政府，其主要责任在于贯彻和落实上级政府的方案，并对实施效果进行分析汇报。当然，三层政府级别结构在职能上应当各有侧重点，明确自己的优势和劣势。在清晰的职能分工前提下，通过三层结构，公共服务在上下级政府传递过程中逐步分工，分工的过程就构成一个降压系统，避免让基层政府承受过大的行政压力，基层政府也就有了提升公共服务的充足活力和动力。

促进农村社区的发展，完善农村公共服务体系，大力推进农村社区建设水平，提高农村社区公共服务生产能力。为此，我们要从以下四个方面入手来大力建设农村公共服务生产体系。一是完善社区机构，明确职责，坚持政府主导，多方配套联动。二是整合社会各类资源，引导卫生、教

① 邓新民：《网络舆论与网络舆论的引导》，《探索》2003 年第 5 期。
② 任立兵、李冰：《中西城市公共服务比较分析》，《东北财经大学学报》2007 年第 4 期。

育、劳动就业等公共服务进入社区服务中心。三是加强社区服务功能建设，充分发挥农村社区在医疗卫生、人口和计划生育、文化体育、科技与法律服务中的各项功能。四是完善各种奖励与激励机制，确保社区服务的高效运行。努力增强农村的内在需求力量，充分发挥农村社区等组织的作用，并建立畅通的农村需求表达渠道，让更多的农民表达出内心的愿望。除了增强农村公共服务的生产能力之外，让更多的城市要素进入农村地区，不仅可以极大地提高农村地区的生产要素活力，还可以引导更多的城市服务以及标准进入农村。

农村为城市发展做出了巨大的贡献，而与之相随的也是巨大的牺牲。从农产品"剪刀差"到农民工的廉价劳动力，再到正在进行的土地占用，农村为城市化付出了高昂的代价。"城市反哺农村"是社会发展到特定阶段的必然思路，它也是社会发展的客观规律。只是这种反哺必须由政府来主导和推动。如果违背规律，该反哺的不反哺，或者延迟反哺，让城乡差距越拉越大，那么，将来整个社会都会为此埋单。从公共服务生产分配模式来说，"城市反哺农村"是一种"一对多"的"复合分配模式"，在考虑财政分配时，政府应更多地给予农村地区财政支持，更好地引导城市公共服务生产力量进入农村地区，城市社区生产的产品在满足社区内基本需求的同时，也应该将多余的产品输送到农村地区。当前只有在城市支援农村的服务分配制度模式下，农村才能不断地进步和发展。

城乡公共服务均等化要求在体制与政策上都要以公平正义为出发点，适度合理的差距也是动力，因此，城乡差距要控制在一个可接受的范围内，这是建设和谐社会迫切需要解决的问题。实现城乡公共服务均等化要做到三点。一是城乡统筹兼顾。政府要承担起对农村公共服务供给的主要责任和义务。在向农村获取基础性生产资源的同时要更多地给予农村公共服务资源，让农民生活得更有尊严。强化农村各项公共服务产品的供给，要在存量上适度调整，在增量上向农村重点倾斜，从而逐步实现城乡公共服务的公正和统一。① 二是加强创新引导。政府要不断寻求创新，由单一的生产主体逐步向管理监督主体转变，有计划地引导社会资金投入公共服

---

① 程又中：《农村社区管理体制：在变迁中重建》，《江汉论坛》2011 年第 5 期。

务体系之中。要选取最科学、最合理的方式，尤其是要加强社会第三方组织的力量，而不必参与从生产到消费的全过程，通过合同、购买等方式，实现政府部分职能的外包，从而提高公共服务的效率和质量。三是加强管理监督。推进城乡基本公共服务的均等化离不开外部的监督和约束，要在明确责任的基础上，建立一个以公共服务均等化为导向的绩效考核指标体系和相应的政府问责制度，以提高各级政府部门的责任意识和理念。要量化基本公共服务的各项指标，尤其是要把农民的满意程度作为主要指标。在问责制方面，一方面，严格实行过错责任追究制度，保证政府基本公共服务责任充分落实；另一方面，要建立立体式的问责机制，将公共服务的决策、执行等各环节都纳入问责范围，这必将有效推进城乡基本公共服务的均等化。通过科学的监督机制规范基层政府的行为，明确监督对象、监督主体、监督内容、监督程序和监督方式。①

---

① 周永坤：《提升司法公正的路径选择——以正当程序和司法良知的关系为切入点》，《苏州大学学报》2012 年第 5 期。

结 论

　　进入 21 世纪以后，"三农"问题得到全社会的高度重视，国家在政策层面上加大了对农村各项建设事业的扶植，采取了一系列城市反哺农村、工业带动农业的措施。在这些措施中，城乡一体化建设成为一种作为解决"三农"问题的尝试性努力。作为一套综合性的改革规划，城乡一体化在具体实施过程中包括一系列复杂的议程设置，涉及地理、制度、利益等范畴，涵盖空间格局规划、制度规范调适、治理机制协调、复合利益博弈、程序规则设计等具体议程的安排。但无论多么复杂，城乡一体化建设必须明确两点。首先要明确城乡一体化建设的最终目的是什么？即应该是集中在实现城乡人员层面上的一体化。人作为最重要的社会资源，同时也作为社会资源的持有者，通过突破城乡二元隔离的局限，能够自由地选择生活理念与方式，是人类拓展和实现自身自由的重大进步。公共服务均等化就是从以人为本这个基点出发，要求充分地体现全体国民在公共服务享有权利上的平等性、公正性，完成基本公共服务均等化任务是当下消除城乡藩篱、实现城乡一体化的必要途径之一。

　　其次是明确实现这一目标的主体是谁？推动力在哪儿？作为城乡一体化舵手的政府应该怎样做？政府应该在城乡一体化建设过程中充分发挥引导与服务作用，政府应转变陈旧的执政理念与过时的职能范畴，与时俱进，适应市场发育成熟、社会成长完善的历史潮流，以调动社会中有利于实现城乡一体化的一切因素为重要任务，以为社会成员提供高效、优质的公共服务为主要职责。如此，城乡一体化建设、基本公共服务均等化以及政府行政体制改革就构成了一个彼此联系紧密的整体。基本公共服务均等化的完成是成功建设城乡一体化的保证，而政府行政体制的有效改革则是完成基本公共服务均等化的重要条件。

最后，建构一套适合于地方城乡一体化发展需求的基层政府均等化服务模式是一项涉及多领域的系统性工程，其内容基本上涵盖了城乡一体化建设、基本公共服务均等化以及政府行政体制改革这三个方面。良性的基层政府公共服务均等化服务模式有利于减弱城乡一体化建设过程中因高速变迁导致利益分化而产生冲突矛盾的激烈程度，兼顾城乡发展的两极。基层政府公共服务均等化服务模式的命题本身就是公共服务均等化应当如何实现的问题，这就涉及政府行政体制改革的问题，最终要求重塑那些对基层政府行为产生影响力量的结构性环境。

本研究力图通过建构基层政府均等化服务理论模型，将基层政府公共服务供给能力、公共服务需求主体以及公共服务价值导向的三个面向作为分析工具，寻找导致不同均等化模式差异的具体成因以及揭示并评价不同模式的优劣长短，为建构一个合理、完善的均等化服务模式寻找依据。

根据理论模型，并结合对多地政府行为的实地考察，基本可以归纳出三类政府均等化服务模式。这三种类型模式包括："双向应对型"模式、"后发赶超型"模式以及"内生综合型"模式。在"双向应对型"模式中，基层政府常常需要应对来自体制性与基层社会环境两方面的事务压力，鲜有充足的供给能力来满足公共服务均等化的要求，并且更倾向将上级政府给予的政策激励作为公共服务职能履行的依据，因而在公共服务的需求主体方面，"双向应对型"模式是唯上级政府唯是而非唯基层社会唯是，在公共服务价值导向上，"双向应对型"往往在效率与公平间无法兼顾，进退失据。"后发赶超型"模式则反映了经济落后地区基层政府创建政绩的典型做法，按照权力核心的统一规划与布局，运用更大的权力运筹、集中更大范围内各项资源来快速实现物质福利、生态理念赶超的地方公共服务经营模式。在公共服务供给能力方面，"后发赶超型"模式往往具备改造基层社会的能力，运用充沛财力与政策优惠按照先行规划有计划地推进社会改造。然而在技术化的大刀阔斧改造社会过程中，基层政府在公共服务供给方面却存在失语状态。由于"后发赶超型"模式旨在快速取得经济建设成果，为达目的的工具理性逻辑导致在公共服务方面追求短期内产生的效率性。"内生综合型"模式则产生自政府—社会长期互动合作关系的演进过程。长期形成的互惠关系使得政府能够从社会成员那里获得对增长与发展的支持与理解，社会成员也能够从政府那里获得与发展成果相当的物质福利。在公共服务供给能力方面，"内生综合型"模式试图在公共服务投入与地区社会成员实际需求中寻找均衡点，并借助市场机制与社会网络机制提高公共服务供给的科学性与合理性。以 S 市诸乡镇街道为典型，"内生综合型"并非意味着上级政府对基层政府公共服务模式不具备塑造作用，而是激励机制产生作用的方式不同，不是采用压力下移或权力渗透的方式，而是鼓励基层政府自主地探索和寻找适合于本地区实际发展需要的公共服务形式，妥善地处理上级政府与基层社会对本地公共服务事业发展的具体需求。在基层政府的公共服务价值导向方面，"内生综合型"模式将效率与公平间的平衡作为公共服务持续供给的保障。

通过分析分别在"双向应对型"、"后发赶超型"以及"内生综合型"模式的三个地区进行的基层社会民众对当地各项基本公共服务满意度与均等化评价的评测结果发现，"内生综合型"模式在满意度与均等化评价方面均高于其他两种模式。研究不应止步于追问造成模式间满意度与均等化评价差异的原因及显示模型指标上的差异，而是应该探究导致各模式在公共服务供给能力、需求主体以及价值导向上差异的原因，即回答相互区别的运行机制对模式整体性效用的长效作用。无论是"双向应对型"还是"后发赶超型"，归根结底都是通过自上而下的外生体制性力量来推进基层社会的公共服务建构，后果便是基层政府自主性的萎缩以及基层社会治理参与的缺位，从而导致基层公共服务各项事业停滞不前，其运营模式无法转型为更为合理、更为高效、更为民众接受的形式，即使上级政府设置更强的激励或投入更多的资源，基层社会公共服务建设也只是对固有模式的重复与勉强维持。如此，公共服务建设也就会同粗放追求经济增长那样，脱离当地民众的实际需要而仅仅成为地方官员展现其施政政绩的一种手段。

要建构一个良性的基层政府公共服务供给均等化模式，摆脱公共服务均等化在基层的异化，可以从三条路径选择着手进入。首先，转变基层政府提供公共服务的动力机制，将推进基层政府发展公共服务的外生压力转变为基层社会的内生需求。将与基层公共服务利益关系最为密切的行为者的实际需求作为推进公共服务均等化供给延续发展的动力。这就意味着有必要理顺基层环境中社会与政府间的委托—代理关系，减少彼此间的信息阻滞，激活基层民众参与政府政策决策、执行、监督过程的制度化集体行动能力。其次，完善政府公共服务的制度建设，深化治理手段的技术化与专业化，从粗疏的制度约束走向精细的技术管理。规则安排的粗疏与制度设计的不合理导致对政府在自由裁量权的使用空间上的约束有限，这是造成国家公共服务政策在基层落实阶段遭遇扭曲变形的重要成因。必须完善公共财政体制、健全社会主义法治、推进依法行政，将制度建设作为建构良性公共服务均等化模式的重要基石。最后，应当致力于营造现代政府与社会关系相匹配的公共服务政治文化意识，使政治文化从传统的养民补助导向过渡到到现代的身份权利导向。公民身份意味着公民享有社会公共服务供给的权利是通过法律最终确定下来的，其价值的传播与深入人心将推动国家将公共服务的均等化供给作为一项常态性事务持续下去，而不仅仅是停留在政府的政策性事务级别。这是促进基层政府公共服务供给均等化模式良性化发展的又一路径。

总而言之，建构良性的基层政府公共服务供给均等化模式是一项非常复杂的系统性工程，这一工程的成败关系到城乡一体化建设能否有效的开展，同时也是检验政府行政体制改革成效的试金石。

参考文献

（一）著作

1. 《马克思恩格斯选集》第 1 卷，人民出版社，1995。

2. 《马克思恩格斯选集》第 3 卷，人民出版社，1995。

3. 《毛泽东文集》第 1 卷，人民出版社，1993。

4. 《邓小平文选》第 3 卷，人民出版社，1993。

5. 汝信、陆学艺、李培林：《2010 年中国社会形势分析和预测》，社会科学文献出版社，2011。

6. 中国（海南）发展研究院：《政府转型：中国改革下一步》，中国经济出版社，2005。

7. 平新乔：《财政原理与比较财政制度》，上海三联书店，1995。

8. 张国庆：《行政管理学》，北京大学出版社，2002。

9. 曹沛霖：《政府与市场》，浙江人民出版社，1998。

10. 吴锦良：《政府改革与第三部门发展》，中国社会科学出版社，2001。

11. 范丽珠编《全球化下的社会变迁与非政府组织（NGO）》，上海人民出版社，2003。

12. 吴锦良：《政府改革与第三部门发展》，中国社会科学出版社，2001。

13. 蒯正明：《推进城乡基本公共服务均等化问题研究：以浙江为例》，上海社会科学院出版社，2014。

14. 张静：《基层政权：乡村制度诸问题》，浙江人民出版社，2000。

15. 赵树凯：《乡镇治理与政府制度化》，商务印书馆，2010。

16. 周飞舟：《以利为利：财政关系与地方政府行为》，上海三联书店，2012。

17. 荣敬本等：《从压力型体制向民主合作体制的转变——县乡两级政治体制改革》，中央编译出版社，1998。

18. 荣敬本、杨雪冬等：《再论从压力型体制到民主合作制的转变》，中央编译出版社，2001。

19. 周黎安：《转型中的地方政府——官员激励与治理》，格致出版社、上海人民出版社，2008。

20. 樊红敏：《县域政治：权力实践与日常秩序》，中国社会科学出版社，2008。

21. 周雪光：《组织社会学十讲》，社会科学文献出版社，2003。

22. 张卓元、郑海航编《中国国有企业改革 30 年回顾与展望》，人民出版社，2008。

23. 周望：《中国"政策试点"研究》，天津人民出版社，2013。

24. 薛立强：《授权体制：改革开放时期政府间纵向关系研究》，天津人民出版社，2010。

25. 俞可平：《治理与善治》，社会科学文献出版社，2000。

26. 桂勇：《邻里空间：城市基层的行动、组织与互动》，上海书店出版社，2008。

27. 张军：《双轨制经济学：中国的经济改革（1978～1992）》，上海三联书店，2006。

28. 周其仁：《产权与制度变迁：中国改革的经验研究》，社会科学文献出版社，2002。

29. 燕继荣主编《服务型政府建设：政府再造七项战略》，中国人民大学出版社，2009。

30. 孙晓莉：《中外公共服务体制比较》，国家行政学院出版社，2007。

31. 〔德〕乌里里希·贝克：《风险社会》，译林出版社，2004。

32. 〔美〕萨缪尔森、诺德豪斯：《经济学》，萧琛等译，人民邮电出版社，2008。

33.〔美〕斯坦利·费希尔、鲁迪格·唐不什：《经济学》，中国财政经济出版社，1989。

34.〔美〕保罗·萨缪尔森、威廉·诺德豪斯：《经济学》上册，中国发展出版社，1992。

35.〔美〕阿尔蒙德等：《比较政治学：体系、过程和政策》，上海译文出版社，1987。

36.〔美〕沃纳·赛佛林、小詹姆斯·坦卡德：《传播理论：起源、方法与应用》，华夏出版社，2002。

37.〔澳〕欧文·休斯：《公共管理导论（第二版）》，中国人民大学出版社，2001。

38.〔美〕约翰·罗尔斯：《正义论》，何怀宏等译，中国社会科学出版社，1998。

39.〔美〕道格拉斯·诺斯：《制度、制度变迁与经济绩效》，刘守英译，上海三联书店，1994。

40.〔美〕塞缪尔·亨廷顿：《变化社会中的政治秩序》，生活·读书·新知三联书店，1989。

41.〔美〕李侃如：《治理中国》，中国社会科学出版社，2010。

42.〔美〕保罗·皮尔逊：《时间中的政治——历史、制度与社会分析》，江苏人民出版社，2014。

43.〔美〕道格拉斯·诺斯：《制度、制度变迁与经济绩效》，格致出版社，2008。

44.〔美〕萨缪尔·芬纳：《统治史（卷一）：古代的王权和帝国——从苏美尔到罗马（修订版）》，华东师范大学出版社，2014。

45.〔英〕T. H. 马歇尔：《公民身份与社会阶级》，载应奇、刘训练编《公民身份与社会阶级》，江苏人民出版社，2007。

46.〔丹〕本特·格雷夫：《比较福利制度——变革时期的斯堪的纳维亚模式》，重庆出版社，2006。

47.〔美〕文森特·奥斯特罗姆等：《制度分析与发展的反思》，商务印书馆，1998。

48. 〔美〕弗朗西斯·福山:《国家构建》,中国社会科学出版社,2007。

49. 杜赞奇:《文化、权力与国家:1900~1942年的华北农村》,江苏人民出版社,1994。

50. 〔美〕珍妮特·登哈特等:《新公共服务:服务而不是掌舵》,丁煌译,中国人民大学出版社,2004。

51. Jeffrey D. Sachs, Wing Thye Woo & Yang Xiao kai, "Economic Reforms and Constitutional Transition", CID Working Papers 43, Center for International Development at Harvard University, 2000.

52. G. A. Almond, J. S. Coleman, *The Politics of the Developing Areas*, Princeton: Princeton University Press, 1960.

53. Chalmers Johnson, *MITI and the Japanese Miracle: The Growth of Industrial Policy, 1925-1975*, Stanford University Press, 1982.

54. Richard Emerson, *Social Exchange Theory*, Columbia: Columbia University Press, 1969.

(二) 期刊

1. 魏娜:《我国城市社区治理模式:发展演变与制度创新》,《中国人民大学学报》2003年第1期。

2. 周加来:《城市化·城镇化·农村城市化·城乡一体化》,《中国农村经济》2001年第5期。

3. 居占杰:《我国城乡关系阶段性特征及统筹城乡发展路径选择》,《江西财经大学学报》2011年第1期。

4. 郑文哲、郑小碧:《中心镇推进城乡一体化的时空演进模式研究:理论与实证》,《经济地理》2013年第6期。

5. 杨荣南、张雪莲:《城乡一体化若干问题初探》,《热带地理》1998年第3期。

6. 甄峰:《城乡一体化理论及其规划探讨》,《城市规划汇刊》1998年第6期。

7. 张强:《中国城乡一体化发展的研究与探索》,《中国农村经济》

2013 年第 1 期。

8. 姜晔、吴殿廷等：《我国统筹城乡关系协调发展的研究》，《城乡统筹》2011 年第 2 期。

9. 欧阳敏、周维崧：《我国城乡统筹发展模式比较及其启示》，《商业时代》2011 年第 3 期。

10. 马晓强、梁肖羽：《国内外城乡经济社会一体化模式评价和借鉴》，《福建论坛人文社会科学版》2012 年第 2 期。

11. 吴武英：《城乡差距研究综述》，《湖南省社会主义学院学报》2006 年第 2 期。

12. 陆学艺：《破除城乡二元结构实现城乡经济社会一体化》，《社会科学研究》2009 年第 4 期。

13. 郑夏明、汪玲清：《大城市发展的问题与对策研究》，《科技创业》2005 年第 2 期。

14. 张永岳：《我国城乡一体化面临的问题与发展思路》，《华东师范大学学报》（社会科学版）2011 年第 1 期。

15. 陈世伟、陈金圣：《城乡融合中的农民市民化：困境与出路》，《北京工业大学学报》（社会科学版）2008 年第 3 期。

16. 张沛、张中华等：《城乡一体化研究的国际进展及典型国家发展经验》，《国际城市规划》2014 年第 1 期。

17. 叶裕民：《中国统筹城乡发展的系统架构与实施路径》，《城市规划学刊》2013 年第 1 期。

18. 汪宇明等：《城乡一体化条件的体制创新—现实响应及其下一步》，《区域经济》2011 年第 2 期。

19. 项继权：《基本公共服务均等化：政策目标与制度保障》，《华中师范大学学报》（人文社会科学版）2008 年第 1 期。

20. 唐钧：《"公共服务均等化"保障 6 种权利》，《时事报告》2006 年第 6 期。

21. 常修泽：《中国现阶段基本公共服务均等化研究》，《中共天津市委党校学报》2007 年第 2 期。

22. 陈昌盛、蔡跃洲：《中国政府公共服务：基本价值取向与综合绩效评估》，《财政研究》2007 年第 6 期。

23. 贾康：《公共服务的均等化应积极推进，但不能急于求成》，《审计与理财》2007 年第 8 期。

24. 陈海威、田侃：《我国基本公共服务均等化问题探讨》，《中州学刊》2007 年第 3 期。

25. 项继权：《我国基本公共服务均等化的战略选择》，《社会主义研究》2009 年第 1 期。

26. 马国贤：《基本公共服务均等化的公共财政政策研究》，《财政研究》2007 年第 10 期。

27. 郁建兴：《中国的公共服务体系：发展历程、社会政策与体制机制》，《学术月刊》2011 年第 3 期。

28. 陈振明、李德国：《基本公共服务的均等化与有效供给——基于福建省的思考》，《中国行政管理》2011 年第 1 期。

29. 郭小聪、代凯：《供需结构失衡：基本公共服务均等化进程中的突出问题》，《中山大学学报》（社会科学版）2012 年第 4 期。

30. 南锐、王新民、李会欣：《区域基本公共服务均等化水平的评价》，《财经科学》2010 年第 12 期。

31. 胡仙芝：《中国基本公共服务均等化现状与改革方向》，《北京联合大学学报》（人文社会科学版）2010 年第 3 期。

32. 李雪萍、刘志昌：《基本公共服务均等化的区域对比与城乡比较——以社会保障为例》，《华中师范大学学报》（人文社会科学版）2008 年第 3 期。

33. 陈海威、田侃：《我国建立基本公共服务体系问题探讨》，《理论导刊》2007 年第 6 期。

34. 于建嵘：《基本公共服务均等化与农民工问题》，《中国农村观察》2008 年第 2 期。

35. 陈继宁：《论小城镇建设与城乡公共服务均等化》，《中共四川省委省级机关党校学报》2007 年第 3 期。

36. 安体富：《完善公共财政制度逐步实现公共服务均等化》，《东北师大学报》（哲学社会科学版）2007 年第 3 期。

37. 丁元竹：《促进我国基本公共服务均等化的对策》，《宏观经济管理》2008 年第 3 期。

38. 赵怡虹、李峰：《基本公共服务地区间均等化：基于政府主导的多元政策协调》，《经济学家》2009 年第 5 期。

39. 岳军：《公共服务均等化、财政分权与地方政府行为》，《财政研究》2009 年第 5 期。

40. 王敬尧、宋哲：《地方政府财政投入与基本公共服务均等化》，《华中师范大学学报》（人文社会科学版）2008 年第 1 期。

41. 郭小聪、刘述良：《中国基本公共服务均等化：困境与出路》，《中山大学学报》（社会科学版）2010 年第 5 期。

42. 郭小聪、代凯：《供需结构失衡：基本公共服务均等化进程中的突出问题》，《中山大学学报》（社会科学版）2012 年第 4 期。

43. 丁元竹、丁潇潇：《基本公共服务供给方式的国际视角》，《开放导报》2013 年第 1 期。

44. 冯雷：《中国城乡一体化的理论与实践》，《中国农村经济》1999 年第 1 期。

45. 安虎森、皮亚彬：《一人为核心的城乡一体化路径分析》，《甘肃社会科学》2014 年第 3 期。

46. 陆学艺：《城乡一体化的社会结构分析与实现路径》，《南京农业大学学报》（社会科学版）2011 年第 2 期。

47. 张军：《中国共产党促进城乡一体化发展战略的历史演进及其启示》，《学习与探索》2013 年第 6 期。

48. 厉以宁：《走向城乡一体化——建国 60 年城乡体制的变革》，《北京大学学报》（哲学社会科学版）2009 年第 11 期。

49. 全毅：《强化政府公共服务——加快地方政府职能转变》，《福建论坛》（人文社会科学版）2015 年第 12 期。

50. 唐铁汉：《建设服务型政府与基本公共服务均等化》，《国家行政学院学报》2008 年第 2 期。

51. 孙天承：《政府、市场关系的厘清与作用发挥的法治保障》，《南京农业大学学报》（社会科学版）2015 年第 1 期。

52. 周小霞：《基层政府破解维稳难题的路径探析》，《咨询与决策》2011 年 10 期。

53. 梁波：《政府职能转变与基本公共服务体系的构建》，《探索》2013 年第 3 期。

54. 杨善华、苏红：《从"代理型政权经营者"到"谋利型政权经营者"——向市场经济转型背景下的乡镇政权》，《社会学研究》2002 年第 1 期。

55. 吴理财：《村民自治与国家政权建设》，《学习与探索》2002 年第 1 期。

56. 许远旺：《现代国家建构与中国乡村治理结构变迁》，《中国农村观察》2006 年第 5 期。

57. 周飞舟：《从汲取型政权到"悬浮型"政权——税费改革对国家与农民关系之影响》，《社会学研究》2006 年第 3 期。

58. 赵晓峰、张红：《从"嵌入式控制"到"脱嵌化治理"——迈向"服务型政府"的乡镇政权运作逻辑》，《学习与实践》2012 年第 11 期。

59. 渠敬东、周飞舟、应星：《从总体支配到技术治理——基于中国 30 年改革经验的社会学分析》，《中国社会科学》2009 年第 6 期。

60. 欧阳静：《运作于压力型科层制与乡土社会之间的乡镇政权——以桔镇为研究对象》，《社会》2009 年第 5 期。

61. 〔德〕托马斯·海贝勒、雷内·特拉培尔：《政府绩效考核、地方干部行为与地方发展》，王哲译，《经济社会体制比较》2012 年第 3 期。

62. 陈惠娟：《新农村建设的重要抓手——N 市推进农民集中居住的初步实践与思考》，《群众》2006 年第 6 期。

63. 周雪光：《西方社会学关于中国组织与制度变迁研究状况述评》，《社会学研究》1999 年第 4 期。

64. 倪鹏飞、董杨：《市场决定模式的新型城镇化：一个分析框架》，《改革》2014 年第 6 期。

65. 张晨、韩舒立：《后发国家赶超型现代化进程中的政府转型——基于新国家主义发展观视角》，《中共四川省委省级机关党校学报》2013 年第 2 期。

66. 江时学：《新自由主义、"华盛顿共识"与拉美国家的改革》，《当代世界与社会主义》2003 年第 6 期。

67. 荣敬本：《变"零和博弈"为"双赢机制"——如何改变压力型体制》，《人民论坛》2009 年第 2 期。

68. 杨雪冬：《压力型体制：一个概念的简明史》，《社会科学》2012 年第 11 期。

69. 曾凡军：《GDP 崇拜、压力型体制与整体性治理研究》，《广西社会科学》2013 年第 6 期。

70. 陆道平：《我国城乡公共服务均等化：问题与对策》，《江汉论坛》2013 年第 12 期。

71. 张晨：《"动员—压力—运动治理"体制下后发地区的治理策略与绩效——基于昆明市 2008～2011 年的发展经验分析》，《领导科学》2012 年第 11 期。

72. 夏永祥：《"苏南模式"的演进轨迹与城乡关系转型思考》，《苏州大学学报》2011 年第 4 期。

73. 朱喜群：《中国城乡一体化演进中的政府与市场的合力驱动——以苏州为例》，《学习论坛》2014 年第 6 期。

74. 徐丹：《西方国家第三部门参与社区治理的理论研究述评》，《社会主义研究》2013 年第 1 期。

75. 何艳玲：《西方话语与本土关怀——基层社会变迁中"国家与社会"研究综述》，《江西行政学院学报》2004 年第 1 期。

76. 杨宏山：《合作治理与城市基层管理创新》，《南京社会科学》2011 年第 28 期。

77. 刘传铭、乔东平、高克祥：《政府与社会组织的互动模式——基于北京市某区的实地调查》，《经济社会体制比较》2012 年第 3 期。

78. 许芸：《从政府包办到政府购买——中国社会福利服务供给的新路径》，《南京社会科学》2009 年第 7 期。

79. 成涛林：《城乡一体化背景下乡镇财政管理制度探讨——基于苏州情况的思考》，《经济研究参考》2013 年第 65 期。

80. 于海云、夏永祥：《苏州市城乡一体化建设综合配套改革的制度创新》，《宏观经济管理》2010年第4期。

81. 张明：《城乡一体化与社会管理体制改革——以江苏省苏州市为例》，《苏州大学学报》2010年第11期。

82. 杨弘、胡永保：《实现基本公共服务均等化的民主维度——以政府角色和地位为视角》，《吉林大学社会科学学报》2012年第4期。

83. 翟年祥、项光勤：《城市化进程中失地农民就业的制约因素及其政策支持》，《中国行政管理》2012年第2期。

84. 孔娜娜、陈伟东：《公民社会的生长机制：政府与社会合作——以老旧城区社区物业服务为解读对象》，《当代世界与社会主义》2011年第4期。

85. 杨新海、洪亘伟、赵剑锋：《城乡一体化背景下苏州村镇公共服务设施配置研究》，《城市规划学刊》2013年第3期。

86. 常敏、朱明芬：《政府购买公共服务的机制比较及其优化研究——以长三角城市居家养老服务为例》，《上海行政学院学报》2013年第6期。

87. 林卡、张佳华：《北欧国家社会政策的演变及其对中国社会建设的启示》，《经济社会体制比较》2011年第3期。

88. 常修泽：《北欧国家做好公共服务建设和谐社会的考察分析》，《产权导论》2005年第4期。

89. 汪浩：《北欧经验与协商民主》，《观察与思考》2014年第4期。

90. 北极光：《斯堪的纳维亚国家成功秘诀：重塑资本主义模式》，《经济学家》2013年第70期。

91. 顾丽梅：《英、美、新加坡公共服务模式比较研究——理论、模式及其变迁》，《浙江学刊》2008年第5期。

92. 陈振海、杨恺杰：《美国公共服务的市场化改革》，《党政论坛》2004年第3期。

93. 胡伟、杨安华：《西方国家公共服务转向的最新进展与趋势——基于美国地方政府民营化发展的纵向考察》，《政治学研究》2009年第3期。

94. 陈昌盛、蔡跃洲：《中国政府公共服务：基本价值取向与综合绩效评估》，《财政研究》2007年第6期。

95. 安体富、任强：《公共服务均等化：理论、问题与对策》，《财贸经济》2007 年第 8 期。

96. 马桑：《国外公共服务均等化研究的经济学路径》，《天津社会科学》2012 年第 1 期。

97. 刘志昌：《基本公共服务均等化的变迁及其逻辑：一个解释框架》，《社会主义研究》2014 年第 3 期。

98. 韩丽荣、盛金、高瑜彬：《日本政府购买公共服务制度评析》，《现代日本经济》2013 年第 2 期。

99. 张文礼：《合作共强：公共服务领域政府与社会组织关系的中国经验》，《中国行政管理》2013 年第 6 期。

100. 刘德吉：《公共服务均等化的理念、制度因素及实现路径：文献综述》，《上海经济研究》2008 年第 4 期。

101. 郭庆旺、贾俊雪：《中央财政转移支付与地方公共服务提供》，《世界经济》2008 年第 9 期。

102. 〔美〕赵鼎新：《"天命观"及政绩合法性在古代和当代中国的体现》，《经济社会体制比较》2012 年第 1 期。

103. 张晨：《城市化进程中的"过渡型社区"：空间生成、结构属性与演进前景》，《苏州大学学报》（哲学社会科学版）2011 年第 6 期。

104. 邓新民：《网络舆论与网络舆论的引导》，《探索》2003 年第 5 期。

105. 任立兵、李冰：《中西城市公共服务比较分析》，《东北财经大学学报》2007 年第 4 期。

106. 程又中：《农村社区管理体制：在变迁中重建》，《江汉论坛》2011 年第 5 期。

107. 周永坤：《提升司法公正的路径选择——以正当程序和司法良知的关系为切入点》，《苏州大学学报》2012 年第 5 期。

108. Gordon P. Whitaker, "Coproduction: Citizen Participation in Service Delivery", *Public Administration Review*, 1980, 40 (3), pp. 240 – 246.

109. O'Brien, Kevin J. and Li, Lianjiang, "Selective Policy Implementation in Rural China", *Comparative Politics*, 1999, 31 (2), pp. 167 – 186.

（三）报纸网络文献

1.《关于深化行政管理体制改革的意见》,《人民日报》2008 年 3 月 5 日。

2. 于建嵘:《保险制度缺陷导致农民工养老保险遭冷遇》,《新京报》2005 年 4 月 19 日。

3. 胡锦涛:《积极稳妥推进行政管理体制改革 加快转变政府职能提高行政效率》,《人民日报》2005 年 12 月 22 日。

4.《中共中央关于全面深化改革若干重大问题的决定》,《人民日报》2013 年 11 月 16 日。

5. 徐允上、高振华:《"政社互动"还权于民——苏州太仓》,《苏州日报》2012 年 4 月 27 日。

6. 迟福林:《公共服务均等化与人的全面发展》,中国网,http://theory. people. com. cn/GB 168294/101280/6263146. html。

7.《中共中央关于全面推进依法治国若干重大问题的决定》,人民网,http://politics. people. com. cn/n/2014/1028/c1001 - 25926121. html。

8.《中国共产党第十八届中央委员会第二次全体会议公报》,中国共产党新闻网,http://news. 12371. cn/2013/02/28/VIDE 1362051363403567. shtml。

9.《法制日报:全国直接登记社会组织约三万个》,法制网,http://mjj. mca. gov. cn/article/shgz/201410/20141000712461. shtml。

10.《中国苏州·苏州概览》,http://www. suzhou. gov. cn/szgl/szgl. shtml。

11.《中国苏州·2015 政府工作告》,http://www. zfxxgk. suzhou. gov. cn/sxqzf/szsrmzf/201501/t20150126_ 511787. html。

12.《苏州国家高新技术产业开发区·浒墅关镇》,http://www. snd. gov. cn/xsgz/xsggk/20050528/003_ 86416f36 - dd35 - 4f9d - bc80 - d11f9e67bb1b. htm。

13.《太仓市沙溪镇人民政府·关于沙溪镇》,http://www. jsshaxi. gov. cn/zsxx. asp? id = 8。

14.《太仓市沙溪镇人民政府·政府工作报告》,http://www. jsshaxi.

gov. cn/zsxx. asp？id＝11。

15. 《苏锦街道·街道简介》，http：//sjjd. gusu. gov. cn/list. asp？classid＝2。

16. 乔新生：《绕不开的分税制改革》，和讯网，http：//opinion. hexun. com/2007－10－23/100947354. html.

（四）学位论文

1. 孙建军：《我国基本公共服务均等化供给政策研究》，浙江大学2010年博士学位论文。

2. 瞿蓉：《乡镇政府公共服务供给困境及对策研究》，上海交通大学2008年硕士学位论文。

3. 周俊：《风险与应对：瑞典社会福利制度发展之研究》，复旦大学2005年硕士学位论文。

（五）调研资料

1. L市H区P镇镇书记访谈记录，2014年8月29日。

2. L市H区工作人员访谈记录，2014年8月30日。

3. L市H区工作人员访谈记录，2014年8月30日。

4. L市H区P镇村干部访谈记录，2014年8月30日。

5. 访谈记录Z20140830。

6. 访谈记录Z20141217。

7. 访谈记录Y20140918。

8. 访谈记录Z20150119。

附 录

1. 城乡居民基本公共服务满意度调查

问卷编号:

您好!本调查是 2012 年国家社会科学基金项目"城乡一体化建设过程中基层政府均等化服务模型建构研究"的一部分。本问卷匿名填写,仅用于学术研究,真诚希望您能把真实的想法告诉我们,感谢您的支持与合作!

填答说明:本问卷除特别说明外均为<u>单项</u>选择题,请您在您的选项下打√,或在题后_____上填写相关内容。我们对占用您的宝贵时间表示衷心的感谢,还请您本人亲自填写。

课题组

1. 结合个人切身体验,请您对本乡镇政府各类政策和服务的满意程度进行评价,在您认为合适的地方(右边对应"□"内)打"√"。

问题	非常满意	满意	一般	不满意	非常不满意	不了解
公共教育(如幼儿园、中小学教育)						
就业服务(如提供就业信息、职业介绍、职业培训等)						

续表

问题	非常满意	满意	一般	不满意	非常不满意	不了解
社会保障（如最低生活保障、养老、工伤、失业保险等）						
医疗卫生（如医疗保险、医疗服务等）						
住房保障（如住房公积金制度、廉租房、公租房等）						
公共文化（如广播电视、图书室、农村文化娱乐等）						
基础设施（如交通建设、供水供电等）						
环境保护（如绿化、污水处理等）						
人口计生（如生育保险、计生检查等）						
公共安全（如社会治安等）						

2. 在您看来，对本地而言，以下各类政策和服务其重要程度如何？（重要就是本地政府应当更优先提供这种服务），请在您认为合适的地方（右边对应"□"内）打"√"。

问题	很重要	比较重要	一般	不太重要	不重要	不了解
公共教育						
就业服务						
社会保障						
医疗卫生						
住房保障						
公共文化						
基础设施						
环境保护						
人口计生						
公共安全						

3. 请问您觉得您所在乡镇在各类政策和服务上，是否存在城乡差别？请在您认为合适的地方（右边对应"□"内）打"√"。

问题	没有差别	差别不大	一般	差别较大	差别很大	不了解
公共教育						
就业服务						
社会保障						
医疗卫生						
住房保障						
公共文化						
基础设施						
环境保护						
人口计生						
公共安全						

请在以下问题处填上具体的数字。

4. 请问 2013 年全年您的家庭总收入为 _____ 元，总支出为 _____ 元。

5. 请问在 2013 年，在公共教育方面（仅包括各类学费、杂费等涉及政府提供的公共教育服务的花费，不含校外辅导等费用），您全年家庭总支出为 _____ 元。

6. 请问您的家庭教育支出涉及您的 _____ 个孩子。（在横线填写具体的孩子数）

请问在 2013 年，在医疗卫生方面（包括您家庭成员和您所承担的老人的医疗保险、买药生病住院等花费），您全年家庭总支出为 _____ 元。

请问您家庭总共有 _____ 口人。（在横线填写具体的家庭人员数）

请问您家里有 _____ 个老人一起居住？（在横线填写具体的老人数）

请问您的性别： 　　　（1）男 　　　　　　（2）女

请问您的年龄： _____ 岁

请问您的户籍： 　　　（1）城镇户口 　　　　（2）农村户口

请问您的受教育程度：

（1）未上过学　　　　　（2）小学　　　　　（3）初中

（4）高中/职高/中专　　（5）大专　　　　　（6）大学本科及以上

请问您的政治面貌：

（1）中共党员　　　　　（2）共青团员　　　（3）民主党派党员

（4）无党派人士　　　　（5）群众

请问您的职业：

（1）国家机关/党群组织/企业/事业负责人　　（2）专业技术人员

（3）一般办事人员　　　　　　　　　　　　　（4）商业/服务业人员

（5）农林牧副渔生产人员

（6）生产/运输设备操作人员及有关人员　　　（7）军人

（8）自由职业者　　　　　　　　　　　　　　（9）学生

（10）无业/失业者　　　　　　　　　　　　　（11）退休

（12）不便分类的其他劳动者

再次感谢您接受我们的调查，祝您生活愉快！

2. 城乡居民基本公共服务政府访谈提纲

公共服务均等化大致情况：

1. 当地城乡人口比率多少（城镇常住居民人口多少）？农村居民与城镇居民收入相差多少？乡镇政府对农民的创收问题是否有相应措施？

2. 当地新农村建设发展如何？这部分经费所占财政支出的比重有多少？

3. 公共服务占财政支出的比重有多少？乡镇政府在日常的社会公共治理中最大的阻力或困难来自哪里？

4. 乡镇政府在完善公共服务、实现公共服务均等化方面有过哪些政策或措施？有没有当地独创的？

5. 上级政府对你所在乡镇政府在落实城乡公共服务均等化上是否存在

考核指标，如果存在有哪些？在执行这些考核时强度如何？

6. 上级政府对你所在乡镇在落实城乡公共服务均等化方面的财政支持力度？

7. 在维持公共服务供给方面，除了依赖上级政府的财政支持外，当地是否还存在其他途径？

8. 你认为实现公共服务均等化的难点在哪里？

9. 请你对你所在乡镇现有的公共服务供给水平做出一个评价。

教育：

1. 镇上有多少所学校（幼儿园、小学、初中、高中）？

2. 学校平均规模（包括学校等级，师生数量，班级数量，生源如何，学生升学情况）？

3. 镇上有多少高中生？大学生？就业情况如何？

4. 每年镇上的教育投资经费多少？

卫生医疗：

1. 镇上医院、卫生所、卫生站有几个？医院规模如何（等级、设备、医生水平、医生护士数量）？

2. 每千人医生数、人均医疗卫生经费支出和卫生经费总支出占 GDP 的比例？

3. 有没有为镇上居民建立健康档案？老年人、残疾人、慢性病人、儿童、孕产妇等重点人群的建档率城乡分别达到多少？为 65 岁以上老年人体检：政府出钱数量和比例；为 3 岁以下婴幼儿成长发育做检查数量和比例；孕产妇检查：孕产妇做产前检查和产后访视数量和比例；防治指导服务：为高血压、糖尿病、精神病、结核病、艾滋病感染者及患者提供防治指导的数量和比例？

4. 镇上有环卫所、垃圾站、公共厕所多少个？多少环卫工人？垃圾桶多少米一个？

文体活动：

1. 镇上有多少个活动中心，平时安排什么活动，都是由哪些机构组织的？

2. 镇上有多少棋牌室？都是私人营利性质的吗？

3. 图书馆有多少册书、期刊？图书来源是哪里？有没有专项拨款？多少人有借书证？

4. 镇上有多少个健身房？多少个健身广场？距离居民小区近吗？健身设施有多少？每年会维护吗？

5. 有多少群众性组织社团（老年秧歌队、健身队、舞蹈队、合唱团、读书会）？有没有志愿者组织？多久组织一次活动？每年镇上有补助吗？

就业培训：

1. 镇上有多少人从事农林渔养殖业？有专门的培训吗？

2. 有多少人选择到镇上工作？会对他们进行职业培训吗？

3. 对失地农民的再就业有培训吗（培训内容、培训频率、参与人数、参与人数比率）？有对失地农民再就业的统计吗（行业分布比率：服务业、工业、个体户、待业）？

4. 镇上居民整体平均收入是多少？农民平均收入是多少？非农民平均收入多少？

社会保障与养老：

1. 镇上有多少座养老院？都是什么性质的？有多少老人入住？镇上投资多少？有没有老年食堂？

2. 社保（养老、医疗、工伤、失业、生育、住房公积金）覆盖率多少？覆盖率最高的是哪一项？最少的是哪一项？社保最低档次个人和公司分别缴纳多少钱？五保户有多少？

3. 失地农民与普通农民的社保有何区别？有对失地农民的社保补助吗？

4. 城保与农保有何区别？有对农保的政策倾斜吗？

环保：

1. 在招商引资和环境保护之间，镇上干部是否存在矛盾，如何平衡？

2. 传统上，大家觉得农村就是原生态，是不需要讲究环境保护的，但是近些年随着城市的扩张，一些污染性工业转移到郊区，土地不断被征用造成大量荒地废田，城市垃圾运到郊区，农村自然资源不断被销蚀，目前镇上在环境保护方面有哪些措施？会有系统的测评指标和监督机制吗？

基础设施：

1. 近几年镇上修了多少路？通了多少公交？有没有进行一些项目工程？投资多少？

2. 基础设施从规划到招标到建设等一系列过程中，政府、市场和社会之间的参与程度如何？

3. 目前镇上有多少居民小区？多少户人家住进楼房？每户人家平均多少面积？有没有车库？大家用水用电用煤习惯吗？每个小区周围有菜场、便利店、商场、活动中心、ATM 机、电信移动联通营业厅、水电煤缴费点吗？有几个？

社会治安：

1. 镇上有多少派出所？多少民警？多少城管？多少路灯？多少摄像头？

2. 有没有老百姓自己组织的巡防小队，协警之类的组织？这些组织能发挥多大作用？

征地：

1. 当地征地情况如何？有多少动迁户？有几个动迁小区？乡镇政府对失地农民有哪些经济补助和政策优惠？

2. 现在有商业预留地（等待招商引资的征地）吗？有多少招商引资项目？

3. 动迁之后的农村土地的产权是如何转移的？农民合作社给每个农民每年分发多少红利？合作社的主要负责人是如何产生的？

4. 有回流的农民吗？（从城镇回到农村）有多少？他们的政策安排如何？

后 记

　　这个课题的研究，缘起于我个人的学术情怀。还在苏州大学攻读博士期间，我就关注到苏州的城市化发展进程，那时候的苏州还远没有如今繁荣发达，四处可见的是水田稻香、可听的是蝉鸣蛙叫，江南烟雨中世外桃源般的田园风光一直萦绕于心。但20世纪八九十年代以来的经济政策仍然给这片土地留下了几乎不可逆转的印记，农民们离土不离乡、进厂不进城，在迅猛的城市化发展潮流推动下，在分享城市化带来的红利的同时，他们也承受着城乡发展差异所带来的冲击和无奈。特别是特殊的体制和历史原因，在教育、医疗、社保等一些与民众密切相关的民生服务等方面依然存在着较为明显的城乡差异，而这种差异如果不能有效地消除，无论对于农民个体还是对于全面建设小康社会都是不利的。每每想到于此，便让我这个从事基层政府治理研究的人油然而生一种责任感。我总想为这个群体做些什么，寻回那份记忆中的美好田园。在城乡一体化的发展进程中，虽然当年记忆中的田园已不复存在，但展现在眼前的是重建的一片片美丽乡村。粉墙黛瓦、小桥流水只是美丽乡村之"皮"，"皮"之再造并不太难，难得的是"骨"之重塑，而我坚信，城乡一体化进程中的基层政府公共服务均等化乃为"塑骨"之关键，也是实现城乡一体化的必由之路。

　　2012年，我在完成教育部《农村土地流转中地方政府与农民互动机制研究》课题的基础上，又拿到了国家社科基金项目的资助，得以让我去解开这个心结，去实地调研，再次倾听时代变迁下农民们的心声，去为他们未来更美好的生活和建设更美丽的家园贡献一份心力。我带领我的课题组成员去连云港、盐城、南通、苏州等各个城市和乡村奔走调研，开始了一段坚定、执着而温暖的学术之旅。其间笑泪交织、五味俱全，对我来说如此，对我课题组里的人来说更是如此。我相信，这段调研经历对每一个成员的未来都大有裨益，不管是在学术研究上还是在人生选择上。最终，我们不负所托，交出了一份初步的答卷，我和我的课题组成员愿意接受理论、实践和时间的检验，更愿意接受来自各方的批评、指导和意见，这将是我作为学者最为宝贵的动力之源！

最后，我要衷心感谢很多人。感谢苏州科技大学杨新海校长和人文社科处周刚副处长对我科研课题的提携与帮助，为我的科研活动提供了宽松的学术环境，没有他们的鼎力支持，就没有我今天的学术成果。其次，感谢金太军教授、张铭教授、沈荣华教授对此课题的关心和提供的无私帮助；感谢连云港市海州区安监局顾德习书记为本课题调研所做的贡献；感谢我课题组的顾德学、何华玲、韩舒立、季程远、魏翊、严瑶婷等成员付出的所有辛苦与贡献；感谢孙佳明、叶恬、赵雪、郑如心参与材料整理的工作，感谢你们一路相伴！另外，还要感谢全国哲学社会科学规划办公室，感谢社会科学文献出版社的帮助和支持，特别要感谢张苏琴编辑为本书校对工作和顺利出版所付出的辛勤劳动。希冀此书能具有一定的学术价值与实践意义，为我国新型城镇化发展之路提供借鉴与参考。

陆道平

2017 年 3 月

图书在版编目（CIP）数据

城乡公共服务均等化与基层政府职能建设 / 陆道平
著 . —— 北京：社会科学文献出版社，2017.4
ISBN 978 - 7 - 5201 - 0506 - 4

Ⅰ.①城… Ⅱ.①陆… Ⅲ.①社会服务 - 城乡一体化
- 研究 - 中国 Ⅳ.①D669.3

中国版本图书馆 CIP 数据核字（2017）第 056685 号

城乡公共服务均等化与基层政府职能建设

著　　者／陆道平

出 版 人／谢寿光
项目统筹／张苏琴　祝得彬
责任编辑／张苏琴　仇　扬

出　　版／社会科学文献出版社·当代世界出版分社（010）59367004
　　　　　地址：北京市北三环中路甲 29 号院华龙大厦　邮编：100029
　　　　　网址：www.ssap.com.cn
发　　行／市场营销中心（010）59367081　59367018
印　　装／北京季蜂印刷有限公司

规　　格／开　本：787mm × 1092mm　1/16
　　　　　印　张：18.5　字　数：292 千字
版　　次／2017 年 4 月第 1 版　2017 年 4 月第 1 次印刷
书　　号／ISBN 978 - 7 - 5201 - 0506 - 4
定　　价／78.00 元

本书如有印装质量问题，请与读者服务中心（010 - 59367028）联系